Die Welt entdecken und verstehen

Los geht's!

Warum sind einem Freunde so wichtig?
Wie kann man als Kind Politik machen?
Wie viel Geld verdienen Fußballer?
Und was macht das Gehirn beim Lesen?

Wenn dir auch ständig Dinge auffallen, über die du gerne mehr wissen möchtest, ist dieses Buch genau das Richtige für dich. Hier findest du Antworten auf Fragen aus vielen verschiedenen Bereichen des Alltags. Du siehst, wie Kinder in anderen Ländern leben und wie unterschiedlich Familien in Deutschland sein können. Du erfährst, wie Politik gemacht wird und was Wirtschaft eigentlich bedeutet. Du erkennst, wodurch die Umwelt bedroht wird und wo man im Internet aufpassen muss. Du liest, woher Gefühle wie Angst und Freude kommen und wie ähnlich sich Menschen und Tiere sind.
Zu diesen Themen gibt es in diesem Buch viele Reportagen und Fotos. Sie stammen aus ZEIT LEO, dem Kindermagazin der ZEIT. ZEIT LEO ist ein Heft für alle, die mehr über sich selbst und über die Welt erfahren wollen und die gerne rätseln, basteln, Sport machen und sich für etwas einsetzen.

Viel Spaß beim Lesen!
DEIN ZEIT LEO-TEAM

Mehr Infos zu ZEIT LEO unter: www.zeitleo.de

Inhalt

1. KAPITEL
POLITIK
Vom Zuhören, Streiten und und Bestimmen

2. KAPITEL
WIRTSCHAFT
Vom Kaufen, Sparen und Teilen

5. KAPITEL
KINDER DER WELT
Aus Russland, Peru & Israel

6. KAPITEL
KULTUR UND MEDIEN
Vom Lesen, Klicken und Schauen

3. KAPITEL

FAMILIE

Vom Ich, vom Wir und von besonderen Banden

4. KAPITEL

DU BIST DU

Vom Lachen, Ärgern & Überwinden

7. KAPITEL

UMWELT

Vom Verschwenden, Behüten und Retten

8. KAPITEL

TIERE

Von Affen, Käfern & einer Schiffskatze

1. KAPITEL

Ein altes Wort

Das Wort Politik leitet sich ab vom griechischen Wort Polis. So wurden die Stadtstaaten im alten Griechenland genannt, die ersten entstanden schon vor etwa 2700 Jahren. Jede Polis regelte für ihre Bürger alles selbst.

Geboren als Nummer 6.332.129.074?

7.300.000.000 – gesprochen: 7,3 Milliarden – Menschen leben heute auf der Erde. Als du zur Welt kamst, war es noch etwa eine Milliarde weniger. Du könntest also etwa als Nummer 6.332.129.074 geboren worden sein.

Rechte für alle?

»Alle Menschen sind frei und gleich an Würde und Rechten geboren.« Das klingt etwas altmodisch. Der Satz wurde vor fast 70 Jahren aufgeschrieben. Es ist der Anfang der Menschenrechte der Vereinten Nationen. Viele Länder haben diese Regeln, die für alle Menschen gelten sollen, in ihre Gesetze übernommen. Aber noch immer halten sich längst nicht alle daran.

Wer kommt woher?

Jeder 90. Mensch der Welt kommt rechnerisch aus Deutschland. Hier leben rund 81 Millionen Menschen. Aber viele davon haben Wurzeln in anderen Ländern – weil sie selbst oder ihre Eltern dort geboren wurden. Jedes dritte Kind bei uns hat ausländische Wurzeln.

Politik ist ...

sprechen, zuhören, streiten, verhandeln, sich einigen. So könnte man beschreiben, wie Politik funktioniert. Dazu gehört alles, was es braucht, um das Zusammenleben der Menschen in einem Staat zu regeln.

Mach mit!

Stell dir vor, du gründest ein neues Land. Überlege dir fünf Regeln, die dort gelten sollten!

POLITIK

VOM ZUHÖREN, STREITEN UND BESTIMMEN

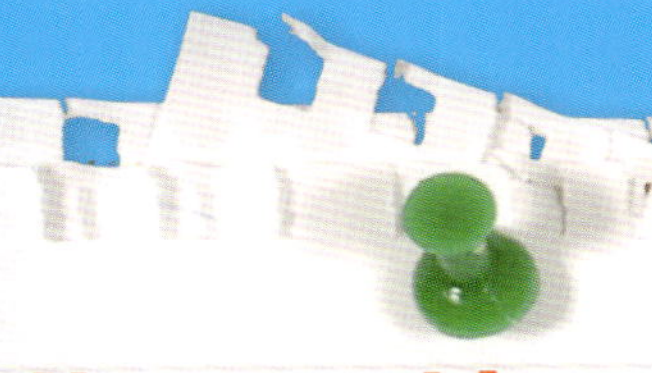

Nur weg hier

Jeden Tag müssen irgendwo auf der Welt Menschen ihre Heimat verlassen. Sie fliehen vor Gewalt, Kriegen oder Verfolgung. Insgesamt betrifft das zurzeit etwa 60 Millionen Menschen – auch viele Kinder. Die meisten versuchen erst einmal, in der Nähe zu bleiben. Andere verlassen das Land und die Region, um sich weit weg ein neues Leben aufzubauen. Manche dieser Flüchtlinge kommen auch nach Deutschland und bitten darum, hier bleiben zu dürfen. Man sagt: Sie bitten um Asyl.

Wenn ALLE herrschen

Wer ist eigentlich der Bestimmer in unserem Land? Alle Erwachsenen zusammen! Man könnte auch sagen: das Volk. Aber natürlich kann nicht jeder mit jedem diskutieren, um zu einer Entscheidung zu kommen. Deswegen wählen die Bürgerinnen und Bürger Leute aus Parteien, die das erledigen. Die Parteien mit den meisten Stimmen übernehmen für eine Weile die Regierung. Das ganze System nennt sich Demokratie, übersetzt heißt das „Herrschaft des Volkes“. Das Gegenteil davon ist die Diktatur. Dabei bestimmen nur wenige Leute oder sogar nur ein Mensch über alle.

Mein Land? Dein Land? Unser Land!

HARTMUT EL KURDI ist der Autor dieses Textes. Er arbeitet am Theater, schreibt Artikel und Bücher auf Deutsch und lebt in Hannover. Aber auch in England fühlt er sich ein bisschen zu Hause, weil er sich daran erinnern kann, wie der Asphalt roch, als er im Kinderwagen durch die Straßen Londons geschoben wurde.

In der Grundschule fragte mich mal eine Lehrerin, ob ich mich als Deutscher oder Araber fühlte. »Hä«, dachte ich, »was will die Frau von mir?« Ich hatte noch nie darüber nachgedacht, wie man sich als Deutscher oder als Araber fühlt. Ich fühlte mich einfach nur wie ein achtjähriger Junge, der gerne Fußball spielte, Comics las, im Fernsehen Star Trek schaute und der sich zum Geburtstag unbedingt eine Carrera-Rennbahn und ein Indianerpony wünschte – und natürlich beides nicht bekam.
Als ich dann zu Hause noch mal über die Frage nachdachte, wurde ich immer verwirrter: Meine Mutter kam aus Deutschland, deswegen war Deutsch meine Muttersprache, obwohl ich in Jordanien, also in einem arabischen Land, geboren wurde. Arabisch sprach ich gar nicht, konnte es aber ein bisschen verstehen. Mit meinen Geschwistern und meinem arabischen Vater redete ich englisch, weil wir einige Zeit in England gelebt hatten. Ich liebte arabisches Essen, und meine deutsche Mutter konnte die jordanischen Gerichte ziemlich gut kochen. Aber auch ihre grünen Bohnen mit Speck und Salzkartoffeln waren sehr lecker.

Okay, ich gebe zu, meine Familiengeschichte ist wirklich besonders kuddelmuddelig. Aber inzwischen gibt es viele Kinder, denen es ähnlich geht. Viele Menschen verlassen das Land, in dem sie geboren wurden, um in einem anderen Land zu leben. Weil es bei ihnen zu Hause nichts zu essen gibt. Oder keine Arbeit. Oder weil dort Krieg herrscht. Oder weil sie schlecht behandelt werden. Oder weil sie es einfach interessant finden, woanders zu leben. Und wenn sie sich in dem neuen Land wohlfühlen, heiraten sie dort und bekommen Kinder, die sich dann leider manchmal fragen lassen müssen, als was sie sich fühlen …

Aber was heißt das denn überhaupt: Deutschsein? Bin ich nur ein Deutscher oder eine Deutsche, wenn meine Eltern auch schon Deutsche waren? Oder wenn ich so aussehe wie die meisten anderen Deutschen? Und kann man nur eins sein oder vielleicht doch beides: Deutscher und, zum Beispiel, Spanier? Ist das überhaupt wichtig?

Das Schöne ist ja, dass wir alle zusammen bestimmen können, was deutsch ist – so wie die Franzosen darüber bestimmen können, was französisch ist. Früher glaubten viele Leute, Deutsche seien immer blond und hellhäutig, trügen Namen wie Hans und Claudia, seien Christen und äßen gerne Schweinebraten mit Kartoffelklößen. Heute aber ist es normal, dass ein dunkelhäutiger Musiker wie Xavier Naidoo deutsche Soulmusik macht und Mesut Özil in der Nationalmannschaft spielt, obwohl seine Eltern aus der Türkei kommen.
Das ist möglich, weil wir es so wollen. Man muss als Deutscher auch nicht in eine christliche Kirche gehen, man darf auch Muslim oder Jude sein. Oder gar nicht an Gott glauben. Weil wir uns darauf geeinigt haben, dass das okay ist. Und die deutschen Nationalgerichte heißen: Pizza, Döner und Hamburger. Weil wir das lecker finden.

Wir haben mit den Einwanderern auch viele Einflüsse aus anderen Ländern aufgenommen und sie »verdeutscht«. Dadurch ist unser Land bunter, besser, lockerer und interessanter geworden. Auch wenn es immer noch Probleme gibt. Aber so ist das nun mal: Wenn Menschen aus unterschiedlichen Ländern mit unterschiedlichen Traditionen zusammentreffen, dann ist das nicht immer nur kuschelig. Die, die dazukommen, müssen verstehen, wie das neue Land funktioniert, und sich bis zu einem gewissen Grad anpassen. Und die »Urein-

Was deutsch ist, entscheiden wir zusammen.

wohner« müssen lernen, dass die Einwanderer oft interessante Lebensgewohnheiten und Ideen mitbringen, und diese akzeptieren.

Oft muss man sich über diese Dinge auch streiten. Damit man sich am Ende einigen kann. Nicht über alles, aber über die wichtigen Dinge. Denn nur, wenn man sich über die wichtigen Dinge einig ist, kann man gut zusammenleben. Gut zusammenleben kann man aber auch nur, wenn alle das Gefühl haben dazuzugehören. Egal ob man sich als Deutscher oder als Türkin fühlt. Oder sich einfach gar nicht entscheiden möchte. Und wenn sich jemand nur als er selbst fühlen möchte, ist auch das sein gutes Recht.

Großartig wäre es doch, wenn wir sagen könnten: Deutsch zu sein, das bedeutet unter anderem, dass man jeden so aussehen und vor allem so leben lässt, wie er will. Solange er niemand anderem damit schadet. Wenn wir uns darauf einigen können, dann fühle ich mich gerne als Deutscher.

WAS BEDEUTET DAS?

Ausländer Dieses Wort empfinden viele als ausgrenzend und beleidigend. Es sagt: »Du kommst aus einem anderen Land, du gehörst nicht dazu.« Viele sogenannte Ausländer sind aber gar keine, sie wurden in Deutschland geboren. Andere sind zwar zugewandert, aber sie arbeiten hier, leben hier, fühlen sich zu Hause. Offiziell spricht man deshalb von »Menschen mit Migrationshintergrund«. Das klingt umständlich und kompliziert. Vielleicht sollte man einfach nicht eine Bezeichnung für viele unterschiedliche Menschen suchen, sondern sie beim Namen nennen.

Flüchtlinge sind Menschen, die ihre Heimat verlassen haben, zum Beispiel weil dort Krieg herrscht oder sie verfolgt werden. Bei jedem einzelnen wird geprüft, ob er in Deutschland bleiben darf. Anfangs werden sie meist in speziellen Heimen untergebracht.

Doppelte Staatsbürgerschaft Jeder Mensch in Deutschland hat einen Pass, der besagt, zu welchem Land man gehört. Kinder, bei denen ein oder beide Elternteile aus dem Ausland kommen, können zwei Pässe haben. Wenn sie erwachsen sind, müssen sich einige aber für ein Land entscheiden. Darüber wird in Deutschland immer wieder gestritten.

Ein Tag mit der Kanzlerin

Die Bundeskanzlerin, Angela Merkel, ist die Chefin der Bundesregierung. Das ist ein Job mit unzähligen Terminen. Deshalb hat sie viele Helfer: Rund 500 Menschen arbeiten im Kanzleramt, dem Arbeitsplatz der Kanzlerin. Geboren wurde Angela Merkel am 17. Juli 1954 in Hamburg. Aufgewachsen ist sie in Templin in Ostdeutschland. Angela Merkel ist die erste Frau, die in Deutschland Kanzlerin geworden ist.

Der Fahrer bringt die Kanzlerin zu einem Seiteneingang des Kanzleramts.

7.00 Uhr: Von Angela Merkels Wohnung bis zum Kanzleramt sind es nur drei Kilometer. Trotzdem holt ein Fahrer sie nach dem Frühstück mit dem Auto ab. Im Kanzleramt hat der Arbeitstag dann längst begonnen: Seit 4.30 Uhr lesen Mitarbeiter Zeitungen und wählen Politik- und Wirtschaftsnachrichten für die Kanzlerin aus.

Angela Merkel und Steffen Seibert (rechts) haben meist viel zu besprechen.

9.15 Uhr: Vor der ersten Sitzung bespricht die Kanzlerin mit ihren engsten Mitarbeitern den Tag. Besonders wichtig ist Regierungssprecher Steffen Seibert. Er beantwortet zum Beispiel Fragen von Reportern. Wenn die Kanzlerin

Am Platz der Kanzlerin steht diese Glocke. Mit ihr wird nur alle vier Jahre gebimmelt – nach einer Wahl, um die neue Regierungszeit einzuläuten.

An diesem langen Tisch sitzen Politiker bei ihren Beratungen.

Zur Begrüßung schreitet der Gast an den Soldaten vorbei.

ihm schnell etwas Wichtiges mitteilen muss, schickt sie ihm oft eine SMS auf sein Handy.

9:30 Uhr: Immer mittwochs trifft sich die Kanzlerin mit ihren 16 Ministern und vielen Beratern. Jeder ist für ein bestimmtes Thema zuständig, etwa für die Umwelt oder für Kinder und Familien. Gemeinsam besprechen sie zum Beispiel Vorschläge für Gesetze.

11.45 Uhr: Besuch im Anmarsch! Nach der Sitzung mit den Ministern kommt an diesem Tag ein hoher Gast: der kroatische Regierungschef Zoran Milanović. Für ihn wird vor dem Kanzleramt ein roter Teppich ausgerollt. Die Männer mit den grünen Mützen gehören zur Bundeswehr. Immer wenn ein wichtiger ausländischer Gast zu Besuch ist, begrüßen sie ihn zusammen mit der Kanzlerin. Zoran Milanović ist gekommen, um mit der Kanzlerin über sein Land zu reden.

13.00 Uhr: Bevor Zoran Milanović wieder nach Hause fliegt, isst er mit Angela Merkel zu Mittag. Im Kanzleramt gibt es einen eigenen Koch, der für die Kanzlerin und ihre Gäste kocht und backt – an diesem Tag Fisch und zum Nachtisch Pflaumen. Nach dem Essen beantworten die Kanzlerin und ihr kroatischer Kollege noch Fragen von Reportern. Weil Zoran Milanović kein Deutsch spricht, übersetzt eine Dolmetscherin für ihn. Was sie sagt, hört er über die Kopfhörer.

14.35 Uhr: Kanzlerin sein ist manchmal ganz schön cool! Kaum hat Angela Merkel den kroatischen Regierungschef verabschiedet, steigt sie in den Helikopter, der nur für sie da ist. Auf geht's nach Hamburg!

Auf diesem Platz sitzt die Kanzlerin während des Fluges.

16.00 Uhr: Knapp anderthalb Stunden später schaut sich die Bundeskanzlerin mit dem Hamburger Bürgermeister Olaf Scholz (links neben ihr) ein Forschungszentrum für Physik an. Eine Mitarbeiterin erklärt allen, woran die Forscher gerade arbeiten. Weil Angela Merkel selbst Physik studiert hat, machen ihr solche Besuche besonders viel Spaß.

Angela Merkel hat Physik studiert. Darum macht ihr der Termin besonders viel Spaß.

17.00 Uhr: Auf Knopfdruck: Mit Bürgermeister Olaf Scholz und den Chefs des Forschungszentrums weiht Angela Merkel eine neue Experimentierhalle ein. Dann hält sie eine Ansprache. Die Reden der Kanzlerin schreibt meist einer ihrer Mitarbeiter. Kurz nach ihrem Auftritt ist die Bundeskanzlerin schon wieder auf dem Weg zum Hubschrauber, der sie zurück nach Berlin bringt.

Der zweite Flug des Tages – zurück nach Berlin.

18.30 Uhr: Gut bewacht! Diese Männer sieht man auf Fotos fast nie. Sie sind Angela Merkels Leibwächter. Sogar auf den wenigen Metern vom Helikopter ins Kanzleramt passen sie auf. Wenn Angela Merkels Termine vorbei sind, sitzt sie abends häufig noch lange im Büro. Von ihren vielen Helfern ist fast rund um die Uhr jemand da, zum Beispiel um den nächsten langen Arbeitstag der Bundeskanzlerin vorzubereiten.

Von Catalina Schröder

Gut bewacht! Diese Männer sieht man auf Fotos fast nie. Sie sind Angela Merkels Leibwächter.

HELMUT SCHMIDT war von 1974 bis 1982 deutscher Bundeskanzler. Viele Jahre gehörte er zu den beliebtesten Deutschen überhaupt. Bis ins hohe Alter arbeitete er immer noch sehr viel: Er schrieb Bücher, hielt Vorträge und reiste um die Welt. Außerdem war er Herausgeber der Wochenzeitung »DIE ZEIT«, das heißt, er achtete darauf, dass in dieser Zeitung möglichst kluge Artikel standen. Das Interview mit Helmut Schmidt führten wir 2010. Er starb 2015, da war er 96 Jahre alt.

Deutschlands beliebtester Politiker

ZEIT LEO: Sie wurden am 23. Dezember 1918 geboren, da war gerade ein schrecklicher Krieg, der Erste Weltkrieg, zu Ende gegangen. Und als Sie 20 Jahre alt waren, zettelte Deutschland den Zweiten Weltkrieg an, der Millionen von Menschen in Europa das Leben kostete. Wie war es, in dieser Zeit zwischen den Kriegen aufzuwachsen?

HELMUT SCHMIDT: In meiner eigenen Familie mussten wir keine Not leiden, aber in der Familie meiner Frau, die ich seit der Grundschulzeit kenne, habe ich erlebt, was Armut heißt: Der Vater war Elektriker auf einer Werft gewesen, wollte unbedingt arbeiten, blieb aber sechs Jahre lang arbeitslos. Die sechsköpfige Familie lebte in einer kleinen Zweizimmerwohnung. Das Klo war auf der halben Treppe, der einzige Wasserhahn befand sich in der Küche, die Kinder wurden auf dem Küchentisch geboren.

ZEIT LEO: Sprach man bei Ihnen zu Hause über Politik?

SCHMIDT: Nein. Mein Vater war der altmodischen Meinung, dass Kinder keine Zeitung lesen sollen, dass sie sich für Politik nicht zu interessieren haben. Das gehört sich nicht, dachte er.

ZEIT LEO: Angst vor einem neuen Krieg hatten Sie nicht?

SCHMIDT: Nein, das haben meine Eltern von uns ferngehalten.

ZEIT LEO: Was, glauben Sie, ist der größte Unterschied zwischen einer Kindheit vor fast 90 Jahren und heute?

SCHMIDT: Man sieht den Unterschied sehr deutlich bei den Grundschulen. Auf meiner Schule musste man gerade sitzen, die Hände auf dem Tisch halten, eingezwängt in die Schulbank. Da gab es auch Schläge mit dem Rohrstock oder Ohrfeigen. Später kamen meine Frau und ich dann auf dasselbe Gymnasium. Das war eine fortschrittliche Schule. Viel gelernt haben wir nicht, aber eines auf jeden Fall: selbstständig zu arbeiten. Schon in der sechsten, siebten Klasse musste man da eine Jahresarbeit schreiben, sich ganz allein mit einem Thema auseinandersetzen. Das konnte ich, das hat mir Freude gemacht. Aber insgesamt war ich ziemlich faul in der Schule.

ZEIT LEO: Gab es Fächer, die Ihnen schwerfielen?

SCHMIDT: Eigentlich nicht.

ZEIT LEO: Und Lieblingsfächer?

SCHMIDT: So hätten wir das nicht genannt. Aber, ja: Wir hatten eine Stunde Turnen jeden Tag, das mochte ich sehr. Und den Kunstunterricht, Zeichnen hieß das damals – darin hatten wir einen begnadeten Lehrer, für dessen Unterricht bin ich der Schule heute noch dankbar. In meiner Klasse interessierte sich außer mir noch ein anderer Junge besonders für Geschichte, und als wir älter waren, haben manchmal wir beiden die ganze Stunde lang mit dem Geschichtslehrer diskutiert. Ich habe dabei sehr viel gelernt – ob es für den Rest der Klasse ebenso lehrreich war, weiß ich allerdings nicht!

ZEIT LEO: Haben Sie als Junge gern gelesen? Erinnern Sie sich an ein Kinderbuch, das Sie besonders mochten?

SCHMIDT: »Onkel Toms Hütte«, die Geschichte eines schwarzen Sklaven in den amerikanischen Südstaaten. Das habe ich mit acht oder neun Jahren gelesen. Ich glaube, das stammte aus dem Bücherschrank meiner Mutter. Ich war eine richtige Leseratte. So mit zehn, elf Jahren entdeckte ich die öffentlichen Bücherhallen in Hamburg, wo man Bücher ausleihen konnte. Großartig! Die Ausleihfrist war drei Wochen, aber ich habe meine Bücher meist schon nach einer Woche zurückgebracht und neue geholt.

ZEIT LEO: Heute gibt es viele Jungen, die nicht so gern lesen …

SCHMIDT: Bei mir war das anders. Beim Abitur hatte ich, glaube ich, schon einen ziemlich guten Überblick zum Beispiel über die russische Romanliteratur. Aber Sie müssen sehen: Das waren andere Zeiten. Es gab weder Radio noch Fernsehen. Wer etwas erleben wollte, musste lesen.

ZEIT LEO: Nach dem Krieg studierten Sie Volkswirtschaft und arbeiteten in der Hamburger Behörde für Wirtschaft und Verkehr. Wie kam es, dass Sie dann für ein politisches Amt kandidiert haben?

SCHMIDT: Eigentlich wollte ich nicht Politiker werden. Ich wollte in die Geschäftsführung der Hamburger Hafen- und Lagerhausgesellschaft. Aber man fand mich zu jung. Da habe ich mich aus Trotz um ein Abgeordnetenmandat für den Bundestag beworben. Das war 1953.

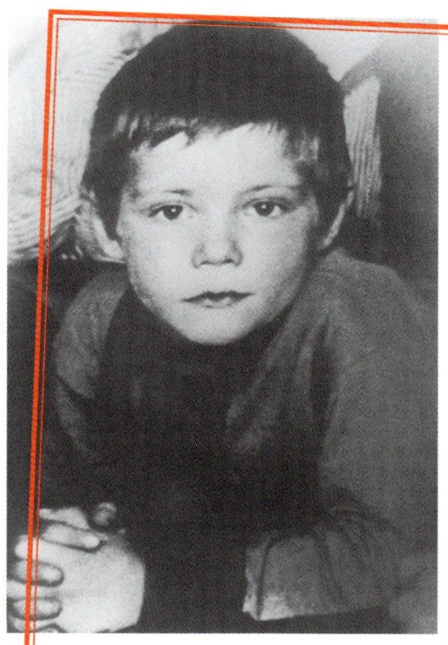

Hier ist Helmut Schmidt sieben Jahre alt.

Ein Familienbild aus dem Jahr 1924. Helmut ist in der Mitte, der Junge rechts ist sein Bruder Wolfgang.

Der Bundeskanzler 1980 bei der Arbeit: Er hält eine Rede vor anderen Politikern.

Der ehemalige Kanzler und die heutige Kanzlerin treffen sich 2013 bei einer Veranstaltung in Berlin.

ZEIT LEO: Heute sind Politiker bei vielen Wählern ziemlich unbeliebt. War das damals eigentlich auch schon so?

SCHMIDT: Ich glaube, ganz früher, vor 60 Jahren, am Anfang der Bundesrepublik, war es nicht so. Die meisten Menschen bekamen von Politik kaum etwas mit. Es gab kein Fernsehen, und von der Arbeit eines Bundestagsabgeordneten erfuhr man wenig. Da konnte man also auch nicht sauer sein! Vor 40, 45 Jahren gab es dann in manchen Familien die ersten Schwarz-Weiß-Fernsehgeräte. Da wurden stundenlang die Bundestagsdebatten übertragen. Man konnte wirklich hören, was die Abgeordneten im Parlament sagten, das war erst mal neu und interessant. Heute werden die Bundestagsdebatten nur noch auf Phoenix gebracht, und die anderen Fernsehsender sind voll mit Sabbelshows.

ZEIT LEO: Sie selbst sind nun allerdings der beliebteste Politiker Deutschlands. Warum mögen die Menschen Sie, und andere Politiker nicht?

SCHMIDT: Ach, wenn sie sich ärgern, dann hören die Leute gern auf die Alten mit den weißen Haaren. Die wirken so schön würdig, die Alten, aber sie ärgern ja auch niemanden mehr mit irgendwelchen Entscheidungen. Ich bin ja kein Politiker mehr.

ZEIT LEO: Was würden Sie heute einem jungen Menschen raten, der in die Politik gehen möchte?

SCHMIDT: Ich würde ihm sagen: Du hast wohl einen Vogel! Lern erst mal einen anständigen Beruf und übe ihn aus, vorher kommt das nicht in Frage! Es ist ganz wichtig, dass jemand, der sich für eine Zeit lang in ein Amt wählen lässt, hinterher einen Beruf hat, in den er zurückkehren kann. Bei den Jugendorganisationen der Parteien kann er aber gern schon früher mitmachen – wenn es die noch gibt!

ZEIT LEO: Von 1974 bis 1982 waren Sie Bundeskanzler. Ist der Bundeskanzler der mächtigste Mann des Landes?

SCHMIDT: Der mächtigste? Das kann man nicht sagen: Mächtiger sind die 614 Menschen im Bundestag – die Abgeordneten. Wenn von denen 308 sagen: Dies Gesetz will ich nicht, dann kommt es nicht zustande. Daraus ergibt sich auch etwas Wichtiges, was ein Bundeskanzler können muss: Kompromisse schließen. Das heißt, er muss sich mit anderen einigen, muss in manchen Punkten nachgeben.

ZEIT LEO: Was muss man noch gut können als Bundeskanzler?

SCHMIDT: Man muss zum Beispiel das, was man will, gut erklären können, damit möglichst viele Menschen es verstehen. Man muss gut zuhören können – auch die Sachen, die einem falsch vorkommen, muss man sich anhören! Und dann gibt es Tugenden, die eigentlich jeder Bürger haben sollte, aber ein Politiker ganz besonders: Man darf die Schuld nicht auf andere schieben. Man muss tapfer sein. Man muss wirklich sagen, was man meint – und nicht das, wovon man glaubt, die Leute wollten es gerne hören. Und noch ein paar ganz praktische Punkte: Politiker müssen mindestens zwei fremde Sprachen sprechen, damit sie sich mit den Vertretern anderer Länder verständigen können.

Vor allem Englisch, aber Spanisch, Russisch oder Chinesisch sind auch sehr wichtig.

ZEIT LEO: Wir sitzen hier in Ihrem Arbeitszimmer. Sie arbeiten sehr viel, obwohl Sie schon 91 Jahre alt sind. Warum tun Sie das?

SCHMIDT: Wenn ich nicht arbeiten würde, wäre ich tot! Aber es ist natürlich ein Unterschied, ob man vor allem am Schreibtisch arbeitet oder ob man sich körperlich sehr anstrengen muss. Ein Dachdecker kann nicht auf dem Dach herumturnen, bis er 68 Jahre alt ist. Auf der anderen Seite muss man sehen, dass wir, was ja sehr erfreulich ist, alle immer älter werden. Das heißt schon, dass alle sich ein bisschen länger anstrengen müssen, denn die Renten werden ja von dem Geld bezahlt, das die arbeitenden Menschen verdienen.

ZEIT LEO: Und wenn Sie sich doch einmal etwas Muße gönnen: Was tun Sie dann?

SCHMIDT: Ach, das ist ziemlich traurig. Mein ganzes Leben lang habe ich mich dann ans Klavier gesetzt und gespielt. Aber seit 15 Jahren höre ich so schlecht, dass ich nicht mehr spielen kann. Ich kann überhaupt keine Musik mehr hören. Also lese ich dann meistens. Faulenzen fällt mir schwer. Das konnte ich nur richtig gut in unserem Ferienhäuschen am Brahmsee.

ZEIT LEO: Fernsehen mögen Sie nicht besonders. Als Sie Bundeskanzler waren, haben Sie sogar einen fernsehfreien Tag pro Woche vorgeschlagen ...

SCHMIDT: Ich fand, es sei eine gute Idee, wenn Familien an diesem Tag gemeinsam etwas unternehmen, etwas spielen, miteinander reden, statt stumm vor einem Bildschirm zu sitzen. Aber die Journalisten hielten das für einen ganz furchtbaren Vorschlag. Vor allem die Fernsehjournalisten!

ZEIT LEO: Sehen Sie selbst heute fern zur Zerstreuung?

SCHMIDT: Nur wenn ich nicht schlafen kann. Dann schalte ich manchmal den Fernsehapparat an, lasse ihn ohne Ton laufen und rate, was die da wohl reden.

Die Fragen stellten Susanne Gaschke und Katrin Hörnlein

Auf einer Reise zeigt Helmut Schmidt seiner Frau eine lange Nase.

Es gibt sogar Schulen, die seinen Namen tragen. Zur Umbenennung wurde Helmut Schmidt hier eingeladen.

POLITIK

Die Schiedsrichter des Landes

Wenn Kinder sich so richtig zoffen, dann kommt hoffentlich irgendwann ein Erwachsener, etwa ein Lehrer oder die Eltern, und schlichtet den Streit. Wenn sich Erwachsene in die Haare kriegen, über Geld zum Beispiel, über eine Scheidung oder über die Miete für eine Wohnung, dann gehen sie vielleicht zu einem Gericht. Dort sitzen Richter – Männer und Frauen in schwarzen Gewändern, deren Beruf es ist, Streit zu schlichten. Sie reden mit denen, die sich streiten, sie schauen in die Gesetze, in die Spielregeln also, die die Politiker aufgestellt haben. Und am Ende sprechen sie ein Urteil.

Wer aber passt eigentlich darauf auf, dass sich auch die Politiker an die Regeln halten? Wer kontrolliert, ob die Gesetze fair sind? Und wer schlichtet den Streit, wenn sich Politiker mit Politikern streiten? Oder Bürger mit Politikern?

DAS GRUNDGESETZ
Im Grundgesetz sind die Grundrechte der Menschen geregelt, zum Beispiel, dass alle gleich sind und ihre Meinung sagen dürfen. Kein anderes Gesetz darf gegen das Grundgesetz verstoßen. Ein anderes Wort für Grundgesetz ist Verfassung. Ob alle Gesetze und Entscheidungen dieser Vorgabe entsprechen, muss manchmal überprüft werden. Das ist die Aufgabe des Bundesverfassungsgerichts.

Dafür gibt es in Deutschland 16 Männer und Frauen, 2015 waren es fünf Frauen und elf Männer, um genau zu sein. Manchmal sind diese Leute im Fernsehen zu sehen, in langen Umhängen aus roter Seide, mit roten Mützen auf dem Kopf und weißen Tüchern um den Hals. Zusammen sind sie das Bundesverfassungsgericht. Dieses Gericht ist etwas Besonderes. Es sitzt in einem hellen Haus aus Glas und Stahl unter alten Bäumen in einem Park mitten in Karlsruhe in Baden-Württemberg.

Die Aufgabe der Verfassungsrichter ist es, den Politikern bei ihrer Arbeit über die Schulter zu schauen – und einzugreifen, wenn etwas falsch läuft. Wenn die Spielregeln der Politik missachtet werden. Oder wenn ungerecht regiert wird.

Wie der Staat zum Beispiel Menschen, die keine Arbeit finden können, mit Geld hilft, damit sie nicht verhungern und ihre Kinder in die Schule schicken können – das fanden die Verfassungsrichter gar nicht in Ordnung. Die Regeln seien unklar und schwer zu verstehen. Deshalb musste die Bundesregierung jetzt ein neues Gesetz über diese Hilfen schreiben, die kurz »Hartz IV« genannt werden. Und wahrscheinlich werden die Richter bald noch einmal überprüfen, ob das neue Gesetz besser ist als das alte. Viele Menschen in Deutschland finden nämlich auch das neue Gesetz unfair.

Die 16 Richter und ihre Mitarbeiter beschäftigen sich jedes Jahr mit etwa 6000 Fällen. An ihre Entscheidungen müssen sich alle halten

Das Besondere am Bundesverfassungsgericht ist, dass sich eigentlich jeder Bürger bei den Richtern in Karlsruhe beschweren kann. Das war bei »Hartz IV« so, aber auch beim Rauchverbot vor ein paar Jahren. Fast alle Parteien in Berlin und in den 16 Bundesländern waren der Meinung, dass das Rauchen in Restaurants und Kneipen verboten werden sollte. Die meisten Eltern fanden die Idee gut, und auch viele Ärzte waren dafür, weil Zigarettenrauch sehr schädlich ist. Also wurde das Rauchen in Gaststätten verboten.

Bis eine Kneipenwirtin aus Berlin kam, eine ziemlich rundliche, fröhliche Frau, die sagte: Ich finde das nicht gut. Ich finde, dass in kleinen Kneipen, in denen nur Bier getrunken und geraucht wird, auch weiter Zigaretten erlaubt sein sollten. Die Wirtin hatte Angst, dass ihre Kneipe pleitegehen würde, wenn dort niemand mehr qualmen dürfte. Also beklagte sich diese Frau aus Berlin beim Verfassungsgericht in Karlsruhe. Die Richter dort dachten lange über die Worte der Wirtin nach. Sie sprachen mit Fachleuten. Und sie schauten in das Grundgesetz.

Das Grundgesetz ist so etwas wie die Hausordnung für Deutschland, in der geregelt wird, wie das Land funktionieren soll. Darin steht zum Beispiel, dass die Menschen in Deutschland frei sein sollen. Und dass der Staat sich nicht

Die Oberamtsmeisterin kümmert sich um die roten Roben, die die Richter tragen.

in alles einmischen darf. Also entschieden die Richter am Ende, dass die Wirtin Recht hat. In ihrer Kneipe und in vielen anderen auch darf deshalb weitergeraucht werden.
Das nun fanden viele Menschen aber auch nicht gut. Es hatten doch alle Parteien und die meisten Politiker für das Rauchverbot gestimmt, und viele Experten hielten es für richtig. Darf sich das Verfassungsgericht darüber hinwegsetzen?

Die einfache Antwort lautet: Ja. Das dürfen die Richter. Denn auch das steht im Grundgesetz: Das Bundesverfassungsgericht hat das letzte Wort. Und das hat sich schon häufig bewährt. Politiker müssen oft wahnsinnig viel arbeiten. Sie wollen Wahlen gewinnen. Und sie müssen sich eigentlich immer mit vielen anderen Leuten einigen – die meistens nicht genau ihrer Meinung sind. Dabei entstehen manchmal Gesetze, die Fehler haben, die ungerecht sind oder die einfach nicht funktionieren. Da ist es gut, wenn es jemanden gibt, der die Gesetze noch einmal genau unter die Lupe nimmt und eingreift, wenn etwas schiefläuft.

Denn selbst wenn viele Menschen etwas gut finden, muss es noch lange nicht gut sein. So war es ja zum Beispiel, als die Nazis in Deutschland herrschten und Unschuldige verfolgten. Manchmal müssen die Schwachen oder die wenigen, die anderer Meinung sind als alle anderen, geschützt werden. Auch darauf achtet das Bundesverfassungsgericht. »Hüter der Verfassung« werden die Richter häufig genannt. Man könnte auch sagen: »Hüter eines Schatzes«. Denn sie passen auf etwas sehr Wertvolles auf. Darauf, dass die Regeln eingehalten werden – von allen.

Von Heinrich Wefing

Warum dürfen Erwachsene für Kinder entscheiden?

So ordentlich sehen Kinderzimmer selten aus: Nur ein paar einzelne Lego-Steine liegen auf dem Holzfußboden herum, sonst ist Keanus Zimmer an diesem Sonntagnachmittag blitzblank. Gestern musste er aufräumen, genau wie sein Zwillingsbruder Jan. Das müssen sie jeden Samstag machen. Die Brüder sind neun Jahre alt und finden diese Regel furchtbar. »Ich hasse Aufräumen über alles«, sagt Keanu. Auch Jan nickt. Die Zimmer-aufräum-Regel haben natürlich ihre Eltern aufgestellt. Mutter Diana und Vater Udo sagen, dass sie den Boden nicht wischen können, wenn überall Kram herumliegt. Sind die Zimmer nicht ordentlich, müssen die Jungen selber wischen. Das mögen Jan und Keanu aber noch weniger, als aufzuräumen. Sie haben schon oft versucht, mit ihren Eltern zu verhandeln. »Würde es nicht auch reichen, wenn wir alle 14 Tage aufräumen?«, haben sie zum Beispiel vorgeschlagen. »Nein«, haben die Eltern geantwortet. Bei jedem Versuch.

Die Zwillinge Keanu und Jan leben mit ihren Eltern in Hamburg. Die beiden würden gerne selbst entscheiden, wann sie aufräumen.

Wann darfst du was? Je älter du wirst, desto weniger Vorschriften können Erwachsene dir machen.

Ab 6 Jahren
können Kinder ohne Begleitung von Erziehungsberechtigten bis 20 Uhr Kinos besuchen. Sie dürfen aber nur Filme sehen, die für ihr Alter freigegeben sind.

Ab 12 Jahren
dürfen Kinder im Auto ohne Kindersitz mitfahren, auch vorne auf dem Beifahrersitz. Wer größer ist als 1,50 Meter, darf das auch schon vorher.

Bestimmt fragst du dich auch manchmal: Wieso nur dürfen immer die Eltern alles bestimmen? Sie entscheiden, wann du ins Bett gehen musst, wie lange du draußen spielen darfst, ob du auf eine Ferienfreizeit fahren kannst, wie viel Taschengeld du bekommst und auf welche Schule du gehst. Und in der Schule sind es dann die Lehrer, die alles vorgeben: wer wo in der Klasse sitzt, ob es Hausaufgaben gibt und wann Diktate geschrieben werden – und natürlich legen sie auch die Noten fest. Im Sportverein haben die Trainer das Sagen, beim Gitarren- oder Klavierunterricht die Musiklehrer. Immer entscheiden die Erwachsenen! Muss das denn sein?

Die traurige Wahrheit lautet: ja, meistens jedenfalls. Erwachsene dürfen über Kinder bestimmen, sie müssen sogar.

Das hat schon die Natur so eingerichtet, als sie uns Menschen zu »Nesthockern« gemacht hat. In der Tierwelt unterscheidet man zwischen Nestflüchtern und Nesthockern. Pferde zum Beispiel sind Nestflüchter, ein neugeborenes Fohlen kann schon nach wenigen Stunden laufen und ist nach einem Jahr fast ausgewachsen. Wir Menschen kommen dagegen völlig hilflos zur Welt, in den ersten Lebensjahren brauchen wir ständig jemanden, der sich um uns kümmert. Der uns füttert und die Windeln wechselt, aber auch jemanden, der uns in den Arm nimmt und abends eine Geschichte vorliest. Ohne Eltern wären wir ziemlich aufgeschmissen. Deshalb gibt es in Deutschland auch Gesetze, die Eltern dazu verpflichten, sich um ihre Kinder zu kümmern. Darin steht zum Beispiel, dass sie ihre Kinder zur Schule schicken müssen und sie nicht schlagen dürfen.

Einiges wird Eltern ganz genau vorgeschrieben. Zum Beispiel darf man nur vorne im Auto sitzen, wenn man zwölf Jahre alt oder mindestens 1,50 Meter groß ist. Vorher dürfen auch Eltern ihre Kinder nicht vorne mitnehmen. Wenn sie es

Ab 14 Jahren
ist man kein Kind mehr, sondern Jugendlicher. Laut Gesetz dürfen Jugendliche ab diesem Alter Sex haben.

Ab 15 Jahren
dürfen Jugendliche arbeiten. Aber nur vier Wochen im Jahr in den Ferien und höchstens acht Stunden am Tag. Babysitten und Zeitungaustragen geht schon ab 13 Jahren.

doch tun und erwischt werden, müssen sie eine Strafe zahlen. Kinder, die älter als zehn Jahre sind, dürfen auch nicht mehr mit dem Rad auf dem Gehweg fahren. Und das, obwohl es viele Eltern in Städten gefährlich finden, wenn ihre Söhne und Töchter auf der Straße unterwegs sind.

Häufig verbieten Eltern Dinge, weil sie sich um ihre Kinder sorgen: Sie sollen nicht auf Bäume klettern, weil sie herunterfallen und sich etwas brechen könnten. Sie dürfen nicht mit fremden Hunden spielen, weil die beißen könnten. Die Eltern meinen es gut, aber wenn sie zu vorsichtig sind, kann das ihren Kindern auch schaden.
Das beobachtet zum Beispiel Gabriele Pohl. Sie ist Erziehungswissenschaftlerin und hat ein Buch darüber geschrieben, dass Eltern ihre Kinder zu sehr behüten. Sie sagt: »Viele Kinder sind heute viel ungeschickter als Kinder vor 20 Jahren. Oft können sie, wenn sie in die Schule kommen, nicht mal mehr hüpfen oder auf einem Bein stehen. Das liegt auch daran, dass sie zu wenig draußen spielen dürfen.« Gabriele Pohl findet, dass Eltern ihren Kindern den Freiraum lassen müssen, Dinge auszuprobieren. Auch wenn sie sich dabei mal eine Schramme holen. Nur so lerne man, sich selbst einzuschätzen. »Eltern müssen mutiger werden«, sagt Gabriele Pohl.
Du kannst ihnen dabei helfen. Tu dich mit deinen Freunden zusammen, rät die Expertin, »denn meistens haben Eltern weniger Angst, wenn ihre Kinder nicht allein draußen unterwegs sind«.

Ab 16 Jahren
dürfen Jugendliche Bier, Wein oder Sekt kaufen. Schnaps bekommen sie im Geschäft noch nicht. Zu Hause entscheiden die Eltern, ob und welchen Alkohol ihre Kinder trinken dürfen.

Ab 18 Jahren
ist man erwachsen. Jetzt ist man ganz für sich allein verantwortlich, die Eltern können einem endlich nichts mehr verbieten!

Streit gibt es in vielen Familien auch immer dann, wenn das Kind keine Lust hat, zum Sporttraining oder zum Musikunterricht zu gehen. Das hast du vielleicht auch schon erlebt und dich geärgert, wenn deine Eltern bestimmt haben, dass du trotzdem hingehst. Manchmal kann es richtig sein, wenn deine Eltern das von dir verlangen. »Gerade wenn man ein Instrument lernt, gibt es oft Durststrecken«, sagt Fachfrau Pohl. »Da ist es wichtig, dass die Eltern einen ermuntern, dranzubleiben und zu üben.« Denn es ist ja schon etwas Tolles, wenn man später spitze im Geigespielen oder auch im Fußball ist.
»Man sollte aber niemanden für alle Zeit auf ein Hobby festnageln, Interessen ändern sich«, weiß Gabriele Pohl. Wenn du wirklich keine Lust mehr auf dein Hobby hast, solltest du mit deinen Eltern eine Frist aushandeln. Wenn du zum Beispiel nach einem Monat immer noch mit dem Klavierspielen aufhören willst, dann sollten deine Eltern damit auch einverstanden sein. Sie sind zwar älter als du und haben in vielen Dingen mehr Erfahrung, aber manche Sachen weißt du trotzdem besser.
Doch daran müssen sich deine Eltern auch erst mal gewöhnen. Schließlich haben sie jahrelang die meisten Entscheidungen für dich allein getroffen. Hab also etwas Geduld mit ihnen.

Welche Regeln und Verbote gelten, ist in jeder Familie verschieden. Die Eltern von Keanu und Jan verlangen zwar, dass die beiden jede Woche aufräumen, die Brüder haben aber auch viele Freiheiten. Sie dürfen am Wochenende zum Beispiel so lange draußen mit ihren Freunden spielen, wie sie wollen. Mittags gehen sie oft mit zu Freunden. Dann rufen sie einfach zu Hause an und sagen Bescheid.

DIE KINDERRECHTSKONVENTION

Bis du 18 Jahre alt bist, sind deine Eltern für dich verantwortlich. Sie müssen zum Beispiel dafür sorgen, dass du genug zu essen bekommst, es warm hast und zur Schule gehst. Weil diese Dinge für Kinder auf der ganzen Welt wichtig sind, gibt es die »Kinderrechtskonvention«. Die Vereinten Nationen, eine Versammlung fast aller Länder der Erde, haben diese Regeln vor rund 25 Jahren in einer Art Gesetz festgeschrieben.
Vielleicht denkst du jetzt: Ist doch selbstverständlich, dass meine Eltern für mich sorgen! Von wegen: Bis 1960 war es zum Beispiel erlaubt, dass Kinder arbeiten gehen. Und noch bis vor etwa 15 Jahren durften Eltern ihre Kinder schlagen. Heute ist das verboten, zum Glück! Bestrafen dürfen Mütter und Väter ihre Kinder trotzdem noch: etwa, wenn die Älteren die Jüngeren geärgert haben. Dann gibt es vielleicht einen Tag lang keine Süßigkeiten.

Erst zum Abendessen müssen sie wieder zu Hause sein. Das finden Keanu und Jan total gut. Richtig Zoff mit ihren Eltern haben die Zwillinge bei einer anderen Sache: dem Taschengeldbuch. Das ist ein Notizheft, in das Jan und Keanu genau eintragen sollen, wofür sie ihr Taschengeld ausgegeben haben. Die Jungen haben überhaupt keine Lust dazu, doch wenn sie sich weigern, bekommen sie zur Strafe kein Taschengeld mehr. »Ich wünsche mir zum Geburtstag, dass wir mit dem doofen Buch aufhören dürfen«, sagt Jan. »Daraus wird nichts«, sagt seine Mutter.
An manchen Regeln, die Eltern aufstellen, ist nicht zu rütteln. Eine Sache kannst du aber immer tun: Fordere deine Eltern auf, dir zu erklären, warum sie Regeln aufstellen und Dinge verbieten. Das gilt auch für deine Lehrer und alle anderen Erwachsenen. Ein Satz wie »Weil wir das so wollen« ist keine Erklärung, die du ihnen durchgehen lassen solltest.
Jan und Keanus Mutter erklärt die Taschengeldbuchregel zum Beispiel so: Sie kümmert sich beruflich um Menschen, die Schulden haben. Deshalb möchte sie, dass ihre Söhne früh lernen, mit Geld umzugehen. Sie sollen später keine Schulden haben. Das Taschengeldbuch finden die Jungen zwar immer noch doof, aber sie können zumindest verstehen, warum es ihrer Mutter so wichtig ist.

Von Hauke Friedrichs und Magdalena Hamm

Wie Kinder Politik machen können

Mitten im Schlamm stehen einige windschiefe Hütten. Die Wände sind aus Blech, auf das jemand bunte Blumen gemalt hat. Drinnen stehen Schulbänke, die aus wenigen Brettern zusammengezimmert wurden: ein schmales Brett zum Sitzen, eines als Tisch. Die Hütten gehören zu einer Schule in einem Armenviertel in Ostafrika. Mehr als 300 Waisenkinder lernen dort lesen und schreiben.

In einem kurzen Film zeigt Lea an diesem Samstagmorgen zehn anderen Kindern Bilder der Schule. Schlagartig verstummen die Mädchen und Jungen, niemand kramt mehr mit Papier. »Es gibt diese Schule schon lange«, erzählt Lea. »Im Moment sind dort viel zu viele Kinder, sie haben nicht genug Platz.« Ein neuer Fußboden müsse her, und das Dach solle ausgebessert werden. Lea sagt: »Mit 1500 Euro können wir dort vielen Kindern helfen.«

Alle klatschen, und Lea geht zu ihrem Platz und lächelt. Geschafft! Mit 12 Jahren ist sie die Jüngste im Raum. Und das war gerade ihr erster Vortrag vor den anderen Mädchen und Jungen des Kinderbeirats der Stadt Hanau.

Den Kinderbeirat gibt es schon seit mehr als sechs Jahren. Er heißt so, weil die Kinder die Hilfsorganisation Children for a better World (übersetzt: »Kinder für eine bessere Welt«) beraten. Lea und die anderen entscheiden, wie die Organisation Kindern helfen soll.
Zweimal im Jahr tagt der Kinderbeirat und darf dann jedes Mal 5000 Euro verteilen. »Dass wir alles selbst entscheiden können, ist das Beste«, sagt Christian, der auch im Beirat ist. »Es kommen keine Argumente von irgendwelchen Erwachsenen.«

Der Job ist aber auch ziemlich schwierig und macht viel Arbeit. Zuerst bekommt der Kinderbeirat einen Stapel von Anträgen. Die sind so etwas wie Bewerbungsbriefe. Darin schildern Leute, mit welchen Projekten und Ideen sie Kindern Gutes tun wollen. Sie beschreiben, was sie planen, und rechnen vor, wie viel Geld sie dafür brauchen.
Sechs solcher Anträge hat der Kinderbeirat diesmal bekommen. Immer ein Kind kümmert sich zu Hause in Ruhe um einen Antrag und stellt ihn den anderen beim nächsten Treffen vor. »Das Schwierigste ist, ein Projekt so zu erklären, dass die anderen es verstehen und denken: Die brauchen wirklich Geld«, sagt Lucas. Er hat das schon öfter gemacht und findet, dass Lea die Schule super vorgestellt hat.

Maybrit zeigt keinen Film, sondern erzählt den anderen einfach von dem Projekt, mit dem sie sich beschäftigt hat. Es geht um einen Verein in Deutschland, der Kindern hilft, die drogenabhängig oder computersüchtig sind. Einige wurden auch sexuell missbraucht. In dem Verein können die Kinder reiten lernen und dabei vergessen, was sie Schlimmes erlebt haben. »Der Verein will

Lea, Lucas, Maren und Christian (auf dieser Seite von links) zeigen, was sie im Kinderbeirat tun.

KINDERBEIRÄTE IN DEUTSCHLAND
Wenn es um Kinder geht, dann sollen sie auch selbst mitreden! Das finden die Erwachsenen in der Organisation Children for a better World. Seit fast zwanzig Jahren lassen sie Kinder in Beiräten mitbestimmen. Inzwischen gibt es fünf dieser Gruppen in Deutschland: in Hanau, Berlin, Hamburg, München und Witten. Das Besondere an den Beiräten ist, dass die Kinder bei jedem Treffen über Geld entscheiden, ohne dass Erwachsene mitreden. Jedes Jahr vergeben die fünf Kinderbeiräte zusammengerechnet mehr als 50.000 Euro.

Geld haben, um für acht bis zwölf Kinder ein Sommercamp zu machen«, sagt Maybrit. »Eine Woche soll das dauern.«

Die Kinder stellen ein Projekt nach dem anderen vor. Damit alle das Wichtigste im Blick haben, schreibt ein Mädchen auf einem großen Blatt Papier an der Wand mit. Nach einer halben Stunde stehen dort sechs Projekte. Und sechs Zahlen.
Die afrikanische Schule braucht 1500 Euro, das Sommercamp soll 1330 Euro kosten. Und so weiter und so weiter. Nach kurzem Rechnen ist klar: Das Geld reicht nicht aus. Mehr als 8000 Euro wurden für die sechs Projekte beantragt, doch der Kinderbeirat kann nur 5000 Euro vergeben.

Die Kinder kennen das schon. Jetzt folgt Schritt zwei ihrer Arbeit: Sie müssen entscheiden, welches Projekt wie viel Geld bekommt. Maybrit geht zum Papier an der Wand. »Wollen wir mal aufschreiben, was uns am wichtigsten ist?«, fragt sie. Sofort fallen allen die Blechhütten im Schlamm ein. »Also, ich finde Leas Projekt am dringendsten«, sagt Daniel. »Da geht es fast schon um Leben und Tod.« Alle sind dafür, dass die Schule ganz oben steht. Maren überlegt laut: »Ich finde das Sommercamp mit Pferden auch gut.« Daniel hält dagegen: »Das finde ich persönlich nicht so wichtig.« Jemand ruft rein: »Und was ist mit Antrag fünf und sechs?«
Das Sommercamp für die missbrauchten und süchtigen Kinder landet schließlich auf dem vorletzten Platz. Aber etwas Geld wollen die Kinder dafür trotzdem ausgeben. Noch nie haben sie einen Antrag komplett abgelehnt. Deshalb grübeln nun alle: Wie sollen sie die 5000 Euro aufteilen? Was ist gerecht? Zwei Mädchen tippen auf Taschenrechnern herum.

»Vielleicht sollten wir der Schule in Afrika nur 1000 Euro geben?«, überlegt Maybrit. Lea bläst die Backen auf und starrt vor sich auf den Tisch. »Sag was!«, zischt Daniel. »Sag doch was!« Lea zögert. Vor den Älteren laut die eigene Meinung zu vertreten fällt ihr nicht leicht. Dann holt sie Luft und ruft: »Aber in der Schule sind jetzt viel zu viele Kinder. Und eigentlich brauchen sie für den Umbau sogar 3000 Euro.« Kira unterstützt sie: »Denen wird da für ihre ganze Kindheit geholfen, andere Projekte sind nur mal für zwei Wochen.«

Die einzige Erwachsene im Raum ist Heike Noll. Sie hat bisher nur zugehört. Jetzt steht sie auf und sagt: »Ich merke, dass es euch Schwierigkeiten macht, ein Projekt hier in der Nähe mit einem im Ausland zu vergleichen. Vielleicht denkt ihr darüber noch einmal nach?«
Viele nicken. Maren meint: »Es ist ja nicht so, dass alle im Ausland immer arm sind und hier in Deutschland alle Geld haben.« Ihr liegt das Pferdecamp am Herzen. Svenja sagt: »Aber das ist nur ein Sommercamp.« – »Nein, es ist wie eine Therapie«, entgegnet Maren.

Schließlich entscheiden die Kinder, dass die Schule in Afrika 1500 Euro bekommt. Es ist das einzige Projekt, das genau so viel erhält, wie beantragt wurde. Dem Pferdecamp geben die Kinder 600 statt der geforderten 1330 Euro. Anderthalb Stunden hat der Kinderbeirat diesmal getagt, es wurde auch schon doppelt so lange diskutiert. Einigen fallen erst später die besten Argumente für oder gegen ein Projekt ein. Nach dieser Sitzung sind aber alle zufrieden. »Das ist allerdings selten«, sagt Lucas.

Von Susanne Prebitzer

Flucht nach Europa

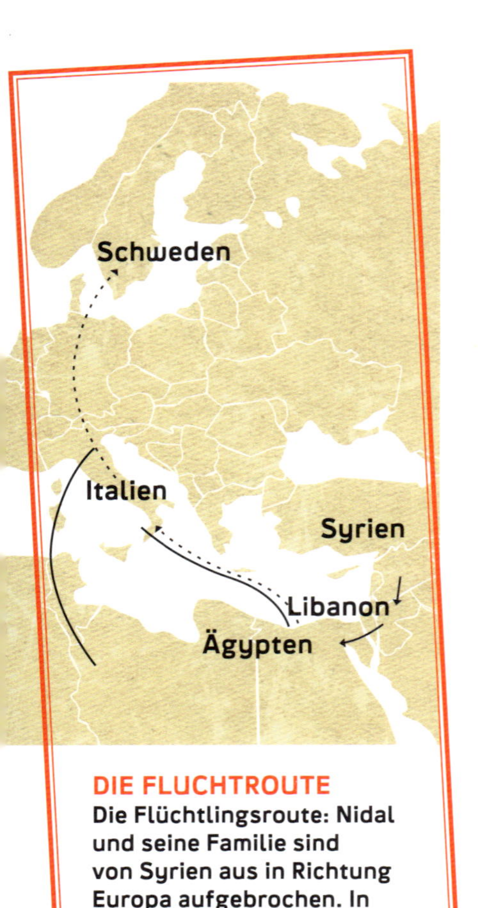

DIE FLUCHTROUTE
Die Flüchtlingsroute: Nidal und seine Familie sind von Syrien aus in Richtung Europa aufgebrochen. In Schweden sind bisher nur Rania und ihre Mutter angekommen.

Eigentlich sieht Nidal aus wie ein ganz normaler Mann. Dabei klingt das, was er gemacht hat, total verrückt. Er hat sein ganzes Geld wildfremden Menschen gegeben, damit die seine Frau und seine fünf Jahre alte Tochter nach Europa bringen. Nicht im Flugzeug, sondern in einem kleinen, alten Boot, zusammengequetscht mit fast hundert anderen Menschen.
Lange wusste Nidal nicht, ob die beiden es geschafft hatten. Dann, nach acht Tagen, rief seine Frau Houda aus Italien an. Sie und die kleine Rania waren heil in Europa angekommen. Sie haben sich weiter durchgeschlagen bis nach Schweden. Dort geht es ihnen gut. Aber Houda vermisst ihren Mann und Rania ihren Vater.
Nidal und Houda kommen aus Syrien, einem Land in Arabien, in dem zurzeit ein Krieg wütet. Viele Syrer kämpfen dort gegen ihren Herrscher Baschar al-Assad. Der schlägt brutal zurück: Er lässt seine Armee immer wieder Städte und Dörfer bombardieren, in denen er seine Gegner vermutet. Dabei sterben Tausende von unschuldigen Bürgern.
Genau das ist auch in der Stadt von Nidal und Houda passiert. Außerdem war die Armee hinter Nidal her, weil er gegen den Herrscher und die Regierung demonstriert hat. Also beschloss die Familie, aus Syrien über die Grenze in den Libanon zu fliehen. Dort landeten Nidal und Houda mit ihren vier Kindern in einem Flüchtlingslager. Außer der kleinen Rania gibt es noch Saniyah, sie ist 13. Und die Zwillinge Dani und Farid, die neun Jahre alt sind.

In diesem Flüchtlingslager im Libanon habe ich Nidal getroffen. Er hat mich herumgeführt und mir gezeigt, wie die Leute dort leben. Sie wohnen zu sechst, zu acht, manchmal zu zehnt in einem Zimmer oder in einem Zelt. Kinder werden krank, weil das Wasser schlecht ist. Oder weil sie von einer Ratte gebissen wurden. Im Lager, erzählt Nidal, gibt es bewaffnete Banden. »Die schießen aufeinander, auch wenn Kinder dabeistehen.«
Nidal und Houda mussten sich entscheiden: entweder jahrelang in diesem Lager bleiben und zusehen, wie es ihren Kindern immer schlechter geht. Oder weiterfliehen nach Europa.

Das Problem ist: Menschen wie Houda und Nidal dürfen nicht einfach so nach Europa kommen. Sie müssen eine Einreiseerlaubnis beantragen. Die kriegen aber nur die wenigsten. Denn die Staaten in Europa, auch Deutsch-

Vom Krieg zerstörte Städte und große Armut: Wenn Menschen fliehen, haben sie oft eine große Hoffnung im Gepäck. Sie wünschen sich ein besseres Leben. Oft landen die Flüchtlinge aber zunächst in ärmlichen Lagern.

land, haben strenge Regeln, welche Flüchtlinge sie aufnehmen. Die Länder wollen so verhindern, dass zu viele Menschen kommen. Außerdem hat man auf der Flucht vor einer Armee oder einem brutalen Herrscher kaum Zeit, sich stundenlang vor einer Botschaft anzustellen, um eine Einreiseerlaubnis zu bekommen.
Also verkauften Nidal und Houda ihren ganzen Schmuck, um einen Schlepper zu bezahlen. So nennt man Leute, die andere, obwohl das verboten ist, über viele Umwege in ein anderes Land bringen. Für die ganze Familie reichte das Geld nicht. Deshalb hat ein Schlepper erst einmal nur Houda und die kleine Rania aus dem Libanon nach Ägypten geschmuggelt. Von dort haben die beiden dann das Mittelmeer überquert.

Sie hatten Glück, dass sie die Reise heil überstanden haben. In diesem Sommer sind Hunderte Flüchtlinge auf dem Weg nach Europa im Mittelmeer ertrunken. Ihre Boote sind gekentert, weil sie völlig überfüllt und nicht seetauglich waren. Den Schleppern ist das egal. Je mehr Menschen sie in so einen Kahn stopfen, desto mehr Geld kassieren sie.

Nicht alle Bootsflüchtlinge kommen aus Syrien. Manche sind aus Afghanistan, wo es immer wieder Bombenanschläge und Kämpfe gibt. Viele kommen aus Eritrea, einem kleinen Land in Afrika, wo ein rücksichtsloser Herrscher an der Macht ist. Und viele stammen aus armen Ländern und hoffen in Europa auf ein besseres Leben.

WARUM KEINE FOTOS?
Die Menschen, die wir für diese Geschichte getroffen haben, wollten nicht fotografiert werden. Als Flüchtlinge müssen sie um ihr Leben fürchten, wenn die Machthaber in ihrer Heimat Syrien sie erkennen würden.

Flüchtlinge bezahlen oft viel Geld an Menschenschmuggler.

Die schicken sie in viel zu kleinen und alten Booten übers Mittelmeer. Die Reise ist gefährlich, Tausende sind bereits ertrunken.

Wenn man im Fernsehen die Boote mit den vielen Flüchtlingen sieht, könnte man tatsächlich meinen, alle, denen es schlecht geht, wollten zu uns nach Europa. Das ist aber gar nicht so. Auf der ganzen Welt gibt es zurzeit 43 Millionen Flüchtlinge. Viele von ihnen fliehen lieber in ein Nachbarland als ganz weit weg nach Europa oder Amerika. Menschen wollen eben auch in Not- und Kriegszeiten nahe bei ihrem Zuhause bleiben. Damit sie sofort zurückkehren können, wenn das Schlimmste vorbei ist.
Für die Nachbarländer kann das sehr schwierig werden. Der Libanon zum Beispiel ist sehr klein. Er hat vier Millionen Einwohner, und jetzt sind noch einmal mehr als eine Million Kriegsflüchtlinge aus Syrien dazugekommen. Im Libanon leben sie, wie man am Beispiel von Nidals Familie sieht, meist unter miserablen Bedingungen. Deutschland ist sehr viel größer und reicher. Es hat bis Ende 2015 aber nur rund 20.000 Syrer aufgenommen.

Menschen wie Nidal und Houda wissen, dass sie nicht mehr zurückkönnen in ihre Heimat. Das Viertel, in dem die Familie früher gewohnt hat, ist zerstört. Und Nidal wird weiterhin von der Armee und dem Geheimdienst gesucht. Vor dem fürchtet er sich noch jetzt im Libanon. Deshalb wollte er auch nicht fotografiert werden.
Er spart wieder Geld zusammen, weil er irgendwann mit seinen anderen Kindern, mit Dani und Farid und Saniyah, die gefährliche Reise nach Europa machen will. Ich finde das immer noch total verrückt und gefährlich. Aber seit er mir sein Leben im Flüchtlingslager gezeigt hat, kann ich verstehen, warum er das macht.

Von Andrea Böhm

Warum gibt es Rassismus?

Jeder Mensch ist anders. Der eine ist groß, der andere klein. Der eine isst am liebsten Spinat, der andere Spaghetti. Der eine hat dunkle Haut, der andere helle. Der eine kann schnell laufen, der andere gut rechnen. Keinen Menschen gibt es zweimal; sogar eineiige Zwillinge unterscheiden sich in vielen kleinen Dingen.
Es ist auch völliger Zufall, wo und in welche Familie hinein jemand geboren wird. Deshalb ist es auch völliger Quatsch, Menschen nach ihrer Herkunft beurteilen zu wollen. Vielleicht kommen die Eltern deiner Freundin aus der Türkei oder der beste Freund deiner Schwester ist vor einem Jahr aus China in die Stadt gezogen. Ob jemand nett ist oder interessant, hängt nicht vom Wohnort ab, genauso wenig wie vom Aussehen. Wichtig ist, was in ihm steckt. Niemand ist mehr wert als jemand anderes! Jede und jeder hat die gleichen Rechte!

Wo und als wer man geboren wird, das kann sich niemand aussuchen.

Doch es gibt Leute, die das anders sehen. Diese Leute nennt man Rechtsextremisten. Das ist ein ziemlich kompliziertes Wort. »Extrem« steckt drin, das Gegenteil von normal. Denn rechtsextremistische Ansichten sind nicht normal. Rechtsextremisten werden häufig auch als Nazis bezeichnet. Das hat mit der deutschen Geschichte zu tun, dazu kommen wir später noch.

Rechtsextremisten haben jedenfalls Probleme mit Menschen, die anders sind als sie. Zum Beispiel würden sie am liebsten jeden, der im Ausland geboren ist oder dessen Eltern von dort stammen, aus Deutschland hinauswerfen. Sie behaupten auch, es wäre gut, wenn nur noch Menschen zusammenleben, die möglichst gleich aussehen. Rechtsextremisten teilen die Menschheit gern in »Rassen« ein. Man nennt sie deshalb auch Rassisten. Sie sagen, man müsse seine »Rasse sauber halten«. Was sie meinen, ist zum Beispiel, dass Japaner nicht mit Deutschen Kinder bekommen sollen. Rassisten sagen auch, dass ihre eigene »Rasse« besser sei als andere. Bis vor etwa hundert Jahren haben noch viele Menschen an so einen Blödsinn geglaubt. Beispielsweise war in Europa häufig zu hören, wir seien mehr wert als Afrikaner. Das ist natürlich Unsinn. Und Forscher haben längst bewiesen, dass es bei uns Menschen überhaupt keine Rassen gibt – anders als bei Tieren.

Was Forscher nachweisen, interessiert Rassisten aber nicht. Sie *wollen* an Rassen glauben. Die meisten Rechtsextremisten gleichen mit ihrem Denken nämlich nur Probleme aus. Oft haben sie Angst vor etwas, sind unzufrieden mit ihrem Leben oder einfach unsicher. Wenn sie dann auf andere Menschen herabschauen können, fühlen sie sich stark und überlegen.

Es gibt auch Politiker, die rechtsextremistische oder rassistische Dinge sagen. Sie tun das zum Beispiel, um von Missständen abzulenken. Es ist ja auch sehr bequem, wenn man die Schuld für Dinge, die in einem Land, einer Region oder einer Stadt nicht klappen, jemandem in die Schuhe schieben kann. Wenn es zum Beispiel viele Arbeitslose gibt, ist die einfachste Ausrede, zu sagen, dass Ausländer daran schuld seien. Weil sie angeblich den Deutschen die Arbeit wegnehmen. Das stimmt natürlich nicht – was man schon daran sieht, dass es in Ostdeutschland die meisten Menschen ohne Arbeit gibt, dort aber die wenigsten Ausländer leben. Doch leider kommen Politiker mit solchen Aussagen bei vielen Menschen an. Einzelne rechtsextremistische Gedanken sind sehr, sehr weit verbreitet.
Und jetzt kommen wir zurück zur deutschen Geschichte. Bei uns gab es vor achtzig Jahren den Politiker Adolf Hitler, seine Par-

tei hieß abgekürzt NSDAP. »NS« stand für »nationalsozialistisch«, die Parteianhänger wurden deshalb kurz Nazis genannt. Am 30. Januar 1933 wurde Hitler Reichskanzler und begann mit seiner Partei, die Demokratie abzuschaffen. Dieses Datum nennen viele »Machtergreifung«.

RASSISTEN
gibt es in allen Ländern der Welt. Sie denken, dass die Bürger ihres eigenen Landes die besten sind. Das ist völliger Unsinn.
Alle Menschen sind gleich viel wert.

Hitler wollte der mächtigste Mann der Welt werden. Er redete den Deutschen ein, sie müssten sich gegen andere »Rassen« wehren, vor allem gegen Menschen jüdischer Religion. Hitler hat dann einen schlimmen Krieg angefangen, in dem Millionen Menschen starben.

Vieles, was Hitler sagte, sagen heute die Rechtsextremisten. Deshalb werden sie oft auch Nazis genannt oder Neonazis, also »neue Nazis«. In der Politik spielen sie keine große Rolle. Aber auch heute überfallen Rechtsextremisten Menschen, die ihnen nicht gefallen – in den letzter Zeit wurde zum Beispiel über eine Bande berichtet, die über Jahre gemordet hat, mitten in Deutschland. In den letzten 20 Jahren haben Rechtsextremisten mindestens 147 Menschen getötet und viele Tausend verletzt. Zum Beispiel Leute, die aus der Türkei nach Deutschland gekommen sind, oder Obdachlose, also Menschen ohne Wohnung.

Rassisten und Rechtsextremisten sagen, alle Fremden seien gefährlich. Und es stimmt ja, dass man erst mal vorsichtig sein sollte, wenn man jemanden noch nicht kennt. Aber das gilt für Deutsche genauso wie für Ausländer. Man ist natürlich nicht gleich ein Rassist, wenn man sich mal über einen ausländischen Mitschüler ärgert. Übel ist es, wenn man Fremde ablehnt, *weil* sie fremd sind. Rassismus ist, wenn man Menschen nur mit ihrer Herkunft erklärt – wer sagt: »Alle Schwarzen sind faul«, oder: »Alle Juden sind geldgierig«, der ist rechtsextremistisch. Und er ist dumm. Genauso gut könnte er ja behaupten: »Alle großen Menschen sind klug.« Rechtsextremisten sagen noch andere dumme Sachen: zum Beispiel, dass sich Frauen nur um Kinder und Haushaltsarbeit kümmern sollten. Oder dass es gut ist, wenn einige über alle anderen bestimmen.
Rassisten und Rechtsextremisten gibt es überall. Aber kein Kind kommt als Rechtsextremist auf die Welt; Kinder spielen mit anderen Kindern, egal welcher Hautfarbe. Meist lernen sie von ihren Eltern, Fremde zu hassen. Wenn du also rassistische Sprüche hörst, dann widersprich! Du kannst sicher sein, dass du damit Recht hast.

Von Toralf Staud

2. KAPITEL

Glück und Geld

Schon vor 700 Jahren nutzten manche Menschen Sparschweine. Das Schwein stand auch damals für Glück und Wohlstand.

Teilen statt besitzen

Bibliotheken kennt fast jeder. Aber immer mehr Menschen wollen auch andere Dinge teilen: Statt ein Auto zu kaufen, mieten sie eines für den Ausflug am Wochenende. Die Bohrmaschine leihen sie sich im Nachbarschaftsladen. Und im Reparier-café lassen sie den kaputten Toaster wieder flottmachen. So können Dinge viel länger genutzt werden. Das schont auch die Umwelt.

Zahlen ohne Geld

Lange Zeit kamen die Menschen ohne Geld aus. Sie tauschten Waren. In bestimmten Regionen wurden schon vor vielen Tausend Jahren Dinge zum Bezahlen genutzt – zum Beispiel Muscheln, Bronzestücke oder Kakaobohnen. Die ersten bekannten Münzen gab es vor etwa 2600 Jahren in Kleinasien, in der heutigen Türkei. Das Papiergeld wurde wahrscheinlich vor mehr als tausend Jahren in China erfunden. In Europa wurde es um 1660 eingeführt. Etwa 1950 kamen Kreditkarten auf. Heute gibt es Online-Bezahldienste und man kann über eine Smartphone-App zahlen.

Wegwerfwahn

Wir sind Wegwerfmeister. 7 Millionen Tonnen Lebensmittel landen in Deutschland jährlich im Müll. 750.000 Tonnen Klamotten entsorgen wir in Kleidercontainern. Viele Millionen alter Handys liegen in Schubladen herum. Und so weiter und so weiter.

Mach mit!

Schau in deinen Schränken nach Dingen, die du nicht mehr brauchst. Überlege, wem du sie schenken könntest. Oder probiere, sie im Secondhandladen zu verkaufen.

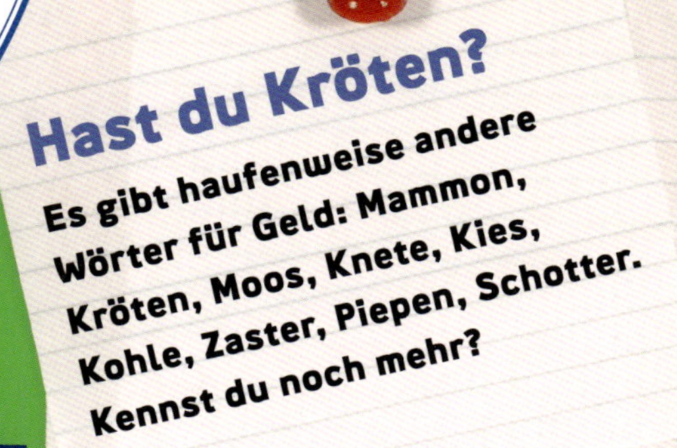

Hast du Kröten?

Es gibt haufenweise andere Wörter für Geld: Mammon, Kröten, Moos, Knete, Kies, Kohle, Zaster, Piepen, Schotter. Kennst du noch mehr?

WIRTSCHAFT

VOM KAUFEN, SPAREN UND TEILEN

So eine Wirtschaft!

Tausende Betriebe und Unternehmen gibt es in Deutschland. Manche stellen Dinge her, zum Beispiel Tische, Computer, Klamotten oder Schokolade. Andere produzieren nichts, sondern helfen den Menschen gegen Geld – Friseure schneiden die Haare, Reinigungsfirmen putzen Fenster, Busfahrer kutschieren Fahrgäste. Das alles zusammen wird als Wirtschaft bezeichnet. Viele Fachleute schauen sehr genau hin, wie es der Wirtschaft eines Landes geht. Denn davon hängt in der Regel mit ab, wie es den Menschen im Land geht.

Ist weniger mehr?

Die Wirtschaft soll wachsen. Das hört man oft in den Nachrichten. Viele Politiker finden Wirtschaftswachstum wichtig. Sie denken: Wenn es der Wirtschaft besser geht, wird es mehr Arbeitsplätze geben – und damit mehr Geld für die Menschen im Land. Aber immer öfter wird auch gefragt, ob stetiges Wachstum gut gehen kann. Viele finden: Es muss mehr darauf geachtet werden, dass die Umwelt geschützt wird und es gerecht zugeht auf der Welt.

Was macht die Bank mit meinem Geld?

WIRTSCHAFT
Arbeiten, einkaufen, reich werden, arm werden, neue Produkte erfinden, Leute einstellen, Leute entlassen, Autos bauen, Geld verleihen – all dies und vieles mehr ist gemeint, wenn wir von »Wirtschaft« sprechen.

Oma steckt dir zwei 50-Euro-Scheine zu, du strahlst, sagst von Herzen Danke, umarmst die alte Dame – und überlegst dir, was du mit dem Geld machen sollst. Gleich ausgeben für den tollen schwarzen Cityroller? Nein. Oder im Schreibtisch in deinem Zimmer verstecken? Auch nicht. Lieber bringst du es auf die Bank, schließlich hast du ein eigenes Konto, und auf dem gibt es Zinsen für dein Geld. Das heißt: Die Bank zahlt dir etwas dafür, dass du sie dein Geld aufbewahren lässt.

Da stellt sich doch die Frage: Warum kann sie das? Warum tut sie das? Die Antwort: Die Bank verleiht dein Geld größtenteils weiter. Zum Beispiel an jemanden, der ein Haus bauen will und dafür geliehenes Geld braucht. Oder an einen anderen Menschen, der ein neues Auto kaufen möchte, aber im Moment nicht genug Geld dafür besitzt. Vielleicht verleiht die Bank es auch an ein Unternehmen, das eine neue Maschine kaufen will.

Egal wem die Bank etwas leiht: Sie verlangt in fast jedem Fall höhere Zinsen von dem, der das Geld bekommt, als sie dir für deine 100 Euro gibt. Beispiels-

weise bezahlt sie dir im Jahr zwei Prozent oder eben zwei Euro – aber der Autokäufer muss sechs Prozent oder sechs Euro Zinsen an die Bank bezahlen. Zwei Prozent für dich, aber sechs Prozent vom Autokäufer – das klingt ganz schön unverschämt. Denn das heißt ja, die Bank gibt dir nur zwei Euro für dein Geld und behält vier Euro für sich, das Doppelte also. Doch ganz so einfach ist die Sache nicht. Die Bank muss ihre Mitarbeiter bezahlen, den Kassierer zum Beispiel, der dein Geld entgegennimmt, wenn du es hinbringst. Sie muss die Miete für das Bankgebäude bezahlen, muss die Tische und Stühle und Computer darin kaufen.

Vor allem aber geht sie ein Risiko ein, wenn sie dein Geld weiterverleiht: Vielleicht kann der Autokäufer schon bald gar nicht mehr bezahlen, weil er ärmer ist, als er dachte. Dann gibt es keine Zinsen mehr von ihm, und das geliehene Geld selbst bezahlt er auch nie mehr zurück. Dann hat die Bank den Schaden. Denn sie muss dir ja dein Geld samt deinen Zinsen zurückgeben.

Es kommt für die Bank noch ein Problem hinzu: Wenn dein Geld auf einem normalen Konto oder auf einem Sparbuch liegt, kannst du es fast jederzeit wieder abheben. Mit dem Autokäufer aber vereinbart die Bank eine Rückzahlung nach und nach innerhalb von zwei Jahren. Das heißt, wenn du dein Geld plötzlich irgendwann zuvor vom Konto nimmst, muss die Bank vielleicht Ersatz schaffen – und das kostet sie dann zusätzlich. Deshalb bezahlt die Bank dir meistens auch höhere Zinsen, wenn du dein Geld bei ihr festlegst. Wenn du etwa unterschreibst, dass deine 100 Euro zwei Jahre lang fest bei der Bank bleiben, bekommst du für diese Zeit einen höheren Zinssatz.

Man sieht schon, eine Bank muss aufpassen, dass sie immer genug Geld zur Verfügung hat, wenn Leute wie du ihr Geld abheben wollen. Und sie sollte vorsichtig damit sein, wem sie für welchen Zweck Geld leiht. Oft verlangt sie eine Sicherheit dafür, dass sie jemandem etwas leiht. Vom Hausbauer verlangt sie zum Beispiel das Recht, sein Haus verkaufen zu dürfen, wenn er nicht mehr bezahlen kann. Und doch: Wenn zu viele Hausbauer aufgeben müssen, gerät die Bank in Schwierigkeiten. Denn wenn sehr viele Häuser verkauft werden müssen, sinkt deren Wert und reicht dann nicht mehr, um das verlorene Geld zu ersetzen. Und wird es ganz schlimm, kann die Bank dir eventuell deine 100 Euro nicht mehr auszahlen, wenn du sie abheben willst.

Deshalb muss der Staat auf die Banken aufpassen, damit sie nicht das Geld von Leuten wie dir in Gefahr bringen. Er schreibt ihnen vor, wie vorsichtig sie mindestens sein müssen, wenn sie Geld verleihen. Und wie viel eigenes Geld sie bereithalten müssen – für den Fall, dass verliehenes Geld trotzdem nicht zurückbezahlt wird.

Von Uwe Jean Heuser

Eine Pause für Sparschweine

SPAREN
Früher hat es sich gelohnt, sein Geld zur Bank zu bringen. Heute sollten wir es besser ausgeben oder sogar Schulden machen.

Das Blöde an einem Sparschwein ist, dass man immer neues Geld hineinstecken muss, sonst wird es nicht voll. Wäre es nicht toll, wenn irgendjemand ein Sparschwein erfände, in dem sich das Geld von selbst vermehrt? Eins, in das wir 10 Euro hineinwerfen, und nach einer bestimmten Zeit wären auf einmal 12 Euro drin oder vielleicht sogar 13. Großartig, oder?
Nun, ein solches Wunder-Sparschwein gibt es längst, seit fast 200 Jahren. Es heißt nicht Sparschwein, sondern Sparbuch.

Wenn wir unsere Ersparnisse bei einer Bank auf ein Sparbuch einzahlen, dann vermehrt sich das Geld, ohne dass wir etwas dafür tun müssen. Das machen die Zinsen.
Zinsen nennt man das Geld, das die Bank uns gibt, wenn wir ihr unsere Ersparnisse anvertrauen. Beträgt der Zins zum Beispiel 4 Prozent, bekommt man für 100 Euro in einem Jahr 4 Euro dazu. Das klingt erst einmal wenig. Aber im nächsten Jahr kommt zu den 104 Euro, die man dann hat, wieder

etwas dazu, und darauf gibt es auch wieder Zinsen. Und im überübernächsten Jahr wieder. Auf die Dauer kommt doch einiges zusammen: Nach zehn Jahren hat man schon 148 Euro.
Ein Sparbuch ist eine wunderbare Sache. Man wird immer reicher und muss sich gar nicht anstrengen dafür.
Zurzeit ist das aber ganz anders. Die Banken zahlen den Sparern fast keine Zinsen mehr. Das Sparbuch unterscheidet sich nicht mehr vom Sparschwein zu Hause: Man kann Geld hineinlegen, aber es wird nicht mehr. Was ist passiert?

Um diese Frage zu beantworten, muss man sich zunächst einmal klarmachen, woher die Zinsen eigentlich kommen. Sie werden von den Banken bezahlt. Und zwar deshalb, weil die Banken wollen, dass wir ihnen möglichst viele Ersparnisse bringen, sodass sie damit Geschäfte tätigen können: Sie verleihen Geld an Menschen, die mehr Geld brauchen, als sie im Moment haben.

Jan Bredack ist so jemand. Er ist 43 Jahre alt und hat eine Supermarktkette gegründet. In seinen Läden gibt es nur pflanzliche Lebensmittel, also kein Fleisch, keine Kuhmilch, keinen Ziegenkäse, dafür zum Beispiel Sojamilch und Tofuwürste.
Bredack ist ziemlich erfolgreich. Seine Supermärkte sind voll. Es gibt in Deutschland immer mehr Menschen, die nichts essen wollen, was von Tieren kommt. Aber einen neuen Supermarkt zu eröffnen kostet erst einmal viel Geld. Man muss Miete bezahlen, man braucht Verkäufer, man muss ganz viele Waren einkaufen.
So viel Geld hatte Jan Bredack am Anfang nicht, also muss er es sich leihen. Und dafür muss er eine Leihgebühr bezahlen. Wenn alles gut geht, wird er mit seinen Supermärkten so viel Geld verdienen, dass er die Schulden bald zurückzahlen kann, samt der Leihgebühr.

Es ist also so: Die Banken verleihen Geld an Unternehmer wie Jan Bredack. Dafür verlangen sie eine Gebühr. Und einen Teil davon geben sie dann als Zinsen weiter an uns Sparer, damit wir ihnen unser Geld bringen, das die Banken dann wieder verleihen können. Eigentlich sind es also nicht die Banken, die unsere Zinsen bezahlen, sondern diejenigen, die sich bei den Banken Geld leihen. Die Schuldenmacher.
Das ist der Grund, warum uns die Banken auf einmal keine Zinsen mehr bezahlen: Es gibt in Deutschland nicht mehr genug Leute, die Schulden machen. Der Supermarktgründer Jan Bredack ist eine Ausnahme. Viele Unternehmen verzichten heute darauf, sich Geld zu leihen, um Fabriken zu bauen oder Maschinen zu kaufen.

Manche Fachleute meinen, das liegt daran, dass viele Menschen nicht mehr genug Geld haben, um sich zum Beispiel ein neues Auto zu kaufen. Wenn aber

WAS SIND EIGENTLICH STEUERN?
Ein Staat hat viele Ausgaben: Zum Beispiel müssen Schulen und Straßen gebaut werden, Lehrer und Polizisten bekommen jeden Monat ein Gehalt. Damit diese und viele andere Dinge finanziert werden können, muss fast jeder Arbeitnehmer und auch jedes Unternehmen dem Staat einen Teil seines Einkommens abgeben.

die Menschen nicht mehr so viele Autos kaufen, lohnt es sich für die Autohersteller nicht, neue Fabriken zu errichten, um noch mehr Autos bauen zu können.
Andere Fachleute sagen, es kommt daher, dass die deutsche Regierung von den Unternehmen zu hohe Steuern verlangt und ihnen so das Geschäft verdirbt. Wer Recht hat, weiß niemand genau. Sicher ist nur: Je weniger Schulden die Unternehmen machen, desto weniger Zinsen können die Banken den Sparern auszahlen.

Früher war die deutsche Regierung einer der größten Schuldenmacher. Sie hat sich Geld geliehen, um zum Beispiel Autobahnen oder Eisenbahnbrücken zu bauen. Inzwischen aber hat auch die Regierung angefangen zu sparen. Das ist gut, weil Deutschland ziemlich hohe Schulden hat und manche Fachleute schon befürchteten, dass wir diese Schulden nie zurückzahlen können. Aber es ist auch schlecht, denn ohne Schulden gibt es keine Zinsen.

Es hört sich komisch an, aber wenn wir wollen, dass das Sparbuch wieder so ein Wunder-Sparschwein wird wie früher, dann müssen wir eigentlich aufhören zu sparen, zumindest eine Zeit lang. Wir könnten vielleicht selbst ein wenig Schulden machen, oder zumindest könnten wir anfangen, mehr Geld auszugeben und öfter einzukaufen. Dann machen die Unternehmen bessere Geschäfte und bauen vielleicht wieder eine neue Fabrik – und leihen sich dafür Geld.
Wir könnten uns zum Beispiel alle ein neues Fahrrad kaufen oder zumindest öfter mal ein Eis essen gehen. Und das wäre doch eigentlich gar nicht so schlecht, oder?

Von *Wolfgang Uchatius*

Wie wächst die Wirtschaft?

Politiker sind Menschen, die viel reden und sich gerne streiten. Es gibt aber eine Sache, die fast alle gut finden: wenn die Wirtschaft wächst. Wenn Forscher ausrechnen, dass die deutsche Wirtschaft in einem Jahr wohl um eine bestimmte Prozentzahl, etwa 1 % oder 2 %, zunehmen wird, dann jubeln alle – vor allem jubelt der Wirtschaftsminister.
Aber was genau wächst da eigentlich? Wir wissen, dass Bäume wachsen oder Kinder. Und im Alter wachsen vielen Menschen irgendwann graue Haare. Bei dieser Art von Wachstum kann man also beobachten, wie sich etwas verändert, wie etwas größer wird oder zunimmt.

Bei der Wirtschaft eines Landes ist das nicht so einfach. Sie besteht aus unheimlich vielen Unternehmen und Betrieben, die ganz unterschiedliche Dinge herstellen: Autos, Fahrräder, Kühlschränke, Handys oder Schokoriegel. Wenn ein Schokoladenfabrikant in einem Jahr mehr Schokoriegel herstellt als im vergangenen, dann wächst sein Betrieb. Dieses »Mehr« misst er nicht in den Tonnen Schokoladenmasse, die er verarbeitet, sondern daran, wie viele Produkte sein Unternehmen verkauft.

Nimmt man nun alle Unternehmen eines Landes zusammen, bekommt man einen Eindruck davon, wie sich seine Wirtschaft entwickelt. Experten haben dafür eine Maßgröße entwickelt – das Bruttoinlandsprodukt, auch BIP genannt. Es misst den Wert aller Güter, die in einem Land innerhalb eines

ARBEIT
Wenn viele Menschen Waren einkaufen, ist in den Unternehmen, die diese Waren herstellen, viel zu tun. Dafür brauchen sie Mitarbeiter, und mehr Menschen bekommen einen Arbeitsplatz.

Jahres produziert werden. Diese Zahl ist für eine Volkswirtschaft sehr wichtig. Denn je höher das BIP, desto reicher ist das Land. Wenn der Wert größer ist als im Jahr zuvor, dann ist die Wirtschaft gewachsen. Ist er kleiner, dann schrumpft sie.

Zum BIP werden nicht nur Dinge gezählt, die man anfassen oder essen kann. Auch das, was Ärzte, Friseure oder Pfarrer den ganzen Tag lang machen, also Menschen heilen, ihnen die Haare schneiden oder von Gott erzählen, wird berücksichtigt. Diese Tätigkeiten nennt man auch Dienstleistungen. Wichtig ist nur, dass die Waren oder Dienstleistungen, die ins BIP einfließen, gehandelt werden, sie müssen also einen Preis haben. Andernfalls werden sie nicht mitgezählt.

Das heißt nun aber nicht, dass eine Leistung, die keinen Preis hat, nichts wert ist. Wer seinen Eltern schon einmal bei der Gartenarbeit geholfen hat, weiß das. Denn die Eltern waren sicher froh über die Hilfe. Hätte stattdessen ein Gärtner das Unkraut gejätet und für seine Arbeit anschließend eine Rechnung geschrieben, wäre das ins BIP eingerechnet worden – und die Wirtschaft wäre ein bisschen gewachsen. Macht ein Kind die gleiche Arbeit, erhält aber dafür kein Geld, wächst die Wirtschaft nicht. Ein bisschen komisch ist das schon. Das Gleiche gilt übrigens auch, wenn der Gärtner dem Vater am Ende keine Rechnung schreibt, sondern das Geld für seine Arbeit einfach so einsteckt. Das ist verboten, aber es gibt dennoch viele Menschen, die das tun. Experten nennen das Schwarzarbeit oder auch Schattenwirtschaft.

Es gibt noch mehr Ungereimtheiten beim Wachstum. Im BIP messen die Wirtschaftsforscher nur den Nutzen, den ein Gut stiftet, und nicht den Schaden, den es anrichtet. Zum Beispiel ein Auto. Wenn sich eine Familie ein neues Auto zulegt, dann fließt der Kaufpreis in das BIP ein. Der Kauf trägt also dazu bei, dass die Wirtschaft wächst. Wenn das Auto aber groß und schwer ist und deshalb besonders viel Benzin verbraucht, dann stößt es auch viel Kohlendioxid aus. Das ist ein giftiges Gas in der Luft, das mit dafür verantwortlich ist, dass es auf der Erde zu warm wird. Was für die Wirtschaft gut ist, kann also für die Umwelt oder unsere Gesundheit sogar schädlich sein. Deshalb gibt es Leute, die das BIP für keine geeignete Maßgröße halten.

Im Großen und Ganzen gilt aber: Wächst die Wirtschaft eines Landes, dann werden auch seine Bewohner im Schnitt reicher. In den vergangenen 30 Jahren hat sich das Bruttoinlandsprodukt in Deutschland verdreifacht. Das heißt, etwas vereinfacht gesagt: Der durchschnittliche Deutsche kann sich heute dreimal so viel leisten wie damals. Dreimal so viele Autos, Fahrräder, Handys, Kühlschränke und Schokoriegel. Ob man das braucht? Das ist eine andere Frage.

Von Kerstin Bund

Warum gibt es Streit in Europa?

Nicht immer sind sich alle 28 Mitgliedsländer der Europäischen Union einig. Statt mit Fäusten streiten sie aber mit Worten.

WAS IST EUROPA EIGENTLICH?

Zunächst einmal ist Europa natürlich ein Kontinent, allerdings einer ohne klare Grenzen. Die Türkei und Russland etwa gehören mit einem Teil ihres Landes zu Europa und mit dem anderen Teil zu Asien. Wenn von Europa die Rede ist, dann ist eigentlich die Europäische Union gemeint, kurz: die EU. Die EU ist eine Art politischer Verein, in dem sich 28 europäische Länder zusammengeschlossen haben.

Deutschland ist mit mehr als 80 Millionen Einwohnern das bevölkerungsreichste Land der EU. Das kleinste Land der Europäischen Union ist Malta, dort leben nur 370.000 Menschen. Alle 28 EU-Länder zusammen haben etwa 500 Millionen Einwohner.

In der EU gelten gemeinsame Regeln für alle, egal ob es sich um kleine oder große Länder handelt. Die Regierungschefs und Minister der 28 Länder treffen sich regelmäßig, um über wichtige Fragen zu beraten. Etwa darüber, wie man zusammen die Umwelt besser schützen kann. 19 Länder haben sogar eine gemeinsame Währung, den Euro. Man nennt sie die Euro-Länder. Eigentlich ist der Euro eine gute Idee, weil man überall mit demselben Geld bezahlen

DIE 28 LÄNDER DER EU
Belgien, Bulgarien, Dänemark, Deutschland, Estland, Finnland, Frankreich, Griechenland, Irland, Italien, Kroatien, Lettland, Litauen, Luxemburg, Malta, Niederlande, Österreich, Polen, Portugal, Rumänien, Schweden, Slowakei, Slowenien, Spanien, Tschechien, Ungarn, Vereinigtes Königreich, Zypern

kann. Aber wenn sich nicht alle Euro-Länder an die gemeinsamen Regeln halten, kann der Euro auch zu einem echten Problem werden. Das ist passiert, und deshalb ist Europa in der Krise.

WAS BRINGT ES STAATEN, WENN SIE SICH ZUSAMMENSCHLIESSEN?

Begonnen hat alles nach dem Zweiten Weltkrieg, vor mehr als 60 Jahren. Bis dahin haben die Länder in Europa oft gegeneinander Krieg geführt, Millionen Menschen sind gestorben. Um das künftig zu verhindern, haben sich kluge Menschen die EU ausgedacht. Ihre Idee war: Wenn wir in demselben Verein sind und dieselben Regeln haben, können wir keinen Krieg mehr gegeneinander führen.
Im Laufe der Zeit haben die Menschen in Europa gelernt, dass so ein Verein noch andere Vorteile hat. Das Reisen wird einfacher, wenn es keine Grenzkontrollen gibt. Firmen, die Autos oder Spielzeug herstellen, können ihre Waren ohne Probleme auch in den anderen Ländern der EU verkaufen. Und noch etwas kommt hinzu: Verglichen mit China, Indien oder den USA, sind alle europäischen Länder, selbst Deutschland, ziemlich klein. Wenn sie zusammen auftreten, ist die EU aber ganz schön groß und mächtig. Leider gelingt es den 28 EU-Ländern nicht immer, gemeinsam aufzutreten.

WORÜBER ZANKEN SICH DIE REGIERUNGSCHEFS?

Wie in jedem Verein wird auch in der EU manchmal miteinander gestritten, vor allem zwischen den 19 Euro-Ländern. Alle Euro-Länder haben Schulden, aber einige haben besonders viele Schulden. Sie brauchen deshalb Geld, das sie sich von den anderen Ländern leihen müssen.
Einerseits ist es selbstverständlich, dass man sich in einem Verein gegenseitig hilft. Andererseits wollen die Länder, die das Geld verleihen, sichergehen, dass das nicht ausgenutzt wird. Deshalb knüpfen sie ihre Hilfe an Bedingungen. Zum Beispiel sagen sie: Wir geben euch nur Geld, wenn ihr künftig weniger ausgebt, also mehr spart. Wenn aber ein Land sparen muss, spüren das die Menschen. Sie verdienen dann weniger, und es gibt weniger Arbeit. Manchmal müssen auch Schulen oder Schwimmbäder schließen.
Deshalb gibt es im Moment in vielen Ländern der EU mehr Arbeitslose und arme Menschen als früher. Wie kann man ihnen helfen, wenn ihre Länder gleichzeitig sparen müssen? Über diese Frage diskutieren die Politiker besonders viel.

WAS PASSIERT ALS NÄCHSTES?

Streit gehört, wie gesagt, dazu. Wichtig ist, dass man eine Lösung findet und sich verträgt. Sonst fliegt am Ende der ganze schöne Verein auseinander. Manche befürchten, dass genau das passieren könnte: dass die Regierungschefs Europas keine Lösung für die Krise finden und alles noch viel schlimmer wird. Was dann genau passieren würde, ist schwer vorherzusagen. Wenn die

Menschen in Griechenland etwa künftig nicht mehr mit dem Euro bezahlen würden, sondern wieder mit ihrer alten Währung, würde ihr Leben erst einmal nicht einfacher werden. Waren aus anderen Euro-Ländern würden teurer werden, das Geld der Griechen wäre weniger wert. Viele Menschen könnten sich noch weniger leisten. Auch für uns wäre das nicht gut. Deutsche Firmen würden in Griechenland weniger verkaufen und dadurch weniger verdienen. Außerdem haben viele Menschen Angst vor einem Dominoeffekt: Wenn erst einmal ein Land den Euro abgeben würde, könnten andere folgen. Am Ende gäbe es den Euro nicht mehr – dafür aber noch mehr Streit.

WIE KANN EUROPA GERETTET WERDEN?

Vielleicht habt ihr auch schon gelesen oder gehört, dass manche Politiker sagen, wir brauchten »mehr Europa«. Das klingt erst einmal komisch, aber sie meinen: Wir brauchen noch mehr Zusammenarbeit und noch mehr gemeinsame Regeln. Das wiederum klingt ziemlich logisch. Warum wird es dann nicht einfach so gemacht?
Weil »mehr Europa« dann auch »weniger Deutschland« oder »weniger Frankreich« bedeutet. Klar: Wenn immer mehr Regeln und Gesetze für alle 28 EU-Länder gelten sollen, könnte jedes einzelne Land weniger selbst bestimmen. Es wäre dann weniger »souverän«. Viele Menschen identifizieren sich aber mit ihrem Land. Sie sagen: Ich bin Deutscher, oder: Ich bin Pole. Sie sagen nicht: Ich bin Europäer. Sie sind daher skeptisch, ob es eine gute Idee ist, wenn immer mehr Entscheidungen von allen 28 Ländern gemeinsam getroffen werden.
Eine einfache Antwort auf die Frage, wie Europa gerettet werden kann, gibt es daher nicht. Vieles spricht dafür, dass mehr Zusammenarbeit notwendig ist. Wie genau diese Zusammenarbeit aussehen wird – darüber werden die Regierungschefs noch oft beraten. Und die Menschen in Europa werden hierüber noch viel diskutieren.

Von Matthias Krupa

Um Europa zu retten, müssen sich alle anstrengen.

WIRTSCHAFT

Kein Geld für die Miete

Seit dem Sommer lebt Sara in einem leer stehenden Haus. Bis vor Kurzem gab es dort nicht einmal Strom und Wasser.

EUROKRISE
Viele Länder, in denen es den Euro gibt, haben lange mehr ausgegeben als eingenommen. Sie haben sich Geld bei Banken geliehen, das sie irgendwann nicht mehr zurückzahlen konnten. Die reichen Euro-Länder wie Deutschland oder die Niederlande unterstützen die ärmeren Länder deshalb mit Geld, bis es ihnen wieder besser geht.

Bis vor Kurzem konnte Sara den Lichtschalter in ihrer Wohnung drücken, so oft sie wollte: Es blieb dunkel. Es gab keinen Strom, und aus dem Wasserhahn floss kein Wasser. Duschen konnte die Elfjährige nicht. Saras Familie lebt in der Stadt Valencia im Osten Spaniens in einem leer stehenden Haus. Wasser und Strom waren für sie lange Luxus. Beides zapft die Familie erst seit ein paar Tagen von fremden Leitungen ab, die an ihrem Haus vorbeiführen. Für die Wohnung, den Strom und das Wasser bezahlt sie kein Geld.

Vor einigen Jahren hat Saras Vater seine Arbeit verloren. Die Familie hat danach eisern gespart. »Meine Mama hat sogar ihren Lieblingsschmuck verkauft«, erzählt Sara. Für die Wohnungsmiete, Kleidung und Essen hat das Geld trotzdem irgendwann nicht mehr gereicht. Im vergangenen Sommer musste Sara von einem Tag auf den anderen mit ihren Eltern und ihren Geschwistern Desire, 18 Jahre, Dani, 14 Jahre, und Juani, 5 Jahre, aus ihrem Haus ausziehen.

In Spanien geht es momentan vielen Menschen so wie Saras Familie. Jeder vierte Erwachsene hat keine Arbeit, im ganzen Land sind es insgesamt mehr als 4,7 Millionen Menschen. Viele Unternehmen haben mehr Geld ausgegeben als eingenommen. Sie haben sich von den Banken Geld geliehen, das sie irgendwann nicht mehr zurückzahlen konnten. Viele von ihnen gingen pleite, und Menschen im ganzen Land verloren ihre Jobs.

Besonders schlimm hat es in Spanien die Bauunternehmen getroffen. Sie dachten, dass sie mit neuen Wohnungen viel Geld verdienen können, und bauten so viele Häuser, dass es irgendwann nicht mehr genug Menschen gab, die dort einziehen wollten. Auch Saras Vater hatte als Bauarbeiter gearbeitet und verlor seine Arbeit.

Die Möbel der Familie reichen nur für einen Teil der Wohnung: Sara und Juani spielen in den leeren Zimmern gern Ball.

Viele spanische Familien schlüpfen in so einem Notfall bei Verwandten unter. Doch für Saras sechsköpfige Familie war dort nicht genug Platz. Ihre Mutter hatte Angst, dass die Familie auf der Straße leben muss. Aber überall sahen sie diese leer stehenden Häuser. Gemeinsam mit vier anderen Familien schmiedeten Saras Eltern einen Plan: Sie suchten ein Haus am Rand der Stadt aus, das schon lange leer stand, und brachen dort ein. Dann wechselten sie die Türschlösser, damit sie mit ihrem eigenen Schlüssel ein und aus gehen können.

Seit sechs Monaten lebt Sara mit ihrer Familie nun in diesem Haus. Freunden erzählt sie nur selten von ihrem ungewöhnlichen Zuhause. Aber dazu hat sie auch fast keine Gelegenheit mehr. Denn mit dem Umzug musste Sara die Schule wechseln. Ihre beste Freundin Andrea wohnt jetzt weit weg, am anderen Ende der Stadt.

Viele Bauunternehmen in ganz Spanien haben kein Geld mehr. Tausende Häuser wurden deshalb nicht zu Ende gebaut.

Zum Glück hat Sara ihre kleine Schwester Juani. Zusammen spielen sie oft in ihrem neuen Zimmer. Geheimnisse können die beiden dabei vor ihren Eltern nicht verbergen: Bis heute hat keines der Zimmer eine Tür. Auch vor dem Badezimmer hängt nur ein Tuch. Richtig wohl fühlen sich Saras Eltern in dem neuen Haus nicht. Sie haben Angst, dass der Besitzer sie eines Tages vertreibt. Bisher hat er die Familie in Ruhe gelassen. Sein Haus stünde vermutlich sowieso leer. Aber niemand weiß, ob er eines Tages seine Meinung ändert.

Trotz der schwierigen Situation ist Sara nicht unglücklich. »Unsere Nachbarn haben uns sogar einen Fernseher und Kleider geschenkt«, erzählt sie. Dass die Sachen oft schon von anderen Kindern getragen wurden, macht ihr nichts aus.

Als die Familie eingezogen ist, hat sie vor dem Haus ein großes Plakat aufgehängt. »Casa Esperanca« steht darauf. Auf Deutsch heißt das »Haus der Hoffnung«. Das Plakat passt im Moment ziemlich gut zu Sara und ihrer Familie. Sie und alle Nachbarn hoffen, dass es in Spanien bald wieder mehr Arbeit gibt.

Von Inka Reichert

HAUSBESETZER
Mehr als 12.000 leer stehende Häuser werden momentan in ganz Spanien besetzt, weil viele Menschen ihre Miete nicht mehr bezahlen können.

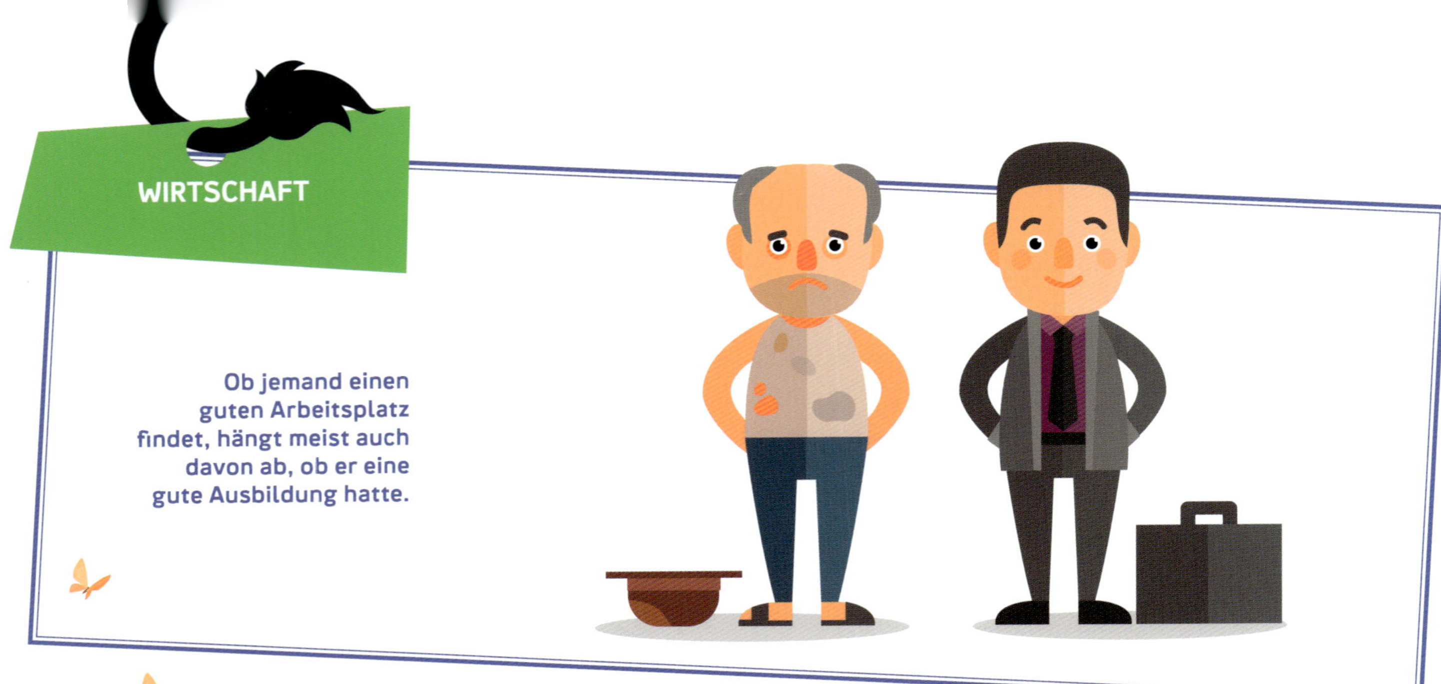

Ob jemand einen guten Arbeitsplatz findet, hängt meist auch davon ab, ob er eine gute Ausbildung hatte.

Warum gibt es bei uns Armut?

Als ich so elf, zwölf Jahre alt war, begann ich mich zu wundern über die großen Unterschiede beim Geld. Da verdienten manche Väter im Ort anscheinend doppelt so viel wie mein kluger Papa, andere nur die Hälfte. Es wollte mir nicht in den Kopf, warum die einen so arm blieben und die anderen so reich wurden. Alle strengten sich doch irgendwie an.
Heute bin ich erwachsen, verdiene selbst doppelt so viel wie die einen und halb so viel wie die anderen. Doch ab und zu reibe ich mir die Augen angesichts der großen Unterschiede. Und dann muss ich mir selbst mal wieder erklären, warum das so ist – und vor allem, warum es auch Arme gibt in unserem ja eigentlich ziemlich reichen Land.

Der Hauptgrund dafür: Wer schlecht ausgebildet ist, wer also wenig gelernt hat, bekommt hinterher für seine Arbeit oft wenig Geld. Am wenigsten verdienen meist diejenigen, die früh von der Schule abgegangen sind und auch keinen Beruf erlernt haben. Das ist nicht nur bei uns so, sondern fast überall auf der Welt.
Dann gibt es Menschen, die haben zwar einmal etwas gelernt, aber es zählt heute nicht mehr viel. Wäre ich zum Beispiel ein Fachmann dafür, wie man Schallplattenspieler (damit hörten eure Großeltern Musik) baut, hätte ich es sicher schwer, eine Arbeit zu finden. Denn viele kaufen heute lieber CD-Player oder hören Musik am Computer. Es werden also weniger Schallplattenspieler

gebaut. Aber selbst wenn ich gut darin wäre, in einer Fabrik CD-Spieler oder iPods zusammenzubauen, hätte ich ein Problem. Denn die werden heute nicht bei uns in Deutschland gebaut, sondern im fernen China, weil die chinesischen Fabrikarbeiter für besonders wenig Geld arbeiten.

Mit dem Lohn eines Fabrikarbeiters in China wäre man in Deutschland sehr, sehr arm. Denn als arm bezeichnen wir bei uns nicht bloß Menschen, die nicht genug zu essen haben – die gibt es in Deutschland kaum. Nein, als arm gelten alle, die nur etwa halb so viel Geld bekommen wie ein »normaler« Angestellter – wie also zum Beispiel die Frau, die am Bankschalter Geld auszahlt, oder der Mann, der neue Autos verkauft.
Wer also nur etwa halb so viel verdient, gilt als arm. Diese Menschen werden zwar satt und haben vielleicht auch einen Fernseher und einen Kühlschrank zu Hause, sie können sich aber vieles, was in Deutschland normal ist, nicht oder nur ganz schwer leisten. Keinen Urlaub an der Ostsee, kein Auto, keine neuen Fußballschuhe für den Sohnemann, obwohl er die doch dringend braucht – und auch keine Nachhilfe in Mathe.

In Deutschland gibt es mehrere Millionen Menschen, denen es so ergeht: Arm sind Eltern mit ihren Kindern, Ehepaare, junge und alte Erwachsene, die allein leben. Viele haben gar keine Arbeit, andere haben nur eine schlecht bezahlte Stelle.
Den allermeisten von ihnen gibt der Staat Geld und bewahrt sie damit vor dem größten Elend. Doch das Geld vom Staat reicht gerade für das Nötigste, arm bleiben die Menschen trotzdem – sofern sie nicht eine neue, gut bezahlte Arbeit finden. Und das ist schwer, vor allem für diejenigen, die nicht studiert oder einen tollen Beruf erlernt haben.

Derzeit streiten Fachleute und Politiker wieder darüber, wie viel Geld der Staat den Armen geben soll. Eines ist dabei klar: Für die Kinder in diesen Familien gab es bisher zu wenig. Der Staat soll sie nun besser versorgen, damit sie im Fußballklub spielen oder in die Musikschule gehen können.

Dadurch allein wird es aber nicht weniger Armut in Deutschland geben. Das geht auf Dauer nur, wenn die Kinder – und gerade die aus armen Familien – im Kindergarten und in der Schule viel lernen, damit sie später eine Arbeit finden können. Ihre Eltern können ja zum Beispiel im Sommer nicht mit ihnen ins Ausland fahren, wo sie fremde Sprachen hören und etwas über die Welt lernen. Alle müssen deshalb mithelfen, um diese Kinder zu unterstützen: der Staat, die Lehrer und vielleicht auch andere Kinder wie ihr, die es zu Hause oft gut haben. Erst dann kann es vielen Kindern armer Leute wieder besser gehen als ihren Eltern.

Von Uwe Jean Heuser

ARMUT
In vielen Ländern der Welt herrscht große Armut. Etwa jedes siebte Kind unter fünf Jahren weltweit ist untergewichtig, bekommt also nicht genug zu essen. Die meisten armen Menschen leben in Asien und Afrika.

WIRTSCHAFT

Die Goldkicker

Fußball ist ein Riesengeschäft. Für Spieler und Vereine geht es um Millionen.

Jérôme Boateng
Verein: FC Bayern München
Marktwert: 40 Millionen Euro

Bei diesen Zahlen kann einem schwindlig werden: Nationalspieler Mario Götze wechselte für 37 Millionen Euro von Borussia Dortmund zum FC Bayern München, Superstar Cristiano Ronaldo soll 2014 rund 17 Millionen Euro Jahresgehalt von seinem Verein Real Madrid erhalten haben, Thomas Müller vom FC Bayern München hat einen Marktwert von etwa 55 Millionen Euro. Im Profifußball ist so viel Geld im Spiel, dass man es sich kaum vorstellen kann. Und wenn eine Europameisterschaft oder eine Weltmeisterschaft bevorsteht, dann fiebern die Fans dem Ereignis entgegen, weil sie tollen Fußball erleben und ihr Land siegen sehen wollen. Für die Spieler geht es um mehr.

Fast die ganze Welt schaut zu, wenn die besten Kicker Europas oder der ganzen Welt aufeinandertreffen. Und im Publikum sitzen natürlich auch die Trainer und Manager der größten und erfolgreichsten Vereine, die immer auf der Suche nach Verstärkung für ihre Teams sind. Große Turniere sind wie eine Ausstellung, in der Fußballer auf sich aufmerksam machen. Weil man bei großen Vereinen am meisten Geld verdient und die besten Chancen hat, Meisterschaften und Pokale zu gewinnen, wollen eigentlich alle Spieler mal für den FC Barcelona, Manchester United, den FC Bayern München oder Inter Mailand spielen.

Wer bei einer internationalen Meisterschaft besonders gut spielt, macht sich interessant – und dessen Marktwert als Profi steigt. Als Marktwert bezeichnet man den ungefähren Betrag, den ein Klub nach Meinung von Experten zah-

Cristiano Ronaldo
Verein: Real Madrid
Marktwert: 120 Millionen Euro

Lionel Messi
Verein: FC Barcelona
Marktwert: 120 Millionen Euro

Marco Reus
Verein: Borussia Dortmund
Marktwert: 50 Millionen Euro

len müsste, um den Spieler dessen aktuellem Klub abzukaufen. Ablösesumme nennt man den Betrag, den der neue Verein tatsächlich bezahlt.

Dass Spieler überhaupt so riesige Summen verdienen, hat damit zu tun, dass sich so viele Menschen auf der ganzen Welt für Fußball interessieren. Jeder Zuschauer trägt ein bisschen dazu bei, dass die Profis so viel Geld bekommen. Jeder? Kaum zu glauben, aber es stimmt. Die Fans eines Vereins gehen ins Stadion und zahlen zum Beispiel 30 Euro für eine Sitzplatzkarte. Oder sie gehen in den Fanshop und kaufen für 60 Euro das Trikot mit dem Namenszug ihres Lieblingsspielers. Daran verdienen die Fußballklubs – und die wiederum bezahlen ja die Spieler, die für sie kicken.
Doch das ist nur ein kleinerer Teil der Einnahmen. Besonders viel Geld bekommen die Vereine von den Fernsehsendern, die ihre Spiele übertragen. Insgesamt etwa 628 Millionen Euro legen die Sender Sky und ARD für die Übertragungsrechte der Bundesliga pro Jahr auf den Tisch.

Woher haben die das Geld? Um Sky zu sehen, muss der Fernsehzuschauer bezahlen und für die ARD ebenso – in Form von Fernsehgebühren. Außerdem verdienen die Fernsehsender an den Werbespots, die sie den Zuschauern vor dem Anpfiff, in der Halbzeitpause und nach dem Spiel zeigen. Wer in den Unterbrechungen zum Beispiel für eine Schokocreme werben will, bezahlt den

Toni Kroos
Verein: Real Madrid
Marktwert: 50 Millionen Euro

Sendern dafür viel Geld. Dafür wird aber im Supermarkt auch die Schokocreme teurer. Es stimmt also, dass wirklich jeder die Gehälter der Fußballer mitbezahlt. Profifußball ist in den vergangenen zwanzig Jahren zu einem immer größeren Geschäft geworden, in dem es um immer mehr Geld geht. Und bei dem immer mehr Leute mitverdienen.

Aber das erklärt noch nicht, warum einzelne Spieler besonders viel Geld bekommen. Die Antwort lautet: Die Spieler, die auf dem Platz den Unterschied ausmachen und über Sieg oder Niederlage entscheiden, sind rar – der bärenstarke Torwart, der technisch überragende Mittelfeldspieler oder der gefährliche Torjäger. Und diese Spieler wollen natürlich alle Klubs haben, um weiter erfolgreich zu sein.
So überbieten sich die Vereine gegenseitig mit Millionenangeboten. Dabei verdienen erfolgreiche Stürmer – zuständig für die Tore – meist mehr als Abwehrspieler. Besonders umworben sind die Spieler, deren Vertrag bei einem Verein ausläuft. Denn dann können sie ohne die Zahlung einer Ablösesumme wechseln. Wenn der neue Klub die hohe Summe einspart, kann der Spieler mehr Gehalt verlangen.

Die Stars verdienen nicht nur ein hohes Monatsgehalt, durch Prämien erhöhen sie ihre Einkünfte noch: Beim FC Bayern gibt es für den Gewinn der Meisterschaft 200.000 Euro extra. Dazu kommen Werbeverträge. Wenn zum Beispiel Cristiano Ronaldo Werbung für Jeans oder Limo macht, bekommt er dafür im Jahr etwa 30 Millionen Euro. Bei ihm und bei manchen anderen Kickern sind die Werbeeinnahmen sogar höher als das Gehalt vom Verein. Die etwa 50 Millionen Euro, die Superstar Lionel Messi 2014 verdient haben soll, setzten sich in etwa so zusammen: 20 Millionen Gehalt, 2 Millionen Prämien, 28 Millionen Werbeeinnahmen.
Die Zahlen sind nicht ganz, sondern nur ungefähr richtig. Denn Spieler und Vereine veröffentlichen die Millionengehälter eigentlich nicht. Doch weil im Fußballgeschäft viel geredet und geprahlt wird, kommen die Zahlen meist doch irgendwann heraus.

Nationalmannschaft, Werbespots, Millionengehälter – in dieser Welt bewegen sich freilich nur die Besten der Besten. Kleinere, ärmere Vereine können sich diese guten Spieler nicht leisten. Sie verstärken ihre Teams mit unbekannten oder sehr jungen Spielern und hoffen, dass diese sich zu sehr guten Fußballern entwickeln.
Marco Reus ist dafür ein gutes Beispiel. Der Nationalspieler war in der Jugend bei Borussia Dortmund. Aber ein Nachwuchstrainer hielt ihn damals für zu dünn und zu wenig durchsetzungsstark. Zu den Dortmunder Profis, hieß es, würde es Reus nie schaffen. Was für ein teurer Irrtum!
Über den kleinen Verein Rot-Weiß Ahlen, der damals in der Zweiten Liga

Mario Götze
Verein: FC Bayern München
Marktwert: 50 Millionen Euro

Manuel Neuer
Verein: FC Bayern München
Marktwert: 45 Millionen Euro

Mats Hummels
Verein: Borussia Dortmund
Marktwert: 35 Millionen Euro

spielte, kam Marco Reus für eine Million Euro in die Erste Bundesliga, zu Borussia Mönchengladbach. Dort startete Reus richtig durch, er schoss viele Tore und wurde Nationalspieler. Dann wechselte der 22-Jährige 2012 wieder zurück zum deutschen Meister Borussia Dortmund, zu dem Verein, der ihn einst aussortiert hatte. Dortmund bezahlte dafür 17,5 Millionen Euro.

Wie schnell ein junger Spieler zum Millionär aufsteigen kann, hat auch ein anderes Fußballtalent gezeigt: Mario Götze. Als 18-jähriger Jugendspieler schaffte er den Durchbruch bei den Borussia-Dortmund-Profis, wurde dort Stammspieler und Nationalspieler. 2013 unterschrieb er bei Bayern München einen Vertrag mit Millionengehalt.
Oder Sami Khedira: Der deutsche Nationalspieler war vor der Weltmeisterschaft 2010 in Südafrika in anderen Ländern kaum bekannt. Dann spielte er bei der WM so brillant, dass Real Madrid ihn anschließend holte, fünf Jahre später wechselte er zu Juventus Turin. Auch Mesut Özil ist bei der WM 2010 endgültig zum Weltstar geworden – und verdient so viel Geld wie nie zuvor.

Wenn du dir also bei der nächsten EM oder WM tolle Tore und spannende Spiele ansiehst, achte doch darauf, welcher Spieler herausragende Leistungen bringt und dann nach dem Turnier gut bezahlt zu einem neuen Verein wechseln könnte.

Von Alex Westhoff

WIRTSCHAFT

Alle wollen Marken

Durch unseren Modestil zeigen wir auch, wer wir sind – oder wer wir sein möchten – ...

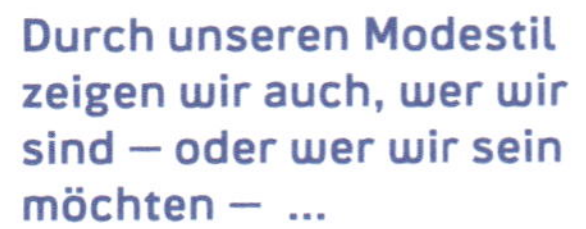

... und zu welcher Gruppe wir gehören.

Nicht irgendeine Spielkonsole – eine Playstation der Firma Sony! Die neuen Turnschuhe bitte von adidas oder Nike und auch keinen stinknormalen MP3-Player, sondern den iPod von Apple. Solche Sachen stehen oft auf den Wunschzetteln. Kinder und Jugendliche bevorzugen bestimmte Marken, das wissen wir aus vielen Umfragen. Eltern und Großeltern können nicht immer verstehen, warum unbedingt der MP3-Player mit den weißen Kopfhörern gekauft werden muss. Schließlich gibt es doch auch Geräte, die nur halb so viel Geld kosten. »Ja, schon«, hören sie dann oft, »aber die sind nicht so cool!« Diese Antwort zeigt, was Marken so beliebt und damit so mächtig macht: Wer die »richtigen« Turnschuhe trägt, hofft, dass er damit dazugehört – zur Gruppe der coolen Leute in Schule oder Sportverein.

Julian ist 14 Jahre alt und weiß, welchen Einfluss Marken haben können. »Es gibt Leute, die versuchen, über Marken in eine Clique zu kommen«, erzählt der Schüler. Er selbst hat eine andere Erklärung dafür, dass er bestimmte Klamotten bevorzugt: »Bis ich 12, 13 Jahre alt war, sind mir Marken nicht so wichtig gewesen. Aber weil ich jetzt Skateboard fahre, trage ich über den Sport auch andere Kleidung.«

Eigentlich ist es natürlich egal, ob Kopfhörerkabel weiß oder schwarz sind – Musik hören kann man damit so oder so. Aber darum geht es in Wahrheit auch nicht: Über Marken zeigt man den anderen, dass man Skater ist oder Hip-Hop-Musik mag. Wichtiger als die Ware selbst ist eine Art Botschaft, die man mit ihr aussendet. Gleichzeitig haben Marken selbst einen Ruf, der sich – vielleicht – auf die Leute überträgt, die sie kaufen. »Wenn eine Marke erfolgreich sein will, muss sie zum Freund des Menschen werden«, sagt Antje Schünemann vom Trendbüro in Hamburg.

So eine Botschaft steckt aber nicht von Anfang an in Schuhen, Hosen und Spielkonsolen. Die wird der Marke von Fachleuten verpasst. Zunächst überlegt eine Firma, wofür sie stehen will: Ist ihr die Qualität ihrer Jeans wichtig oder das flippige Aussehen? Fachleute sagen dazu »Branding« – das ist Englisch und bedeutet »Markenbildung«. Man kann das Wort aber auch mit »Brandmarken« übersetzen – man brennt einer Ware eine bestimmte Botschaft ein. Sehr wichtig ist auch das Logo – ein Zeichen oder ein Schriftzug, an dem wir die Marke sofort erkennen.

Hat eine Ware ihr Brandzeichen, müssen wir Kunden davon erfahren. Dafür sorgt zum Beispiel Rolf Kutzera. Er war lange einer der Chefs der Werbeagentur Jung von Matt. »Werbung machen heißt, gut über ein Produkt zu reden«, erklärt er. »Der Kunde soll lernen, was er von der Marke erwarten kann, wenn

er sich für sie entscheidet. Am Ende geht es immer darum, die Käufer zu überzeugen, das Produkt zu kaufen.«
Rolf Kutzera und seine Kollegen denken sich Plakate oder Werbespots aus. Darin wird gezeigt, was ein Produkt kann, wozu es gut ist. Noch wichtiger aber sind Gefühle. Der Forscher Andreas Herrmann hat herausgefunden, dass Marken, die unsere Gefühle erreichen, eine besondere Wirkung haben. Sie sprechen jenen Teil des Gehirns an, der uns Freude empfinden lässt. Beim Kauf sind diese guten Gefühle dann stärker als der Wunsch, Geld zu sparen.

Ein Beispiel für Gefühlswerbung sind die Plakate und Filme der Firma Apple für den iPod. Ganz bewusst wurde nicht mit der Technik geworben, erklärt Werbefachmann Rolf Kutzera: »Apple zeigte Scherenschnitt-Menschen, die mit ihrem iPod zu toller Musik tanzten, allein. Das spricht die Gefühle an. Und: Durch die Scherenschnitt-Optik wurden die damals einzigartigen weißen Kopfhörer deutlich herausgestellt. Insgesamt genial!« Ein anderer Weg, Gefühle anzusprechen, führt über Stars. Bekannte Musiker, Sportler oder Schauspieler werden von den Markenfirmen ausgestattet. Die Idee dahinter: Wenn ich Fan bin, kaufe ich diese Schuhe. Einige Firmen veranstalten auch Sportwettkämpfe oder Rockkonzerte, um bei uns gute Gefühle zu hinterlassen. All das kostet viel Geld. Deutsche Firmen geben Milliarden Euro im Jahr aus, um die Marken und ihre Botschaften in unsere Köpfe zu hämmern. Die Firmen hoffen, dass sie ihr Geld schlau eingesetzt haben. »Kunden müssen sich in dem Moment, in dem sie vor einer Kaufentscheidung stehen, an die Marke erinnern und positive Eigenschaften mit ihr verbinden«, sagt der Wirtschaftsprofessor Henrik Sattler.

Markenhersteller sagen, dass sie viel für ihre Kunden tun. Sie wollen stets neue Produkte auf den Markt bringen. Dafür liefern sie sich eine Art Wettlauf mit anderen Marken und geben Geld für Forschung aus. Oliver Brüggen arbeitet bei adidas und erklärt: »Wenn wir einen neuen Fußballschuh entwerfen, dann entwickeln wir ihn zunächst am Computer. Danach machen wir uns mit einem Prototyp auf den Weg. Wir fragen Topspieler wie David Beckham oder Michael Ballack nach ihrer Meinung. Der Test auf dem Fußballplatz ist für uns entscheidend. Penibel arbeiten wir alle Informationen ein und produzieren erst dann den neuen Schuh.«
Schreibt man nun also weiter auf seinen Wunschzettel, welche Turnschuhmarke es sein muss? Wahrscheinlich, denn wer wäre nicht gern cool? Aber man sollte zumindest immer mal wieder darüber nachdenken, warum man sich genau diese Marke wünscht. Und wer sein gespartes Taschengeld für eine Markenware ausgibt, darf sich ruhig ein bisschen ärgern, dass er damit die Werbung mitbezahlt. Vielleicht ist es auch ein gutes Gefühl, sich zu sagen, dass man innen drin ein netter und liebenswerter Mensch ist – ganz unabhängig davon, ob ein Logo auf dem Pulli klebt.

Von Katrin Hörnlein

Muss man die neuesten Turnschuhe wirklich sofort haben?

WAS IST EIN TREND?
Allgemein gesagt ist ein Trend eine Verhaltensänderung in der Gesellschaft. Trends gibt es in vielen Bereichen, zum Beispiel bei Sportarten, Ernährungsformen und natürlich auch in der Mode. Woher diese Trends kommen, ist oft schwer zu durchschauen, weil es viele verschiedene Gründe gibt. Was die Menschen gerne kaufen, wird auch durch Werbung und Trendsetter beeinflusst. Einen Trendsetter finden viele andere toll und übernehmen deshalb etwas von seinem Modestil.

3. KAPITEL

Heute & gestern

10,6 Millionen Mädchen und Jungen zwischen 0 und 14 Jahren leben in Deutschland. Vor 40 Jahren waren es sechs Millionen Kinder mehr – also 16,6 Millionen (Kinder in der DDR und der BRD zusammengerechnet).

Plötzlich anders

Etwa 140.000 Mädchen und Jungen erleben jedes Jahr, wie ihre Eltern sich scheiden lassen. Manche pendeln danach zwischen den Eltern und haben zwei Kinderzimmer. Andere sehen einen Elternteil gar nicht mehr. Das ist oft sehr traurig. Eine Trennung kann aber auch erleichtern – weil es vielleicht vorher viel Streit gab, der danach vorbei ist.

Ich-Raum

Es ist großartig, viel Zeit mit Freundinnen, Freunden oder Geschwistern zu verbringen. Aber jeder braucht ab und an Ruhe und will einfach mal die Tür zumachen. Ein eigenes Zimmer ist dann wunderbar – und für die meisten Mädchen und Jungen ein echter Lieblingsort.

Mach mit!

Weißt du genau, woher deine Familie kommt? Frag die Erwachsenen aus. Vielleicht entdeckst du auch Wurzeln in anderen Ländern.

FAMILIE

VOM ICH, VOM WIR UND VON BESONDEREN BANDEN

Familien-Fakten

8,1 Millionen Familien mit Kindern, die jünger als 18 sind, gibt es in Deutschland. Bis 13 Jahre gelten Mädchen und Jungen bei uns rechtlich als Kinder. Danach sind sie Jugendliche. Die Hälfte aller Kinder haben einen Bruder oder eine Schwester. Jedes fünfte Kind hat zwei Geschwister. Drei und mehr Geschwister sind selten. Jedes vierte Kind ist Einzelkind.

Familie ist ...

bunt! So einfach ist das. Und so schwierig. Denn Familien können ganz unterschiedlich aussehen. Manche bestehen aus Mutter, Vater, Kind. In anderen leben zwei Mütter mit Kindern zusammen. Oder zwei Väter. Manche Kinder wohnen nur bei einer Mutter oder nur beim Vater. Wieder andere bezeichnen drei Erwachsene als ihre Eltern und nennen sich Familie. Vielleicht könnte man es doch ganz kurz erklären: Familie ist da, wo Kinder sind. Und sie besteht aus zwei bis vielen Menschen, die gemeinsam leben.

Familienleben kann ganz unterschiedlich sein. Oft ist eine Familie mehr als Vater, Mutter, Kind.

Familienbande

8

Millionen Familien mit Kindern und Jugendlichen leben in Deutschland.

Mama besteht wie jedes Jahr darauf, dass vor dem Geschenkeauspacken mindestens drei Lieder gesungen werden. Papa ist wegen der Kerzen am Baum nervös und stellt den Feuerlöscher alle zwei Minuten an einen noch besseren Platz. Währenddessen erzählt Oma, dass sie als Kind höchstens ein Paar Handschuhe zu Weihnachten bekam. »Wir hatten es früher nicht so gut wie ihr!«, ruft sie. Selbst Opa kann das nicht mehr hören, er schnarcht schon wieder auf dem Sofa. Und der kleine Bruder, der pupst die ganze Zeit.

Familie kann einem ganz schön auf den Wecker gehen, wir kennen die Macken der anderen einfach zu gut. Und an Weihnachten, den Tagen im Jahr, an denen die ganze Familie zusammenkommt, fallen sie einem besonders auf. Trotzdem können wir den Heiligen Abend kaum erwarten, freuen uns wochenlang drauf. Auf die Geschenke, klar. Aber irgendwie auch auf Papas panischen Blick, wenn der Bruder zu nah am Baum vorbeirennt, und auf den Moment, wenn Mama ganz alleine weitersingt, weil keiner sonst die vierte Strophe von *Stille Nacht* auswendig kennt. Auf das gemeinsame Kuscheln danach auf dem Sofa, wenn die Geschenke ausgepackt sind und die Weihnachtsgans gegessen ist, freuen wir uns sowieso.

Großeltern, Eltern, Geschwister: Familie ist den Menschen so wichtig wie nur wenig sonst im Leben. Wenn man die Leute in Deutschland fragt, was sie zum Glücklichsein brauchen, antworten vier von fünf: »Eine Familie!«

Fragt man Corinna Onnen, wie wichtig die Familie für den Menschen ist, sagt sie zunächst etwas Überraschendes: »Wirklich brauchen tut sie nur ein hilfloses Kleinkind.« Onnen erforscht an der Universität Vechta alles, was mit Familien zu tun hat. Kleinkinder, sagt sie, müssten gefüttert und beschützt werden, sonst könnten sie nicht überleben. Aber wenn Menschen größer würden, könnten sie eigentlich auch ohne Mamas, Papas, Brüder und Schwestern zurechtkommen.
Bis vor ein paar Hundert Jahren galten siebenjährige Kinder schon als erwachsen. Oft mussten sie in diesem Alter ihre Familie verlassen und ihr eigenes Geld verdienen. Sie wohnten dann bei dem Bauern oder Handwerker, der ihnen Arbeit gab. Ein Familienleben, wie wir es heute kennen, gab es kaum.

Dass uns Familie so wichtig ist, liegt nicht daran, dass wir nicht ohne sie leben könnten. Es ist aber einfach viel schöner mit ihr. »Die Familie gibt uns Sicherheit und Geborgenheit«, sagt Corinna Onnen. »Zum Beispiel weil wir gewisse Dinge immer wieder gemeinsam wiederholen, bei denen jeder automatisch weiß, was er zu tun hat.« Draußen, in der Welt, prasselt ständig Neues auf uns ein, und ständig müssen wir überlegen, wie wir uns verhalten. Das ist ziemlich anstrengend! Daheim, in der Familie, wissen wir genau, wer wo beim Abendessen sitzt, wie Papa das meint, wenn er einen »kleine Nervensäge« nennt – nämlich liebevoll, jedenfalls meistens. Zu diesen schönen Gewohnheiten zählen etwa das Plätzchenbacken und das Weihnachtsessen. Aber irgendwie auch Opas Nickerchen danach auf dem Sofa und dass der Rest der Familie dann mit den Augen rollt.

Und noch etwas ist besonders an der Familie: Man kann sie sich nicht aussuchen. Sie ist ein kleiner, besonderer Club, dem man beitritt, wenn man geboren wird. Ein Club, der ganz schön viel Einfluss darauf hat, was für eine Art Mensch man wird. Ob wir Sachen mutig und sofort anpacken. Ob wir in einer Gruppe erst mal schauen, was die Meinung der anderen ist, oder gleich als Erster rausrufen, was wir am besten finden. All das schauen wir uns als Kinder von unseren Mitmenschen ab. Und das sind in den ersten Jahren, in denen wir am meisten lernen, fast nur die Eltern und die Geschwister. Freunde oder Lehrer beeinflussen uns natürlich auch, aber die kommen erst später dazu.
Mitglied im Familienclub wird man auf Lebenszeit, austreten geht nicht. »Wenn mich ein Freund nervt, kann ich sagen: Bleib doch, wo der Pfeffer wächst! Dann ist er wieder irgendein x-beliebiger Mitmensch«, erklärt Corinna Onnen. »Meine Mutter bleibt hingegen immer meine Mutter, mein Bruder immer mein Bruder. Da kommt man nicht raus.«

Was für ein großer Vorteil das ist, merkt man oft erst, wenn es mal nicht so läuft. Wenn es Probleme in der Schule gibt, wenn man unglücklich verliebt ist oder sich mit Freunden gestritten hat. Viele laufen dann mit ihren Sorgen zu Mama, Papa, dem Bruder oder der Schwester. Denn unsere Familien-

mitglieder stehen meistens zu uns. »Blut ist dicker als Wasser«, heißt ein Sprichwort, das sagen will, dass wir im Zweifel zu den Verwandten halten – zu den Menschen eben, in deren Adern dasselbe Blut fließt.
Bei vielen Tieren ist das ganz anders: Fischeltern interessieren sich nicht einen Blubb für ihre Kinder. Und junge Adler schubsen gerne jüngere Geschwister aus dem Nest, selbst wenn es genug zu fressen gibt.

Dass Familien zusammenhalten, ist keine Regel der Natur. Bei uns Menschen hat sie sich entwickelt, weil es eine Zeit gab, in der sie überlebenswichtig war: Wer nicht selber dafür sorgen konnte, genug zu essen auf dem Tisch und ein Dach über dem Kopf zu haben, war auf seine Familie angewiesen. Kranke, Schwache und alte Menschen mussten sich darauf verlassen können, dass die Verwandten sie durchfüttern. Heute hilft der Staat denjenigen Menschen, die in Not geraten sind: Wer in Deutschland seine Arbeit verliert oder krank ist, bekommt Unterstützung. Und wenn wir irgendwann nicht mehr arbeiten können, bekommen wir eine Rente. Wer das eigentlich bezahlt? Wir alle! Weil wir nämlich Steuern zahlen, also dem Staat etwas von unserem Geld abgeben. Und wie eine Art große Familie unterstützt der Staat dann mit einem Teil des Geldes diejenigen, die sich gerade nicht um sich selbst kümmern können.

Als deine Großeltern Kinder waren, war es noch unvorstellbar, dass zwei Frauen oder zwei Männer mit ihren Kindern zusammenleben. Zum Glück hat sich das geändert.

Als sich der Staat noch nicht um solche Aufgaben gekümmert hat, waren die Familien viel größer. Damit die Familie über die Runden kam, mussten alle mit anpacken: Die Großeltern lebten oft mit im selben Haus, um ein wenig zu helfen und um später mal versorgt zu werden. Und die Eltern bekamen viel mehr Kinder: Im Jahr 1900 kriegten die Frauen in Deutschland im Durchschnitt mehr als vier, heute ist es gerade mal eins. Ein Viertel aller Kinder haben keine Geschwister.

Aber es hat sich noch viel mehr verändert als nur die Familiengröße. Früher war es ganz klar, dass ein Paar erst heiratet und dann Kinder bekommt. Heute sind wir bei der Reihenfolge nicht mehr so streng. Manche Eltern heiraten gar nicht, oder sie lassen sich wieder scheiden und leben getrennt. Wenn sie sich dann neu verlieben, kommt eine neue Mama oder ein neuer Papa dazu, oft mit neuen Kindern. Manche Frauen lieben Frauen, manche Männer Männer, und weil von ihnen viele eine Familie haben möchten, entstehen immer mehr sogenannte Regenbogenfamilien, in denen gibt es eben zwei Papas oder zwei Mamas. Manche Menschen haben Angst, dass diese neuen Arten von Familien nicht gut für die Kinder sind. Sie glauben, dass ihnen etwas fehlt, wenn nicht Mama und Papa für sie da sind. Das ist Quatsch! Derzeit gibt es keinen einzigen Beweis dafür, dass irgendeine Art von Familie besser ist als andere. Das einzig Entscheidende ist, dass sich Eltern liebevoll um ihr Kind kümmern und sich Zeit nehmen. Und das nicht nur an Weihnachten.

Von Moritz Baumstieger

Geschwister sind ~~super~~ nervig!

Meistens ist es ja schön, Geschwister zu haben … aber eben nicht immer.

Ungerecht! Das dachte ich, als ich in die erste Klasse kam und meine Mama keine Zeit hatte, mich morgens zur Schule zu begleiten. Stattdessen brachte sie meine kleine Schwester Christina in den Kindergarten und kümmerte sich um meine andere Schwester Anja, die noch ein Baby war. Wie gern hätte ich mit meiner Freundin Cordula getauscht. Sie hatte keine Geschwister und ihre Mama immer ganz für sich. Die brachte sie natürlich immer zur Schule. Das wollte ich auch. Beim Frühstück spürte ich jeden Morgen einen Wutkloß im Bauch. Wenn ich losging, war er riesig. »Du bist doch die Große«, sagte Mama. »Sei bitte vernünftig«, sagte Papa. »Wieso muss ausgerechnet ich zwei kleine Schwestern haben?«, dachte ich. Dabei hatte ich meine Schwestern eigentlich schon sehr lieb.

Egal wie gern wir unsere Geschwister haben, es wird immer Situationen geben, in denen wir sie fortwünschen. Denn wir müssen mit ihnen all das teilen, was uns wichtig ist: unsere Eltern und Großeltern, die Wohnung und vielleicht sogar das Zimmer, ein Haustier oder unser Spielzeug.

WAS SIND GENE?
Das Erbgut, DNA genannt, das wir von unseren Eltern mitbekommen, ist in jeder unserer Körperzellen gespeichert. Die DNA enthält die Gene, die wir von unseren Eltern geerbt haben und die unser Aussehen und unseren Charakter bestimmen.

Ob sich Geschwister darüber ständig streiten oder ob sie sich gut verstehen, hängt von vielen Dingen ab. Etwa davon, wann wer geboren wird. Wir können uns nicht aussuchen, ob wir die große Schwester sind, von der die Eltern erwarten, dass sie vernünftig ist. So wie bei mir damals, als ich in die Schule kam. Oder ob wir der kleine Bruder sind, der abends als Erster ins Bett gehen muss. Oder das Sandwich-Kind dazwischen, das zwar mit der großen Schwester das Kinderzimmer aufräumen, aber mit dem kleinen Bruder früh ins Bett gehen muss. Groß, klein, in der Mitte: »Jeder erlebt seine Familie anders, obwohl alle in derselben aufwachsen«, sagt der Geschwisterforscher Jürg Frick aus Zürich.

Aber wer streitet nun wie viel? Forscher haben herausgefunden, dass Geschwister sich häufiger streiten, wenn sie im Alter nur zwei oder drei Jahre auseinanderliegen – wenn also einer zwölf Jahre und einer neun Jahre alt ist. Sie haben schneller das Gefühl, Rivalen zu sein. Sie werden eher eifersüchtig, zum Beispiel wenn die Eltern sich besonders um den Jüngeren kümmern. Und dann gibt es Zoff. Das nervt oft die Eltern. Wissenschaftler sagen aber, dass wir beim Streiten auch etwas lernen: unsere Meinung zu vertreten, zu verhandeln und uns zu einigen. Das können wir noch als Erwachsene gut gebrauchen. Einige Forscher glauben deshalb, dass Einzelkinder benachteiligt sind, weil sie keine Geschwister haben, mit denen sie lernen, wie man streitet oder sich einigt.
Wenn meine Schwestern und ich Streit hatten, haben wir später stundenlang darüber diskutiert. Typisch Mädchen! Bei meinem Schulfreund Maximilian war das anders. Wenn er sich mit seinem Bruder Benedikt stritt, dann rangelten beide miteinander oder prügelten sich. Wer gewann, hatte Recht. Typisch Jungs! Das sage nicht ich, das sagen Forscher: Wenn es in einer Familie mehr Mädchen als Jungen gibt, werden Konflikte häufig ausführlich besprochen. Brüder versuchen eher, sich mit Fäusten gegeneinander durchzusetzen, reden aber weniger.

Doch Geschwister zoffen sich nicht nur, sie haben auch eine besonders enge Bindung: Sie teilen sich genau die Hälfte aller Gene, also der Erbinformationen, die ihre Eltern an sie weitergeben. Die Gene sorgen dafür, dass sich Geschwister manchmal ähnlich sehen oder dass beide besonders musikalisch oder gut in Englisch sind. Christina und ich haben zum Beispiel beide braune Haare, Anja dagegen ist dunkelblond. Anja und Christina sind beide super in Mathe, ich war dagegen schon immer eine Niete, wenn es um Zahlen ging.
Manchmal sind die Unterschiede zwischen Geschwistern stärker als ihre Gemeinsamkeiten, und wir kommen gar nicht darauf, dass zwei oder drei miteinander verwandt sind. Das kann auch damit zu tun haben, wie sie sich gegenseitig beeinflussen: »Ein schüchternes Kind, das ein lebhaftes Geschwisterkind hat, zieht sich manchmal zum Beispiel noch mehr zurück«, sagt Jürg

Frick. Und einige Geschwister *wollen* sich voneinander unterscheiden. »Der eine spielt Gitarre, der andere Volleyball«, sagt der Forscher. »Wir wollen alle Aufmerksamkeit und Liebe von unseren Eltern. Und die bekommen wir leichter, wenn wir unterschiedliche Dinge gut können.«

Eine ganz besondere Verbindung besteht zwischen eineiigen Zwillingen. Sie teilen sich alle Erbinformationen und sehen dadurch fast gleich aus. Häufig haben sie auch einen ganz ähnlichen Charakter, sind zum Beispiel beide besonders fröhlich. Sogar bei Intelligenztests schaffen eineiige Zwillinge Ergebnisse, die dicht beieinanderliegen.

Geschwister sind super! Geschwister sind nervig! Mal ist das eine Gefühl stärker, mal das andere. Und genau das macht das Verhältnis besonders. Wissenschaftler sagen, es sei eine der wichtigsten und längsten Verbindungen in unserem Leben. Die Schwester oder den Bruder können wir uns nicht aussuchen – im Unterschied zu unseren Freunden. Es gibt keine Möglichkeit, Geschwister umzutauschen wie ein blödes Weihnachtsgeschenk. Sie sind immer da, wir müssen mit ihnen teilen, streiten und uns aneinander messen. Aber wir können uns auch mit ihnen gegen unsere Eltern verbünden und zum Beispiel gemeinsam dafür kämpfen, dass wir abends länger aufbleiben dürfen. Geschwistersein hört nie auf. Auch nicht, wenn man nicht mehr gemeinsam bei den Eltern wohnt.
Meine Schwestern und ich leben heute in verschiedenen Städten, verstehen uns richtig gut und telefonieren oft. Schließlich wollen wir wissen, was gerade bei den anderen los ist. Vor ein paar Wochen ist Christina ausgerechnet an einem Wochenende umgezogen, an dem ich meine Eltern besuchen wollte. Sie haben ihr geholfen und hatten keine Zeit für mich. Klar, alleine umziehen kann man ja schlecht. Aber ganz ehrlich: Ein bisschen eifersüchtig war ich schon. Auch das hört wohl nie auf.

Von Catalina Schröder

Die meisten Kinder in Deutschland haben einen Bruder oder eine Schwester. Etwa jedes vierte Kind ist Einzelkind. Mit zwei Geschwistern wächst ungefähr jedes fünfte Kind auf.

Forscher haben herausgefunden, dass sich sogar bei Zwillingen, die in unterschiedlichen Familien aufwachsen, das Verhalten und viele ihrer Vorlieben sehr ähneln.

In dieser Geschichte wurden alle Namen geändert, weil der Junge und die Pflegefamilie nicht erkannt werden wollen und dürfen. Deshalb ist auch »Hugos« Gesicht auf dem Foto nicht zu sehen.

Hugo lebt in einer Pflegefamilie

DAS JUGENDAMT
Wenn Eltern sich nicht um ihre Kinder kümmern können, sucht das Jugendamt ein neues Zuhause für sie.

Hugo ist acht Jahre alt, und seine Mama ist sehr krank. In ihrem Kopf herrscht ein so großes Durcheinander, dass sie Medikamente nehmen muss. Oft ist sie in einer Klinik. Hugos Papa verließ die beiden, als der Junge drei Jahre alt war. »Einmal hat er mir noch einen Kassettenrekorder geschickt«, erinnert sich Hugo, »aber der war kaputt. Danach hab ich nichts mehr von ihm gehört.«

Der Papa weg, die Mama krank: Deshalb hat Hugo inzwischen ein neues Zuhause – bei Familie Baumbach. Karin und Lennard Baumbach sind Sozialpädagogen, es ist ihr Beruf, sich um Kinder zu kümmern, bei denen die Eltern das nicht mehr schaffen. Manchmal reicht es, Familien in ihrer Wohnung zu unterstützen. Bei Hugo war das anders. Im vergangenen Frühjahr brauchte er dringend eine neue Unterkunft. »Ich hab damals schon gemerkt, dass es meiner Mama mal wieder nicht gut geht. Und dann hat sie mich einfach nicht mehr aus dem Hort abgeholt. Da kamen zwei Leute vom Jugendamt und haben mit mir gewartet, und dann kam Karin mit Paul.«

Karin ist jetzt Hugos Pflegemama, der zweijährige Paul ist sein neuer »kleiner Bruder«. Es gibt auch noch eine »große Schwester«, die 13-jährige Anneke. Und eben den Pflegepapa Lennard. Hugo darf bei den Baumbachs bleiben, solange es nötig ist. Und das wird es vermutlich viele Jahre lang sein – oder sogar für immer. Hugo ist eins von rund 57.000 Kindern in Deutschland, die dauerhaft in einer Pflegefamilie leben.

Aber daran dachte an jenem Frühsommertag, als Hugo im Hort wartete, noch niemand. Karin arbeitet für das Jugendamt, dessen Mitarbeiter hatten sie angerufen: Ein Junge brauche für ein paar Wochen eine Unterkunft. Nach dieser Übergangszeit sollte er eigentlich in eine Wohngruppe ziehen. Als Karin Baumbach Hugo zum ersten Mal sah, stand er in einer viel zu weiten Hose da, die er mit einem Gürtel und gelben Hosenträgern um seinen schmalen Körper gebunden hatte.

Bei seiner Mama hatte er sich immer irgendwelche Kleidung aus einer Kiste suchen müssen. Kaum ein Stück passte dem Jungen richtig. Karin Baumbach nahm Hugo mit nach Hause, zeigte ihm, wo er in den nächsten Tagen wohnen und schlafen würde, und fragte, was er gerne esse. Am ersten Abend gab es ein gemeinsames Abendbrot für die ganze Familie – mit Hugos Lieblingswurst. Als er im Bett lag, sagte er zu Karin Baumbach: »Das war ein schöner Tag!«

In kaputten Familien gibt es oft keine gemeinsamen Mahlzeiten. »Manchmal habe ich früher nach der Schule im Hort das erste Mal am Tag etwas gegessen«, erzählt Hugo. »Bei Karin gibt es sogar gekochtes Essen!« – »Weißt du noch, wie du dich gewundert hast, dass unser Toastbrot kross ist?«, fragt Karin. »Ja«, sagt Hugo, »der Toaster bei meiner Mama ging nicht. Und auch nicht der Staubsauger und auch nicht die Waschmaschine.« Hugos Mama bekam es einfach nicht hin, sich selbst und ihren Sohn zu versorgen. Wie schlecht sie Hugo manchmal behandelt hat, darüber möchte er an manchen

WER KANN EIN PFLEGEKIND AUFNEHMEN?
Die Bezeichnung »Pflegefamilie« ist missverständlich, denn auch allein lebende Menschen und Paare ohne Kinder können ein Pflegekind bei sich aufnehmen. Wichtig ist, dass das Pflegekind einen oder mehrere Menschen hat, die sich liebevoll um es kümmern, denn das schafft seine »richtige« Familie nicht. Manchmal geht es der »richtigen« Familie irgendwann wieder so gut, dass das Kind zurückgehen kann. Aber oft ist das schwierig, und das Kind bleibt darum lange bei den Pflegeeltern.

Manchen Eltern geht es sehr schlecht. Dann schaffen sie es vielleicht nicht, ihrem Kind ein Pausenbrot zu machen.

Tagen lieber gar nichts erzählen. Hugo kümmerte sich um sich selbst und half seiner Mama, so gut er konnte. Er dachte daran, Hausaufgaben zu erledigen. Er brachte sich bei, wie man Schuhe bindet und mit Besteck isst. Aber das sah bei ihm komisch aus. Oft machten sich andere Kinder über ihn lustig. »Freunde hatte ich eigentlich keine«, sagt er.

Familie Baumbach schloss den Jungen schnell ins Herz. »Er war so ein aufgeweckter Kerl und richtig schlau, wir hatten das Gefühl, ihm viel mehr mitgeben zu können, als in einer Wohngruppe für Kinder möglich wäre«, sagt Karin. Deshalb beriet sich die Familie und entschied, Hugo bei sich zu behalten. Das Jugendamt war einverstanden und Hugos Mutter auch. Für den Jungen war das ein großes Glück. »Hier ist es wie im Kinderparadies!«, sagte Hugo nach ein paar Tagen bei den Baumbachs. Mit seinen Pflegegeschwistern versteht er sich gut. Hugo und Paul sehen sich sogar ein bisschen ähnlich. Pflegeschwester Anneke lacht oft über die witzigen Ideen, die Hugo hat: »zum Beispiel dass man sich nach dem Spielen einfach den Sand mit dem Staubsauger aus den Haaren saugen kann«.

Karin und Lennard verbringen viel Zeit mit Hugo, sie spielen mit ihm oder hören einfach nur zu, was er Schreckliches zu erzählen hat. Einmal in der Woche besuchen sie mit ihm eine Therapie, wo er mit einer Psychologin über alles sprechen kann. In den Therapiestunden hat er immer wieder seine Mama gemalt, ganz klein, und ihre Krankheit als riesiges Monster. Auch seine Mama besuchen sie alle paar Wochen. Dann fängt Hugo sofort wieder an, ihr zu helfen, erklärt ihr geduldig die Regeln eines Spiels, das sie zusammen machen, und lässt sie gewinnen, damit sie sich freut.

Natürlich gab es auch in der Pflegefamilie manchmal ein paar Probleme. Hugo hat zum Beispiel einmal Geld aus Karins Tasche geklaut. Die Pflegeeltern schimpften aber nicht mit dem Jungen. Sie erklärten ihm, warum es falsch ist zu stehlen – und wie man sich entschuldigt. Selbstverständlich hat Hugo auch Pflichten: Aufräumen, Verlässlichkeit bei Aufgaben wie Tischdecken, Pünktlichkeit ... »Er muss die Familienregeln genauso beachten wie alle anderen«, sagt Pflegevater Lennard.

Hugo nennt seinen Pflegevater auch nicht »Papa«. »Es ist für uns, aber auch für das Pflegekind wichtig, dass wir es nicht zu eng an uns binden«, sagt Lennard Baumbach. »Hugo hat eine Mutter, und vielleicht geht er irgendwann doch zu ihr zurück.« Wenn Lennard Baumbach nach Hause kommt, begrüßt er deshalb auch immer zuerst seine »richtigen« Kinder Paul und Anneke. Aber Hugo kann sich fest darauf verlassen, dass er als Dritter genauso herzlich begrüßt wird.

Von Claudia Knieß

Meine zwei Mamas

Amadea ist sieben Jahre alt. Sie hat eine Herzmama und eine Bauchmama.

WAS IST ADOPTION?
Wenn Eltern sich nicht um ihre Kinder kümmern können, geben sie die Jungen und Mädchen zur Adoption frei. Das Jugendamt sorgt dafür, dass diese Kinder eine neue Familie bekommen, und passt auf, dass es ihnen dort gut geht. In Deutschland wurden im Jahr 2013 knapp 4000 Kinder adoptiert.

Meine Bauchmama hat mich zur Welt gebracht, als sie 16 Jahre alt war und noch zur Schule gegangen ist. Weil sie so jung war, fand sie es besser, wenn eine andere Familie sich um mich kümmert. Deshalb hat sie mich direkt nach meiner Geburt zur Adoption freigegeben. Jetzt wohne ich mit meinem vierjährigen Bruder Tyee bei meiner Herzmama, ihrem Mann und seinen beiden Kindern.

DARF DIE BAUCHMAMA DAS KIND ZURÜCKNEHMEN?
Ein Adoptivkind ist wie ein leibliches Kind in der neuen Familie. Es bekommt eine neue Geburtsurkunde, weil es nun den Namen der Adoptivfamilie trägt. Die sogenannte Ursprungsfamilie bekommt das Kind nicht zurück, auch wenn sie es irgendwann will. Das Kind ist mit seiner neuen Familie verwandt und nicht mehr mit der früheren. Aber natürlich darf es Kontakt haben, wenn es das möchte.

Tyee ist auch ein Adoptivkind. Er wurde aber von einer anderen Mama geboren als ich. Manchmal nervt er mich ganz schön. Zum Beispiel, wenn mich eine Freundin besucht. Dann will er mitspielen. Das mag ich nicht immer. Aber eigentlich hab ich ihn lieb. Wie einen richtigen Bruder. Die Kinder von meinem Herzpapa fühlen sich auch an wie richtige Geschwister.

Tyees Bauchmama kommt manchmal zu uns nach Hause und spielt mit ihm. Meine Bauchmama habe ich noch nie gesehen. Ich kenne auch kein Foto von ihr. Aber ich fände es schön, wenn sie mich auch mal besuchen würde. Dann würde ich ihr mein Zimmer zeigen und mit ihr und unserem Hund Yuma im Wald spazieren gehen. Ich weiß nur, dass meine Bauchmama in Österreich wohnt. Wenn es sein muss, würde ich aber auch um die ganze Welt reisen, um sie zu finden.

Manchmal spiele ich ein Spiel mit meiner Herzmama. Sie ist dann meine Bauchmama, und ich kann sie alles fragen, was ich von meiner Bauchmama wissen möchte. Ich frage dann zum Beispiel, ob sie noch andere Kinder hat und ob sie die auch weggegeben hat. Und ich hätte gerne ihre Telefonnummer, damit ich sie immer anrufen kann. Ich würde sie gerne besuchen, damit ich wüsste, wie es bei ihr zu Hause aussieht.

Manchmal überlege ich auch, wie sie selbst wohl aussieht. Ich glaube, dass sie lange blonde Haare und blaue Augen hat. Sie zieht gerne Jeans und T-Shirts an, am liebsten in Blau. Und sie liest gerne Bücher, so wie ich. Bestimmt hat sie einen Garten und mag Tiere. Meinen leiblichen Papa würde ich auch gerne kennenlernen. Auch über ihn weiß ich nichts.

Manchmal erzählt Mama meine Adoptionsgeschichte: wie sie mich beim Jugendamt abgeholt hat, als ich noch ein Baby war. Zum Jugendamt gehen Eltern, die ihre Kinder zur Adoption freigeben wollen. Dass ich adoptiert bin, geht mir nicht aus dem Kopf, zum Beispiel auf dem Schulweg denke ich darüber nach. Ich bin dann aber nicht traurig.

Für mich ist es okay, dass ich zwei Mamas habe. Ich finde, dass ich echt 'ne tolle Herzmama erwischt habe. Im Sachkundeunterricht haben wir einmal unsere Familien gemalt. Auf meinem Bild waren zwei Mamas. Das hatte sonst keiner. Die Kinder in der Schule interessieren sich aber nicht dafür, dass ich adoptiert bin. Ich glaube, die wissen nicht mal, was Adoption ist.

Wenn ich groß bin, möchte ich Reiterin werden und auch mal Kinder haben. Am liebsten ein Mädchen und einen Jungen. Ich möchte sie aber nicht adoptieren, sondern selbst bekommen.

Protokoll: Catalina Schröder

Zwischen Papa und Mama

Linas Eltern sind geschieden, vor sechs Jahren zog ihr Papa aus. Hier erzählt die Neunjährige, dass sie deshalb auch heute noch manchmal traurig ist

Meine Eltern haben sich getrennt, als ich noch ziemlich klein war, ungefähr drei. Aber ich kann mich immer noch gut daran erinnern. Mama und Papa standen im Flur und haben sich richtig heftig gestritten. Sie haben sich so böse angeschimpft, dass ich dachte: »Was ist denn mit den beiden los?« Kurz danach ist Papa ausgezogen. Mich hat das sehr traurig gemacht. Mama hat mir später erklärt, dass das Ganze nichts mit mir zu tun hat und dass Papa und sie mich trotzdem beide noch lieb haben. Aber ich habe Papa danach nur selten gesehen, ein paar Jahre sogar gar nicht. Da habe ich ihn sehr vermisst.

Jetzt bin ich neun Jahre alt, mein Bruder ist sieben, bei der Trennung war er fast noch ein Baby. Wir treffen Papa ein paarmal im Jahr. Gerade erst haben wir ihn einen Tag lang gesehen, und das war richtig schön. Wir haben Tischtennis und Fußball gespielt, Papa hat immer Witze gemacht, und wir haben viel gelacht. Papa schimpft nie mit uns, er erlaubt uns alles: Wir dürfen zum Beispiel viel fernsehen. Bei Mama haben wir gar keinen Fernseher. Ich glaube, Papa will, dass wir es besonders gut mit ihm haben, weil wir ihn so selten sehen. Wenn wir alle zusammenwohnen würden, würde Papa sicher auch öfter mal losmeckern.

GETRENNTE ELTERN
Ob Eltern sich scheiden lassen oder sich trennen, das entscheiden meist die Erwachsenen allein. Doch für die Kinder ändert sich damit auch eine Menge. Mehr als zwei Millionen Kinder und Jugendliche in Deutschland wohnen nur mit einem Elternteil zusammen. Jedes Jahr lassen sich die Eltern von mehr als 130.000 Kindern in Deutschland scheiden.

HILFE BEI TRENNUNG
Die meisten Kinder möchten gern verstehen, warum ihre Eltern nicht mehr zusammen sind. Und viele Kinder wünschen sich oft noch Jahre später, dass die Eltern wieder zusammenkommen und sie eine Familie sind. Hilfe, wenn einen die Trennung der Eltern traurig macht, gibt es zum Beispiel bei Organisationen wie dem Kinderschutzbund. Man kann mit anderen Kindern und Fachleuten über Probleme sprechen. Die Experten erzählen nichts weiter und können Rat geben. Sie helfen zum Beispiel dabei, zu verstehen, dass ein Kind niemals Schuld an der Trennung seiner Eltern hat.

Das Blöde ist, dass Papa sich oft nicht an Verabredungen hält. Mein Bruder und ich waren einmal bei unserer Oma zu Besuch und wollten Papa mit ihr zusammen vom Bahnhof abholen. Oma ist die Mama von Mama, und sie wohnt näher an Papa dran als wir. Als wir am Bahnhof waren, ist kein Papa aus dem Zug gestiegen, obwohl er das vorher gesagt hatte. Mein Bruder hat geweint, und wir sind ganz traurig mit Oma nach Hause gegangen. Ich war ein bisschen sauer. Papa meinte später, dass er nicht kommen konnte, weil er krank war, und dass er nicht absagen wollte, damit wir nicht traurig sind. Aber wenn er nicht Bescheid sagt, sind wir ja erst recht traurig! Oma hat ihm das erklärt, aber ich glaube, Papa versteht es nicht so richtig. Oder er hat Angst abzusagen. Deshalb machen wir es jetzt so, dass Papa für uns als Überraschungsgast zu Oma kommt. Sie weiß es vorher, mein Bruder und ich aber nicht. So freuen wir uns, wenn er da ist, und sind nicht enttäuscht, wenn doch etwas dazwischenkommt. Das war Omas Idee, und die finde ich gut.

Manchmal bin ich traurig, dass ich Papa so selten sehe, aber damit bin ich nicht die Einzige. In meiner Klasse gibt es außer mir noch acht Kinder, deren Eltern getrennt oder geschieden sind. Die meisten wohnen bei ihrer Mutter. Einige sehen ihren Vater regelmäßig, andere nur manchmal, so wie ich. Wir reden nicht oft darüber. Wenn ich über die Trennung spreche, denke ich zu viel daran, und dann werde ich traurig.

Einmal in der Woche gehe ich in eine Gruppe mit Kindern, die getrennte Eltern haben. Es sind noch zwei Erwachsene da, die zuhören und denen ich alles erzählen kann, worüber ich mir Sorgen mache oder nachdenke. Zum Beispiel als Papa das eine Mal am Bahnhof nicht aufgetaucht ist. Danach geht es mir meistens besser. Manchmal rede ich auch mit Mama, sie nimmt mich dann in den Arm und tröstet mich. Gerade freue ich mich darüber, dass Mama, mein Bruder und ich umgezogen sind. Wir wohnen jetzt in einem Haus mit einem großen Garten. Ich hab ein eigenes Zimmer ohne meinen Bruder – das ist viel besser als in unserer alten Wohnung. Und bald zieht eine Freundin von Mama mit ihren zwei Kindern bei uns ein. Wenn so viele zusammenwohnen, können alle mithelfen, dann hat Mama weniger Arbeit. Außerdem hat mein Bruder noch andere Kinder zum Spielen und ich auch.

Obwohl meine Eltern jetzt schon seit sechs Jahren getrennt sind, gibt es immer noch Tage, an denen mich das sehr traurig macht. Ich wünsche mir, dass ich Papa öfter sehen könnte. Und ich wünsche mir, dass Mama einen neuen Freund findet. Dann würden sich wieder zwei Erwachsene um meinen Bruder und mich kümmern. Mama macht zwar viel mit uns, aber sie muss auch arbeiten und hat wenig Zeit. Mein Bruder und ich streiten uns öfter darüber, mit wem sie spielen soll. Aber Mama kann sich ja nicht in zwei Teile teilen.

Protokoll: Silke Fokken

Ein Jahr auf Reisen

Lilly ist zehn Jahre alt und fährt seit dem vergangenen Sommer mit ihrem 14-jährigen Bruder Merlin und ihren Eltern durch Südamerika. Hier erzählt sie vom Leben im Wohnmobil.

ZEIT LEO: Wie läuft ein Tag auf eurer Reise ab?

LILLY: Wenn wir nicht gerade fahren, stehe ich morgens ungefähr um zehn Uhr auf. Wir frühstücken und sind dann viel draußen in der Natur.

ZEIT LEO: Und wie wohnt ihr?

LILLY: Unser Heim ist der »Willi« – ein Auto, das mein Papa ausgebaut hat. Es gibt darin einen Tisch mit Sitzbänken, Betten und eine Küche mit einem Waschbecken. Gegenüber der Küche sind Schränke, in denen wir Kleidung, Bücher und Zahnputzzeug aufbewahren. Wir kochen auf einem Gasherd im Auto oder draußen, Wäsche waschen wir mit der Hand in einem kleinen Eimer.

Mit »Willi«, ihrem Allrad-Mobil, kann die Familie auch auf schwierigen Pisten fahren.

ZEIT LEO: Wie wascht ihr euch selbst?

LILLY: Wir haben einen Wassersack, den man in die Sonne legen kann. Dann wird das Wasser darin warm. Mit einem Schlauch, der daran befestigt ist, können wir duschen. Auf die Toilette gehen wir zum Beispiel an einer Tankstelle.

ZEIT LEO: Ihr wohnt zu viert und mit einem Hund auf wenig Platz. Gibt es manchmal Streit?

LILLY: Wenn mein großer Bruder Merlin nicht gut drauf ist, kriege ich das oft ab. Meistens geht dann einer in die eine Ecke und der andere in die andere. Merlin hilft mir aber auch oft. Wenn ich etwas in meinem Zimmer anbringen möchte zum Beispiel.

ZEIT LEO: In welchem Zimmer?

LILLY: Merlin und ich haben ein Stockbett, jeder hat eine Etage mit einem Vorhang davor, den er zumachen kann. Das sind unsere »Zimmer«.

ZEIT LEO: Und wie sieht es bei dir aus?

LILLY: Ich habe Bilder von meinen Freunden und von den Tieren zu Hause aufgehängt.

ZEIT LEO: Wie klappt das Zusammenleben mit deinen Eltern?

LILLY: Manchmal nerven sie, zum Beispiel wenn sie sagen, dass ich meine Sachen aufräumen soll. Ich kann die nicht mehr einfach rumliegen lassen, dafür ist zu wenig Platz. Aber eigentlich sind wir durch die Reise sehr zusammengewachsen.

ZEIT LEO: Was hast du mitgenommen?

LILLY: Vor allem Sachen, die mir wirklich wichtig sind, und Spielzeug: mein Kuscheltier Lisa, meine Puppe, Playmobil, einen Webrahmen ...

Die Kinder beim Baden im Lanin-Nationalpark in Argentinien.

Lilly, Merlin und ihr Papa beim Angeln auf der argentinischen Halbinsel Valdes.

ZEIT LEO: Hast du dich auf die Reise gefreut?

LILLY: Zuerst schon, aber als die Abreise näher rückte, war ich traurig. Ich musste ja für ein Jahr von meinen Freunden weg. Beim Abschied wollte ich meine beste Freundin Mela gar nicht loslassen. Ich habe ziemlich geweint. Wir schreiben uns E-Mails und skypen. Jetzt freue ich mich auch schon wieder darauf, bald nach Hause zu kommen.

ZEIT LEO: Worauf freust du dich?

LILLY: Auf meine Tante Bettina, mit der gehe ich einmal im Jahr shoppen, auf Mela und auf die Omas. Und ich möchte mein Zimmer neu machen.

ZEIT LEO: Und was ist mit der Schule?

LILLY: Ich hätte es nicht gedacht, aber ich vermisse die Lehrer, die Tafel und dass man Aufgaben kriegt. Hier üben Merlin und ich zwar manchmal, aber eigentlich setzen wir dieses Jahr einfach aus. Als wir losgefahren sind, war ich gerade mit der vierten Klasse fertig, und wenn wir wiederkommen, fange ich in der fünften an. Ich mache das nächste Schuljahr also einfach ein Jahr später.

ZEIT LEO: Hast du auf der Reise etwas gelernt?

LILLY: Wie anders man leben kann. Auf dem Land haben die Leute hier meistens nur Blechhütten, dafür aber riesige Autos. Keine Ahnung, wofür sie die brauchen. Und viele schmeißen ihren Müll einfach überallhin. Das ist echt nicht schön. Aber dafür sind sie sehr nett. Ich habe auch schon entschieden, dass ich später nach Chile auswandere. Dort sind die Grundstücke größer als in Deutschland, und es gibt genug Platz für viele Tiere.

Interview: Judith Scholter

Papa ist ~~im~~ in ~~Gefängnis~~ Italien

Seit vier Jahren lügt Giulia, wenn man sie nach ihrem Papa fragt. Niemand soll wissen, wo er ist. Giulia hat uns ihre Geschichte erzählt, sie möchte aber nicht erkannt werden. Deshalb ist sie auf den Fotos nie richtig zu sehen. Auch ihren Namen haben wir geändert.

Wenn Giulia Sehnsucht nach ihrem Papa hat, geht sie in die Küche, öffnet die Mikrowelle und nimmt einen Stapel Fotos heraus. Die Mikrowelle ist seit Jahren kaputt und deshalb ein gutes Versteck. Wer würde hier schon Fotos suchen? Auf den Bildern sieht man Giulia, wie sie mit ihrem Papa Fußball spielt. Giulia, wie sie mit ihrem Papa Torte isst. Und Giulia, wie sie mit ihrem Papa »Vier gewinnt« spielt.

Giulia ist neun Jahre alt und geht in die dritte Klasse. Sie mag Pizza und Eis. Sie mag Sport und findet Mathe blöd. Und seit Giulia fünf Jahre alt ist, wächst sie ohne ihren Papa auf. Jedenfalls fast. Denn der Vater ist im Gefängnis. Wahrscheinlich wird er erst in vier Jahren freikommen, dann wird Giulia 13 Jahre alt sein.

Sie ist oft traurig, dass ihr Papa im Gefängnis sitzt und nicht bei ihr zu Hause wohnt. Besuchen darf sie ihn aber, und darüber ist sie froh. Sie sagt: »Ich würde sonst vergessen, wie er aussieht.« Warum ihr Papa im Gefängnis ist, weiß Giulia nicht. Erst wenn sie älter ist, will der Vater ihr erzählen, was er verbrochen hat. Giulia hat Angst, dass ihre Freunde sie hänseln, wenn sie erfahren, wo ihr Papa ist. Ihnen hat sie erzählt, dass er als Koch in Italien arbeitet und keine Zeit hat, um seine Familie in Deutschland zu besuchen. Auf den Fotos in der Mikrowelle sieht man sie mit ihrem Papa im Gefängnis. Deshalb versteckt Giulia die Bilder so gut. Bei ihrem Vater hängen sie ganz offen an der Wand seiner Gefängniszelle, sodass er sie immer sehen kann. Mehr als hundert Bilder sind es inzwischen, erzählt Giulia.

Jedes Wochenende besucht sie ihren Papa zusammen mit ihrer Mama und ihrer kleinen Schwester Marisa für eine halbe Stunde. Längere Besuche sind nicht erlaubt. Marisa ist drei Jahre alt, sie kam zur Welt, als der Vater schon im Gefängnis war. Die Kleine versteht noch nicht, was ein Gefängnis ist. Sie glaubt, dass sie ihren Papa bei der Arbeit besucht.

Die Gefängnisgebäude sind mit den Höfen dazwischen etwa so groß wie acht Fußballfelder. Drum herum steht eine fünf Meter hohe Mauer aus grauem Beton. Wenn ein Erwachsener auf die Schultern eines anderen steigen würde, könnte er trotzdem nicht drüberschauen. An den vier Ecken des Geländes gibt es jeweils einen Wachturm, auf dem ein Sicherheitsmann steht.
Auch im Gebäude passen Wachmänner auf, und Giulia darf viele Dinge nicht mit zu ihrem Papa hineinnehmen. Ihr Gürtel und ihre Armbanduhr zum Beispiel bleiben am Eingang. Immer wieder kommt es vor, dass Besucher gefährliche Gegenstände wie Waffen zu den Gefangenen schmuggeln wollen. Deshalb werden alle streng kontrolliert.
Giulia findet, dass es im Gefängnis nach »zu« riecht. Ein bisschen bedrückend und wie ein geschlossener Raum. Vom Eingang bis zum Besucherzimmer gehen Giulia, Marisa und ihre Mama nur über einen Flur. Der Weg ist kurz, doch weil es alle paar Meter eine schwere verschlossene Eisentür gibt, die ein Wachmann öffnen muss, dauert es lange, bis sie endlich beim Papa sind. Zu lange, findet Giulia, die kurz vorm Wiedersehen immer ungeduldig wird: »Wenn ich Papa endlich sehe, renne ich auf ihn zu und springe auf seinen Arm«, erzählt sie. »Wir drücken uns dann ganz fest.«

WER WIRD EINGESPERRT?
Wer 14 Jahre oder älter ist und gegen bestimmte Gesetze verstößt, kann dafür ins Gefängnis kommen: zum Beispiel wenn er etwas Wertvolles stiehlt, in ein Haus einbricht, jemanden absichtlich schwer verletzt oder tötet. In Deutschland gibt es knapp 190 Gefängnisse, in denen insgesamt rund 75.000 Gefangene leben.

Manchmal spielt Giulia »Vier gewinnt« mit ihrem Papa, wenn sie ihn besucht – und besiegt ihn fast immer.

Zum letzten Geburtstag hat Giulia eine Karte bekommen. Sehen konnte sie ihren Vater nicht.

Damit ihr Papa an sie denkt, malt Giulia ihm oft Bilder.

»Per Papa« heißt »Für Papa«. Das Bild hängt er in seiner Zelle auf.

WENN ELTERN IM GEFÄNGNIS SIND
Rund 100.000 Kinder in Deutschland haben einen Vater oder eine Mutter, der oder die im Gefängnis sitzt. Meistens dürfen sie sich einmal in der Woche sehen. In etwa zehn Gefängnissen gibt es Eltern-Kind-Gruppen. Dort können Mütter und Väter mehr Zeit mit ihren Kindern verbringen. In ganz wenigen Gefängnissen dürfen die Kinder sogar mit ihren Müttern zusammen wohnen. Aber nur solange die Kinder jünger als drei Jahre sind.

Allein sind Giulia, ihre Mama, Marisa und ihr Papa nie. Zusammen mit anderen Gefangenen und ihren Familien sitzen sie im großen Besucherraum, jede Familie an einem Tisch. Rennen, spielen und toben ist verboten. »Das ist ganz schön öde«, sagt Giulia.
Zum Glück gibt es da noch die »besonderen Tage«: Giulia, Marisa und ihr Papa gehören zur Vater-Kind-Gruppe des Gefängnisses. Die Gruppe heißt »Freiräume« und ist ein Projekt der Diakonie, eines Vereins der evangelischen Kirche. Einmal im Monat treffen sich die Väter der Gruppe mit ihren Kindern für zwei Stunden im Gefängnis. Dann dürfen sie mehr als nur an Tischen sitzen.
Sie gehen zum Beispiel in die Sporthalle des Gefängnisses, und Giulia übt mit ihrem Papa Fußballtricks – wie früher. Hat ein Kind Geburtstag, gibt es Torte für alle. Jeden Sommer feiern alle ein großes Grillfest auf dem Gefängnishof. Alles Sachen, die normalerweise streng verboten sind.

Treffen für die ganze Familie organisiert Melanie Mohme auch manchmal. Sie leitet das Eltern-Kind-Projekt. Dann dürfen nicht nur Giulia, Marisa und ihre Mama, sondern auch noch Oma, Opa und die Cousins mit ins Gefängnis kommen. Alle auf einmal, auch das ist etwas Besonderes, eigentlich dürfen nur drei Besucher gleichzeitig da sein. Bevor der Besuch kommt, kochen die Gefangenen zusammen.
Weil Giulias Papa so guten Kontakt mit seiner Familie hält und im Gefängnis gut mitarbeitet, darf er inzwischen alle paar Wochen für ein paar Tage zu seiner Familie nach Hause. Wenn Giulia sich dann wieder von ihm verabschieden muss, ist sie besonders traurig.

Ihr Papa hat schon viel verpasst: Er war nicht dabei, als Giulia in die Schule kam, und er fährt in den langen Sommerferien nicht mit in den Urlaub, wo Giulia am liebsten im Meer badet. Bis er endlich wieder ganz nach Hause kommt, dauert es noch Jahre. Giulia ist sich aber sicher, dass ihr Papa dann für immer bei ihr bleiben wird: »Er weiß ja jetzt, wie es im Gefängnis ist, und wird nicht noch einmal etwas Schlimmes machen. Das wäre ja doof für ihn. Und für uns.«

Von Catalina Schröder

Papa ist Soldat: Der Abschied

Jeden Tag wandert die kleine Puppe einen Nagel weiter. Sie trägt einen Militäranzug, einen schwarzen Schuh und hat eine Mütze auf, an der ein Bindfaden befestigt ist. Die Puppe sieht ziemlich vergnügt aus. So fröhlich sind die Geschwister Henriette, Sebastian, Alexander, Konstantin und ihre Mutter auch oft. Aber wenn sie in diesen Tagen die Puppe anschauen, werden sie nachdenklich – und manchmal auch ein bisschen traurig. Die Puppe ist eine Art Kalender: In den kommenden sechs Monaten wird die Figur an dem langen Regalbrett 195 Nägel zurücklegen. »Weniger Nägel wären besser«, sagt die achtjährige Henriette, »dann wäre er schneller wieder da.« Er, das ist Henriettes »Papi«. 195 Tage, so lange wird er fort sein. Weit fort. In Afghanistan. Ihr Vater ist Soldat bei der Bundeswehr. Im Januar ist er zu einem Einsatz aufgebrochen.

Mit Puppe und Nagelbrett zählt die Familie die Tage.

195 Tage blieb die Familie ohne den Vater. Er hatte im Jahr 2012 einen Einsatz in Afghanistan. ZEIT LEO hat die Familie mehrfach besucht.

WAS MACHEN DEUTSCHE SOLDATEN IN AFGHANISTAN?
Am 11. September 2001 steuerten Terroristen der Gruppe al-Qaida Flugzeuge in zwei Hochhaustürme in New York. Mehr als 3000 Menschen starben. Die Anschläge waren in Afghanistan geplant worden. Dort herrschten die Taliban, ein Gruppe, die die Bevölkerung unterdrückte und Terroristen Unterschlupf gewährte. Um die Afghanen von den Taliban-Herrschern zu befreien und um die Terroristen zu fangen, zogen Soldaten aus mehr als 40 Ländern in das Land. Geschickt hatte diese Soldaten der Weltsicherheitsrat der Vereinten Nationen. Wenn deutsche Soldaten ins Ausland gehen, muss unser Parlament, der Bundestag, zustimmen. Das geschah für Afghanistan erstmals am 22. Dezember 2001. Seit Januar 2002 sind deutsche Soldaten dort und bilden zum Beispiel afghanische Soldaten aus, damit die bald selbst für die Sicherheit in ihrem Land sorgen können. Viele der deutschen und internationalen Soldaten haben Afghanistan im Januar 2015 verlassen. Das war schon lange geplant, denn so bald es geht, sollen die Menschen dort wieder selbstständig leben können. Abgeschlossen ist diese Entwicklung noch nicht, und auch deutsche Soldaten helfen nach wie vor beim Aufbau in Afghanistan mit.

Afghanistan liegt etwa 5000 Kilometer von Deutschland entfernt. Die deutschen Soldaten sind vor allem in den Orten im Norden des Landes im Einsatz. Das deutsche Basislager ist in Mazar-e Sharif.

In Afghanistan gab es viele Jahre Krieg. Als dort die Taliban herrschten, wurden die Menschen unterdrückt, Mädchen durften nicht zur Schule gehen. Vor dreizehn Jahren schritten Soldaten aus den USA und mehr als 40 anderen Ländern ein. Sie vertrieben die brutalen Herrscher und bauen vieles, was zerstört worden war, wieder auf. Und sie versuchen, das Leben für die Menschen freier und sicherer zu machen. Aber noch immer gibt es Gewalt, und die alten Machthaber verüben Anschläge, bei denen Menschen sterben: afghanische Männer, Frauen und Kinder. Aber auch die Soldaten aus anderen Ländern. Deshalb ist das, was der Vater von Henriette (8 Jahre), Sebastian (12 Jahre), Alexander (14 Jahre) und Konstantin (15 Jahre) tut, gefährlich.
Die Geschwister wissen das. Bereits 2009 war ihr Vater in Afghanistan. Damals für vier Monate – und er hatte andere Aufgaben. »Das letzte Mal war Papi mehr drinnen, jetzt wird er viel draußen sein«, sagt Alexander. Drinnen, das bedeutet: in einem der Feldlager, wo die Soldaten während ihres Einsatzes leben. 2009 erledigte ihr Vater viel Büroarbeit, war nur selten im Land unterwegs. In diesem Jahr ist es genau umgekehrt. »Im Lager ist es relativ sicher«, sagt Sebastian. »Wenn er draußen ist, kann er leichter verletzt werden. Es ist jetzt also gefährlicher.« Denn dieses Mal hilft ihr Vater der afghanischen Armee, eigene Soldaten auszubilden. Bald sollen die Afghanen ohne diese Unterstützung auskommen. Dann werden die meisten Soldaten aus den USA, aus Deutschland und den anderen Staaten nach Hause zurückkehren. Der Vater der Geschwister ist des-

halb in den kommenden Monaten gemeinsam mit den afghanischen Kameraden im Einsatz und wird sie trainieren. Und bei solchen Einsätzen kann es zu Überfällen und Kämpfen kommen.
»Jeder Soldat denkt wohl darüber nach, dass er getötet werden kann«, sagt Sebastian. »Ich glaube, man braucht Mut, um solch eine Aufgabe zu übernehmen.« Alle vier Kinder sind stolz auf das, was ihr Vater tut. Sie haben sich Fotos angesehen, die er vom letzten Einsatz mitgebracht hat. Ärmlich sieht es in Afghanistan aus, sagen die Geschwister. »Klar ist es für uns blöd, dass er nicht da ist«, sagt Alexander. »Aber für Afghanistan ist es wichtig, dass deutsche Soldaten versuchen zu helfen.« Konstantin ergänzt: »Es gibt dort so viele Probleme. Und die Menschen dort haben doch auch ein Recht auf Schutz.« – »Und wenn niemand hingeht und eingreift, wird sich auch nichts ändern«, sagt Sebastian. Henriette wird ein bisschen still, wenn ihre großen Brüder so reden. Sie vermisst ihren »Papi« sehr. Und was genau in dem fernen Land so schwierig ist, das versteht sie nicht richtig.

Er habe keine Angst, sagt der Vater: »Ich weiß, dass etwas Schlimmes passieren kann. Aber ich sage mir einfach: Es wird schon gut gehen.« Lange und intensiv hat er sich auf den Einsatz vorbereitet. Sein Rang bei der Bundeswehr ist Oberstleutnant. Jetzt in Afghanistan ist er stellvertretender Chef einer Gruppe, die aus 37 deutschen, elf belgischen und zwei ungarischen Soldaten besteht. Gemeinsam haben sie auch trainiert, wie sie sich verhalten müssen, wenn sie angegriffen werden. »Wie es einem wirklich geht, wenn man in eine schwierige Situation kommt, das weiß man natürlich erst dann«, sagt der Vater. »Ich hoffe, dass wir als Gruppe erst einmal funktionieren und genau das tun, was wir geübt haben.«
Die Familie zu Hause sitzt aber auch nicht die ganze Zeit zitternd vor dem Fernsehapparat. »Wenn in den Nachrichten von einem Anschlag berichtet wird, macht uns das keine Angst«, sagt die Mutter. »Im Gegenteil, dann atmen wir auf.« Es gibt nämlich eine Vereinbarung mit den Medien: Die Bundeswehr bekommt einen Vorsprung, um die Familien zuerst zu informieren, wenn ein Soldat verletzt oder getötet wurde. Das sollen seine Angehörigen nicht aus den Nachrichten erfahren.

Konstantin, 15 Jahre, hat einen Teppich vorm Bett. Wenn er darauf steht, denkt er an den Vater.

Alexander, 14 Jahre, hält Ereignisse, die sein Vater verpasst, mit der Kamera fest.

Die Sorge darum, dass dem Vater etwas zustoßen könnte, ist das eine. Aber manchmal ist es auch einfach traurig, dass er so lange fort ist. Im März haben Henriette und Sebastian Geburtstag. Da wird er nicht dabei sein. »Beim letzten Mal haben wir manchmal Päckchen bekommen«, sagt Henriette. »Bestimmt schickt er uns zum Geburtstag auch etwas aus Afghanistan.« Schöner wäre es allerdings, er könnte mit der Familie feiern. »Oder wenn wir Ende Januar Zeugnisse kriegen«, sagt Sebastian, »die möchte man zeigen, nicht nur davon erzählen.« Alexander fehlt der Vater, wenn er Hilfe bei den Physikhausaufgaben braucht: »Das kann Papi besser als Mami.«

Sebastian, 12 Jahre, knuddelt Katze Stella, wenn das Vermissen zu schlimm wird.

Henriette, 8 Jahre, bekam Ohrringe. So trägt sie den Gedanken an ihren »Papi« bei sich.

Die Familie versucht, zu telefonieren, sooft es geht. Vielleicht klappt es jeden Tag. Das hoffen alle. Bildtelefonieren übers Internet wollen sie aber nicht. »Das macht das Vermissen nur schlimmer«, sagt Konstantin. »Auch so könnte man manchmal einfach heulen«, sagt die Mutter. Weil das Vermissen so schlimm ist. Weil man Hilfe bei einem verstopften Wasserrohr braucht. Weil man einfach genug davon hat, ohne den Vater, den Mann zu sein. Und weil man eben doch auch Angst hat, dass etwas Schlimmes geschieht. Dann wünschen sich alle manchmal etwas zum Festhalten.
Deshalb gibt eine schöne Tradition in der Familie: Jeder durfte sich etwas aussuchen, was an den Vater erinnern soll. Konstantin hat vor zwei Jahren einen Teppich bekommen, der vor seinem Bett liegt. Morgens ist der das Erste und abends das Letzte, worauf er seine Füße stellt – jedes Mal denkt er an seinen Papa. Sebastian hat sich etwas Lebendiges gewünscht, die Katze Stella. Man kann sie knuddeln, ihr etwas erzählen oder sich kaputtlachen, wenn sie etwas anstellt. Alexander entschied sich für eine Kamera. Damit macht er Fotos von Ereignissen, die sein Vater verpasst. Und Henriette durfte sich Ohrlöcher stechen lassen. Die wollte sie schon ganz lange. Nun trägt sie den Gedanken an ihren Vater immer bei sich.

Besonders an Wochenenden merken die Kinder, dass der Papa fehlt. An den Tagen ohne Schultrubel, ohne Musikunterricht. Ohne Sportverein und ohne Hausaufgabenstress. Und die Geschwister müssen auch mehr mit anpacken, beim Schneeschippen vor der Haustür zum Beispiel. Das macht eigentlich immer der Vater, weil er morgens als Erster aus dem Haus geht. Jetzt müssen die Jungs es untereinander aufteilen. Oder schwere Einkäufe erledigen, etwa Getränkevorräte oder Holz für den Kaminofen besorgen. Im Dezember hatte der Vater zwar noch einen großen Vorrat in den Keller geschleppt. Aber für ein halbes Jahr werden die H-Milch und das Wasser nicht ausreichen. »Das schaffen wir schon«, sagt Henriette und lächelt ihre Mutter an. »Ich kann sechs Packungen Milch auf einmal tragen.« Und es gibt auch einige Sachen, die lustiger sind, wenn der Vater weg ist. Mami sei nicht so streng, sagen die Geschwister, zum Beispiel wenn es ums Abendbrot geht. Das dürfen sie jetzt auch mal auf dem Sofa vorm Fernsehapparat essen. So etwas gibt es nicht, wenn der Papa da ist. Dann wird am Tisch gegessen.

Im Juli, wenn die kleine Soldatenpuppe am Ende des Regalbretts angelangt sein wird, kommt ihr Vater zurück. Hoffentlich. Und dann soll es in einen großen Urlaub gehen. Allerdings hat dafür jeder eine andere Idee: Henriette will nach London, Alexander lieber in die USA. Konstantin möchte einen Segeltörn machen und Sebastian ans Meer. Wenigstens in dieser Hinsicht ist es vielleicht gar nicht schlecht, dass der Vater noch bis zum Sommer weg ist. So bleibt Zeit, sich zu einigen. Denn der Urlaub ist die Belohnung, wenn sie alle gemeinsam die sechs Monate der Trennung überstanden haben.

Papa ist Soldat: 3 Monate später

Schutzweste, Tarnkleidung und viele Taschen: So lief Vater Philipp in Afghanistan umher.

Das Telefon liegt immer griffbereit. Kein Klingeln wollen sie verpassen! Doch die vier Kinder und die Mutter wissen nie, wann der Anruf kommt, auf den sie jeden Tag warten. Mal ist das morgens, mal am Nachmittag, mal abends. Es ist nicht einfach, wenn man nicht weiß, wie lange man warten muss. Es gibt auch Tage, da kommt gar kein Anruf. Wenn die Familie aber die vertraute Stimme hört, dann sind alle erleichtert: »Papi geht es gut.«
Mehr als sechs Monate lang sehen die Geschwister ihren »Papi« nicht. Sie versuchen, täglich zu telefonieren, sie schreiben E-Mails und Briefe, schicken Päckchen mit Geschenken und Süßigkeiten. Aber die Anwesenheit eines Menschen ersetzt all dies nicht.

Der Vater verpasst viel: Die Kinder haben Halbjahreszeugnisse bekommen; sie haben ohne ihn Ostern und vier Geburtstage gefeiert; Henriette konnte endlich mit dem Saxofon-Unterricht beginnen, was sie schon lange wollte; Alexander und Konstantin haben bei einem Physik-Wettbewerb gewonnen; und Konstantin hat die Zusage erhalten, im Sommer für ein Jahr als Austauschschüler nach Taiwan gehen zu können.

Am Telefon versuchen sie, all das zu erzählen: wie aufgeregt zum Beispiel die Mutter war, als sie zum ersten Mal mit vier Kindern allein in den Skiurlaub gefahren ist. Da haben sie sogar von der Piste aus mit dem Papa in Afghanistan telefoniert. Aber auch nervige Dinge, etwa dass der Trockner plötzlich kaputtgegangen ist. »Manchmal erzählt man 20 Minuten, mal nur zwei«, sagt Sebastian. »Je nachdem, was man erlebt hat.« Der Hörer wird immer weitergereicht, jeder, der zu Hause ist, spricht mit dem Vater.

Und auch er erzählt. Von seiner Arbeit darf er zwar nicht allzu viel verraten, weil sie geheim bleiben muss. Aber er berichtet von seinem Alltag im Lager, zum Beispiel, dass freitags immer Putztag ist. Alle Soldaten fegen dann ihre Buden aus, vorher dürfen sie länger schlafen als sonst. Oder dass abends manchmal ein Überraschungsfilm gezeigt wird. Der Vater hat auch seine Trompete mitgenommen, »aber er hat noch gar nicht gespielt«, sagt Alexander. »Nee, der Papi ist abends immer ziemlich müde«, sagt Konstantin.
An einem Abend im April erzählte der Vater, dass er am nächsten Tag zu einem Einsatz müsse. Wie lange er unterwegs sein würde, wusste er nicht. Vielleicht könne er sich fünf Tage lang nicht melden, vielleicht auch drei Wochen: drei Wochen kein Lebenszeichen! In solchen Situationen sieht man den Geschwistern und der Mutter die Angst an. Denn so ein Einsatz kann gefährlich sein, lebensgefährlich.

In den vergangenen Monaten gab es viele schreckliche Meldungen aus Afghanistan. Im Februar 2012 haben Soldaten aus den USA Korane, also Bücher mit der Heiligen Schrift des Islams, verbrannt; im März erschoss ein amerikanischer Soldat in zwei Dörfern Menschen. In vielen Städten gab es Demonstrationen gegen die Helfer aus dem Ausland – dabei kam es zu Gewalt, und wieder starben Menschen.
Die Familie in Deutschland erfuhr zwar vom Vater, dass nun noch stärker auf die Sicherheit geachtet werde, aber eine Garantie gibt es nicht. Schulfreunde fragen Henriette manchmal: »Lebt dein Papa noch?« Die Neunjährige sagt dann: »Ja, gestern haben wir mit ihm gesprochen, aber es kann ja jede Stunde etwas passieren.« Alle versuchen, tapfer zu sein, doch die Stimmung in der Familie ist gedrückt. »Ich sage immer zu Freunden: ›Auf den ersten Blick sehen wir okay aus. Aber kratzt nicht an der Oberfläche!‹«, sagt die Mutter. »Man darf uns nicht fragen, wie es uns geht. Man darf nicht bohren.«

Ende Juli soll der Einsatz des Vaters vorbei sein. Er könnte zwischendurch noch einmal zum Heimaturlaub nach Hause kommen. Die Mutter wünscht sich das. Der Vater selbst will es nicht – bisher. Er glaubt, das würde alles nur schwerer machen. »Dann würde es sich noch mal länger anfühlen«, sagt auch Sebastian. »Wir müssten uns noch mal verabschieden.« Entscheiden wird es der Vater. Darauf haben sich alle geeinigt. »Und egal, wie es kommt, wir ziehen das jetzt durch«, sagt die Mama. »Wir halten zusammen.«

DEUTSCHE SOLDATEN IM AUSLAND
Insgesamt arbeiten bei der Bundeswehr etwa 175.000 Soldatinnen und Soldaten. 2700 sind im Ausland im Einsatz, die meisten in Afghanistan, aber auch in der Türkei und in Afrika sind einige Hundert deutsche Soldaten stationiert.

Papa ist Soldat: Die Heimkehr

Wieder vereint: Konstantin, Sebastian, Henriette, Vater Philipp, Alexander und Mutter Patricia (von links nach rechts).

Auf einem Parkplatz am Flughafen picknicken? Klingt nicht sehr verlockend. Im geöffneten Kofferraum liegen Gebäck und Getränke, gegessen wird im Stehen. Eine weiche Waldwiese oder eine Parkbank? Nicht in Sicht. Trotzdem können sich die Geschwister Henriette (9 Jahre), Sebastian (13 Jahre), Alexander (14 Jahre) und Konstantin (16 Jahre) an diesem Abend im Juli nichts Schöneres vorstellen, als hier zu stehen und zu feiern.

Tage bis zur Rückkehr zählen: Jeden Morgen wanderte die Puppe einen Nagel weiter.

Morgens hatten sie sich in der Schule die Zeugnisse abgeholt und sich über den Beginn der großen Ferien gefreut. Dann sausten sie schon über die Autobahn einmal quer durch Deutschland und konnten es nicht erwarten, endlich am Flughafen anzukommen. Denn nach sechs Monaten sehen die vier Kinder hier ihren Vater wieder. Ein halbes Jahr lang war er Tausende Kilometer weit weg – und ein halbes Jahr lang haben sie sich Sorgen gemacht, dass ihm etwas passiert. Das hätte bei seinem Einsatz als Soldat in Afghanistan geschehen können, denn noch immer gibt es Anschläge und Kämpfe, bei denen Menschen verletzt werden oder sterben.
Und dann auf dem Parkplatz am Flughafen haben die Kinder endlich Gewissheit: Da ist ihr »Papi«! Er ist zurück! Er ist gesund! Mutter Patricia und die Geschwister haben zwar fast jeden Tag mit dem Vater in Afghanistan telefoniert. »Aber die Angst, dass Papi etwas passieren könnte, die war immer da«, sagt Sebastian. »Die ganze Zeit.«

Der Vater war in Kundus, im Norden des Landes, stationiert. Dort lebte er mit vielen anderen Soldaten in einem großen Lager. Im Frühjahr war er für einige Wochen für eine geheime Aufgabe unterwegs. Die Familie in Deutschland wusste nicht, wo er war und wann er sich wieder melden würde. Telefonieren war schwierig oder nicht erlaubt. »Da wird man richtig abergläubisch«, sagt Mutter Patricia. »Ich habe in der Zeit einen Glücksanhänger an meiner Kette getragen.«

Sechs Monate ist das Leben in Deutschland weitergegangen, ohne Vater Philipp. »Sehr verändert haben sich die Kinder nicht«, sagt er. »Konstantin und Alexander sind größer geworden. Henriette hat eine etwas andere Frisur.« Während der Vater weg war, haben die Kinder viel erlebt: Die Jungen haben Konzerte mit dem Musikschulorchester gegeben, Konstantin wird nach den Ferien als Austauschschüler nach Taiwan gehen, Henriette hat das Seepferdchen-Schwimmabzeichen geschafft, lernt Saxofon spielen und tanzt jetzt in einer Hip-Hop-Gruppe. »Dabei muss man sich cool bewegen«, sagt Vater Philipp. »Das hat Henriette mir erklärt. Aber vorgeführt hat sie es mir noch nicht.«

Die letzten Monate seien schneller vergangen als die ersten, sagen alle. »Aber kurz bevor Papi nach Hause gekommen ist, war es für mich noch mal schlimm«, sagt Henriette. »Ich hatte Angst, dass wir es fast geschafft haben und dann doch noch etwas passiert.« Bei der Fußballeuropameisterschaft sei es ja so ähnlich gewesen, sagt die Neunjährige. Erst ist für die Deutschen alles gut gelaufen – und dann haben sie doch verloren.
Stimmt, EM war 2012 ja auch noch. Die Fußballspiele haben die Geschwister in Deutschland geguckt – und ihr Vater in Afghanistan. Durch die Zeitverschiebung musste er allerdings bis 1 Uhr nachts vor dem Fernseher durchhalten. Und danach konnte er nicht mehr lange schlafen, um 6 Uhr morgens mussten die Soldaten aufstehen.

Wie war der Einsatz für ihn? Gab es Momente, in denen er Angst hatte? »Ich musste nicht schießen«, sagt er, »und ich wurde auch nicht beschossen.« Seine Einheit habe keinen Anschlag erlebt, niemand sei verletzt oder getötet worden. Das Schlimmste, was einem der Kameraden zugestoßen sei, sei ein verknackster Knöchel gewesen. Zur Sicherheit trug Vater Philipp immer eine Pistole bei sich, oft dazu noch ein Gewehr. Außerdem Schutzweste, Handschuhe und Helm. Denn es hätte zu jeder Zeit etwas passieren können, das wusste er so gut wie seine Familie in Deutschland. Jetzt, wo wieder alle gemeinsam auf der Terrasse sitzen können, fühlt sie sich plötzlich ganz weit weg an – die Angst, dass ihm etwas Schlimmes passiert.
Und ohnehin ist nun erst einmal Zeit für »normale« Dinge. Das Erste, was die Familie am Tag nach der Ankunft gemeinsam unternommen hat, war ein Einkauf im Supermarkt. »Klingt vielleicht verrückt«, sagt Vater Philipp und lacht, »aber das habe ich vermisst: selbst einkaufen zu gehen, selbst auszusuchen, welchen Joghurt ich essen möchte. Im Lager wird das alles für einen organisiert.« Normalerweise habe samstags niemand große Lust auf den Wochenendeinkauf, sagt Mutter Patricia, aber an diesem Vormittag sind alle sechs gemeinsam stundenlang zwischen den Regalen umhergelaufen. Alltägliche Dinge wieder gemeinsam tun zu können, das ist nach der langen Trennung für die Familie etwas ganz Besonderes.

Wann der Vater wieder in ein gefährliches Land geschickt wird, das weiß er noch nicht. Der nächste Einsatz im Ausland steht aber schon fest: Vom Herbst an wird Vater Philipp in Brüssel in Belgien arbeiten. Aber dorthin geht die Familie gemeinsam.

Von Katrin Hörnlein

Spaziergang mit Hund: Alle freuen sich nach der Rückkehr des Vaters über alltägliche Dinge.

4. KAPITEL

Vor mehr als 50 Jahren erfand ein Grafiker in den USA den Ur-Smiley. Er malte 1963 das Grinsegesicht auf ein gelbes Papier. Heute verstehen Menschen auf der ganzen Welt diese Gefühlssymbole.

Gleich und anders

Was wir fühlen, fühlen nur wir selbst. Niemand anderes kann es wirklich ganz genau nachspüren. Klar: Wir erzählen Freunden, wie es uns geht, und beschreiben das vielleicht sehr genau. Aber was sie verstehen – das ist immer nur eine Annäherung. Denn jeder Mensch ist einzigartig. Und seine Gefühle sind es auch.

Erbgut und Umwelt

Blaue Augen oder braune? Wie ein Mensch aussieht, hat er zum Teil von seinen Eltern mitbekommen. Die Informationen dafür sind im Erbgut verschlüsselt, das in den allermeisten unserer winzigen Körperzellen steckt. Doch das allein reicht nicht aus. Was wir sind, hängt auch davon ab, wo und wie wir leben. Von der Umwelt. Zum Teil können äußere Einflüsse wie das Sonnenlicht sogar Teile auf dem Code in den Zellen an- oder abschalten.

Furcht, Freude & Co.

Es gibt ganz viele Gefühlsregungen. Einige sind angeboren: etwa Freude, Trauer, Furcht, Angst und Überraschung. Diese Gefühle laufen bei Menschen auf der ganzen Welt ähnlich ab – und zeigen sich meist leicht erkennbar im Gesicht. Ein Kenianer, der sich fürchtet, guckt ganz ähnlich wie jemand aus Japan.

Mach mit!

Klappspaten und Zuckerschnute: Was sind deine fünf liebsten Schimpfwörter und fünf liebsten Kosenamen?

DAS BIST DU

VOM LACHEN, ÄRGERN & ÜBERWINDEN

Gemeinsam glücklich

Für viele Mädchen und Jungen sind Freunde mit am wichtigsten im Leben! Freunde machen glücklich, weil wir wissen, dass sie uns mögen. Sie haben uns als Freund oder Freundin ausgesucht – total freiwillig. Freunde helfen einander, wenn es schwierig wird. Sie zeigen sich neue Dinge, die man ohne sie nicht kennen würde. Zum Beispiel spannende Hobbys, tolle Haustiere oder wie man mit viel weniger Geld leben kann. Übrigens: Es kommt nicht darauf an, möglichst viele Freunde zu haben. Drei gute können genauso guttun wie zehn weniger enge.

Blick ins Hirn

Das Gehirn steuert, wie ein Mensch sich fühlt. Und wie er auf Gefühle reagiert. Dabei können Ärzte dem Organ im Kopf sogar zuschauen. Mit Spezialgeräten machen sie auf Bildern sichtbar, wenn bestimmte Hirnbereiche sehr aktiv werden. Bei Angst leuchten auf solchen Bildern zum Beispiel zwei mandelförmige Gebilde in der Tiefe des Gehirns rötlich auf. Diese Mandelkerne verarbeiten, was wir sehen, riechen und hören, mit Dingen aus dem Gedächtnis – und lösen blitzschnell eine Reaktion aus: Sieht jemand eine Giftschlange, zuckt er zurück, und das Herz rast.

Vertrauen und Ehrlichkeit sind wichtig für eine echte Freundschaft.

Echte Freundschaft

Der ist wahnsinnig! Das dachte ich, als mein Lateinlehrer nach den Ferien eine neue Schülerin in unsere Klasse brachte; zehn oder elf Jahre alt waren wir damals. »Das hier ist Maike«, sagte er strahlend. »Sie geht ab heute in unsere Klasse, und sie setzt sich …« – sein Blick schweifte durch den Raum und fiel auf einen leeren Zweiertisch hinten rechts – »… sie setzt sich dahin. Und Tina …« – ich konnte es nicht fassen, er meinte meine beste Freundin Tina, die neben *mir* saß und die ich einfach *brauchte* – »… Tina setzt sich für die nächsten Wochen neben Maike und hilft ihr, sich einzugewöhnen. Ich bin sicher, ihr werdet dicke Freundinnen!« Dieser Unmensch von Lehrer grinste schaurig und hatte offenbar keine Ahnung, was er mir gerade antat. »Tina«, flehte ich innerlich, »geh nicht! Und freunde dich um Gottes willen nicht mit dieser blöden Maike an!« Aber natürlich setzte Tina sich um. Was sollte sie auch sonst machen?
Es wurde dann alles doch nicht so schlimm, und zwar, weil Tina wirklich eine tolle Freundin war. Sie hielt zu mir und machte mir klar, dass es ihre *Aufgabe* sei, sich um Maike zu kümmern. Ihr *Wunsch* aber sei es, mit mir befreundet zu bleiben. Ich war sehr erleichtert, und mit der Zeit hatte ich nicht einmal etwas dagegen, wenn wir Maike nachmittags mitnahmen. Manchmal.

Freundschaft, das ist eine eigenartige, geheimnisvolle, kostbare Sache. Sie hat mit Zuneigung zu tun, mit Vertrauen, mit einer sehr engen Bindung. Wir können offenbar nicht mit allen Menschen gleich stark befreundet sein: Wenn jemand mein bester Freund ist, dann bedeutet das irgendwie, dass andere es nicht sein können. »Wir zwei« (manchmal auch »wir drei« oder »wir vier«) teilen etwas ganz Besonderes.
Wenn dieses Gefühl und damit eine Freundschaft bedroht ist, dann löst das Angst und Eifersucht aus – so wie damals bei mir. Denn so schön es ist, einen Freund zu haben, man hat eben auch etwas zu verlieren. Und so zeigt sich echte Freundschaft besonders oft dann, wenn es Schwierigkeiten gibt, wenn unsere Treue und Verlässlichkeit getestet werden. Wenn man sich furchtbar streitet, aber doch wieder verträgt. Oder wenn es so aussieht, als ob ein Freund sich von uns abwendet, weil er plötzlich andere Leute »cooler« findet.

Für Maike war dieser erste Tag an der neuen Schule damals natürlich auch total schrecklich. Und darauf hätte ich selbst kommen können, wenn ich nicht ganz so eigen- und eifersüchtig gewesen wäre. Maike verhielt sich übrigens ziemlich klug: Sie versuchte nie, Tina und mich auseinanderzubringen, sondern arbeitete freundlich und beharrlich daran, sich auf unterschiedliche Weise mit uns beiden anzufreunden: Mal lieh sie mir eins ihrer Lieblingsbücher aus, mal spielte sie Tennis mit Tina. Und siehe da: Irgendwann fand ich sie richtig nett.
Es ist selten so, dass einem eine Freundschaft einfach in den Schoß fällt. Man muss etwas dafür tun: sich Mühe geben, Zeit haben, auch Fehler verzeihen. Und auf keinen Fall darf man den anderen ausnutzen: Wenn ich nur so lange freundlich zu jemandem bin, wie ich seine Mathe-Hausaufgaben abschreiben darf, dann ist das ein Handel, keine Freundschaft. Bei echter Freundschaft darf es nicht darum gehen, etwas zu erlangen. Das fanden schon die griechischen Gelehrten in der Antike, die sich vor 2400 Jahren darüber Gedanken machten.
Und echte Freundschaft gelingt auch nicht, wenn sich immer nur einer Mühe gibt, wenn immer nur einer Rücksicht nimmt, wenn immer nur einer zugunsten des anderen verzichtet. Freundschaften müssen ausgewogen sein, sagen Wissenschaftler. Alle Beteiligten müssen sich ungefähr gleich wichtig fühlen, wenn es klappen soll.
Lohnt sich dieser ganze Aufwand eigentlich? Reicht es nicht, sich mit ein paar »Freunden« auf Facebook auszutauschen, wenn man gerade mal Lust dazu hat? (Siehe dazu auch das Interview auf Seite 97.) Anscheinend nicht. Anscheinend gehört Freundschaft mit dem ganzen Drumherum und der ganzen Mühe tatsächlich zu den allerwichtigsten Dingen im Leben. Forscher, die Kinder aus ganz unterschiedlichen Gründen darüber befragen, was ihnen wichtig ist (die einen wollen wissen, welches Eis und welche Stars sie mögen, die anderen wollen wissen, wie viel sie lesen), hören immer die gleiche Antwort: Das Wichtigste überhaupt sind Freunde. Freundschaft scheint bedeutsamer zu sein als Schule,

Freundschaften sind nicht immer einfach. Manchmal fühlt man sich trotzdem allein.

Hobbys, Musik und Klamotten. Wer keinen Freund oder keine Freundin hat, der hat es also ziemlich schwer.

Wie aber findet man Freunde? Der Zufall spielt eine große Rolle dabei. Wissenschaftler sind sich weitgehend einig, dass wir die eine Person binnen eines Wimpernschlags mögen – und eine andere nicht ausstehen können. Amerikanische Forscher haben das so getestet: Sie setzten aus einer Gruppe von Studienanfängern, die sich vorher nicht kannten, jeweils zwei zusammen. Die beiden unterhielten sich entweder drei, sechs oder zehn Minuten lang. Danach sollten sie schätzen, wie gut sie nach einem Jahr gemeinsamen Studiums befreundet sein würden. Und tatsächlich, ihre Einschätzung war fast immer richtig, egal wie lange sie geredet hatten. Ein kurzer Moment reicht also aus, um zu wissen, ob wir jemanden mögen werden oder nicht. Warum das so ist, darüber gibt es nur Vermutungen.
Was es außerdem braucht, ist eine Gelegenheit, sich anzufreunden. In einer neuen Schulklasse oder an einer neuen Universität nebeneinanderzusitzen scheint dabei oft entscheidend zu sein. Das fanden Forscher der Universität Mainz in einem Experiment heraus. Sie setzten Studienanfänger zufällig nebeneinander, und nach einem Jahr waren diese Studenten besser mit ihren Banknachbarn befreundet als mit den anderen im Saal.

Vielleicht hätte Maike sich damals weniger beklommen gefühlt, wenn sie ihren Neuanfang bei uns so gesehen hätte: Da saßen mehr als 20 Freundschaftsgelegenheiten! Wer die Klasse oder die Schule wechselt, muss sich also nicht nur vor all dem Neuen fürchten. Er hat auch eine tolle Chance.
Trotzdem ist es natürlich aufregend und sicher auch einschüchternd, wenn man ohne guten Freund an der Seite auf eine Gruppe stößt, in der man noch niemanden kennt. Die meisten Menschen suchen in einer solchen Lage nach etwas Vertrautem: Sie versuchen, Freunde zu wählen, die ihnen ähnlich sind. Das hört sich ja auch vernünftig an: Mit jemandem, der ähnlich aufbrausend/zurückhaltend/frech ist wie ich, müsste ich mich gut verstehen. Schaut man allerdings auf Freundespaare, wie sie in Büchern, gerade in berühmten Kinderbüchern, beschrieben werden, dann scheinen Freunde meist sehr ungleich zu sein: Tom Sawyer kommt aus einer behüteten Familie, sein Freund Huckleberry Finn ist ein Streuner. Pu der Bär ist mutig, aber nicht klug, sein Freund Ferkel ist klug, aber nicht mutig. Pippi Langstrumpf ist stark und wild, Tommi und Annika sind wohlerzogen. Freundschaft kann Unterschiede aushalten – man kann sich sogar prima ergänzen. Wahrscheinlich gibt es so viele unterschiedliche Freundschaften, wie es Menschen gibt, die sie schließen. Und mit ganz viel Glück findet man Freunde, die bleiben. Ein ganzes Leben lang.
Mit Maike und Tina bin ich übrigens immer noch befreundet, 35 Jahre später. Maike steht mir heute sogar näher als Tina, jedenfalls sehen wir uns öfter und haben mehr Gemeinsamkeiten. Dass Tina damals zu mir gehalten hat, werde ich ihr aber nie vergessen.

Von Susanne Gaschke

Viele Erwachsene haben beste Freunde, die sie schon seit ihrer Kindheit kennen.

ja! nein!

FREUNDE IM NETZ

»Freundschaftsanfrage – bestätigen?« Diese Frage poppt täglich auf unzähligen Handys oder Computerbildschirmen auf. In sozialen Netzwerken, wie MySpace oder Facebook, kann man mit anderen Leuten Nachrichten, Bilder und Videos austauschen – selbst wenn die am anderen Ende der Welt leben. Klingt toll! Aber hat das etwas mit Freundschaft zu tun? ZEIT LEO hat nachgefragt.

ZEIT LEO: Frau Wagner, kann man im Internet neue Freunde finden?
ULRIKE WAGNER: Ja, das ist durchaus möglich. In sozialen Netzwerken findet man Gruppen, die sich für dieselben Dinge interessieren, eine Musikrichtung zum Beispiel oder ein Hobby. Und aus solchen Bekanntschaften können sich Freundschaften entwickeln. Häufiger ist es allerdings so, dass sich im Internet Menschen treffen, die sich bereits kennen – aus der Schule, dem Sportverein oder ihrem Stadtviertel.
ZEIT LEO: Wie unterscheidet sich ein Freund im Netz von einem Freund im echten Leben?
ULRIKE WAGNER: Die Gefühle, die ich einem Netzfreund gegenüber habe, können durchaus dieselben sein. Ich habe Spaß mit jemandem, erzähle, was mich beschäftigt. Der Unterschied ist, dass ich über eine Tastatur und einen Bildschirm Kontakt aufnehme und mich deshalb vielleicht anders ausdrücke, als ich es bei einem echten Treffen machen würde.
ZEIT LEO: Verstehen junge Leute unter Freundschaft heute etwas anderes?
ULRIKE WAGNER: Viele Erwachsene behaupten, dass Kinder und Jugendliche nicht mehr wissen, was echte Freundschaft ist, da im Internet alle sofort Freunde werden. Das stimmt so nicht. Viele Jugendliche, die wir befragen, unterscheiden auch im Netz sehr genau, wer ein enger Freund ist und wer nur ein Bekannter. Der Begriff Freund wird ja von den Netzwerken vorgegeben. Alle heißen Freunde, ich kann aber meist nicht kennzeichnen, wie eng die Freundschaft ist.
ZEIT LEO: Was bedeutet es, wenn ich im Netz viele Freunde habe?
ULRIKE WAGNER: Manche geben damit an, einen Riesenfreundeskreis zu haben. Es ist für sie ein Zeichen großer Beliebtheit. Es gibt aber genauso Leute, die es ziemlich blöd finden, wenn man alle Freundschaftsanfragen annimmt, nur um die größte Anzahl an Kontakten zu haben. Wichtiger ist, zu wissen, wer sich hinter einem Profil verbirgt.
ZEIT LEO: Muss man bei alldem eigentlich mitmachen?
ULRIKE WAGNER: Natürlich muss man nicht. Es kann allerdings schwierig sein, wenn auf einmal alle von Facebook sprechen und man selbst keine Ahnung hat. Und es kann auch Spaß machen, dabei zu sein. Man sollte aber einige Regeln beachten: Ganz genau überlegen, was man den anderen von sich zeigen will. Und wenn man ein Profil anlegt, sollte man sich das von jemandem erklären lassen, der sich gut auskennt. Wichtig sind die sogenannten Privatsphäre-Einstellungen. Mit denen lege ich fest, wer meine Bilder, Texte und Videos sehen darf, und auch, wer mir Nachrichten senden kann.

Ulrike Wagner ist Direktorin des JFF, eines Forschungsinstituts für Medien, in München. Sie befragt regelmäßig Kinder und Jugendliche dazu, wie sie Computer und Internet nutzen.

DAS BIST DU

Bei irgendetwas muss sich jeder überwinden. Vielleicht magst du dich nicht vom Zahnarzt untersuchen lassen? Vielleicht fällt es dir schwer, auf andere Kinder zuzugehen? Oder musstest du dich überwinden, schwimmen zu lernen und dann das erste Mal vom Einmeterbrett zu springen?

Überwinde dich!

Victor hatte Angst, woanders als zu Hause zu übernachten. Er hat es immer wieder versucht und viele Male nicht geschafft – obwohl er so gern wollte. Niclas hat als Kind nicht schwimmen gelernt. Er musste sich sehr überwinden, um es später nachzuholen, als alle seine Freunde es längst konnten. Zoe ist vom Pferd gefallen und traute sich danach lange Zeit nicht mehr, wieder in den Sattel zu steigen. Und in Ellas Klasse wurde ein Mädchen von den Mitschülern ausgeschlossen und gehänselt. Ella nahm ihren ganzen Mut zusammen und stellte sich vor das Mädchen – und damit gegen die Klasse.

Für diese vier Kinder waren es ganz unterschiedliche Dinge, die sie herausgefordert haben. Doch sie alle fühlten sich stark und mutig, als sie ihre Herausforderung schließlich gemeistert haben.

Jeder kennt solche Situationen: Man ist zu ängstlich; man traut sich etwas nicht zu; man hat etwas fast geschafft, schreckt dann aber im letzten Moment doch zurück. Woher kommt es, dass man sich manchmal so sehr überwinden muss, etwas zu tun? Warum können uns Dinge so viel Angst einjagen?

Furcht gehört zu den ältesten Gefühlen der Welt und ist eigentlich etwas Gutes, denn sie schützt uns vor Gefahr. Wenn Steinzeitmenschen zum Bei-

spiel ein gefährliches Tier entdeckten, war es die Angst, die sie weglaufen ließ – und ihnen das Leben rettete.
Nun sind wilde Tiere ja tatsächlich gefährlich, bei einem Freund zu übernachten oder jemandem die Meinung zu sagen ist es aber nicht. Es gibt also verschiedene Arten von Angst. Manche sind angeboren, wie etwa die Angst vor Dunkelheit. Andere entstehen, wenn man eine schlechte Erfahrung macht – so wie Zoes Reitunfall eine war. In ganz vielen Fällen fürchtet man sich aber einfach vor dem Unbekannten: wenn etwas neu ist und man vorher nicht genau weiß, was passieren wird.
In solchen Momenten mutig zu sein und seine Angst zu überwinden, das muss man üben. Manchmal fällt das schwer, aber es ist sehr wichtig. Denn je älter man wird, desto häufiger passiert es, dass man Dinge alleine schaffen muss – ohne die Hilfe der Eltern zum Beispiel. »Wenn man sich weiterentwickeln möchte, muss man ab und zu etwas riskieren«, sagt die Psychologin Angela Ittel. Hat man sich etwas getraut, will man stolz und laut »Ich kann das!« in die Welt rufen – und man wird auch noch mit einem tollen Gefühl belohnt. Niclas erinnert sich genau, wie es war, als er nach den ersten Schwimmzügen aus dem Becken geklettert ist: Wärme durchströmte seinen Körper, er fühlte sich ganz leicht, fast als würde er schweben.

Diese Glücksgefühle schickt das Gehirn, es schüttet Belohnungsstoffe aus, die einen lachen und strahlen lassen. Der Körper lernt dadurch: »Wenn ich etwas schaffe, fühlt sich das gut an« – das hätte er gern öfter. Bei der nächsten Herausforderung erinnert man sich an das gute Gefühl vom letzten Mal und ist deshalb eher bereit, etwas zu wagen. So wird jeder Stück für Stück mutiger und traut sich mehr zu.

Wer einmal vom Pferd gefallen ist, hat Angst davor, wieder reiten zu gehen. Schafft er es dann, ist es ein tolles Gefühl.

Wenn man sich zu etwas durchgerungen, seine Angst überwunden hat, weiß man zudem genauer, wo der eigene Platz ist. »Ich kann auch schwimmen«, könnte Niclas sagen. »Ich kann auch mit der Klasse verreisen«, könnte Victor sagen. Oft geht es darum, was andere können und was man selbst schafft. Und indem man sich vergleicht, merkt man, was einem wichtig ist und zu welcher Gruppe man vielleicht gern gehören möchte. Macht es mir etwas aus, dass ich mich manche Dinge nicht traue? Will ich sein wie andere? Und – ganz wichtig – will ich etwas für mich oder weil andere es von mir erwarten?

Denn Menschen sind alle unterschiedlich. Das merkt man immer, wenn man in einer Gruppe etwas schaffen soll – zum Beispiel den Weg bei einer Schnitzeljagd finden. Oft gibt es dann jemanden, der Anführer ist und vorneweg läuft. Es gibt jemanden, der den Überblick behält, jemanden, der gut im Entschlüsseln von Rätseln ist, und so weiter. Dass Menschen sich so unterschiedlich verhalten, liegt daran, dass jeder eine ganz eigene Persönlichkeit ist.
Die Psychologin Angela Ittel vergleicht unsere Persönlichkeit mit einem Koffer, in den ganz viele Dinge hineinpassen. Was im Koffer ist, verändert sich ständig, auch mit jeder Herausforderung, die man meistert.
Ein paar Dinge muss jeder dabeihaben, um im Leben zurechtzukommen – zum Beispiel sollte man sich irgendwann trauen, bei Freunden zu übernachten oder seine Meinung zu sagen. Und Niclas findet, dass auch jeder irgendwann schwimmen können sollte – allein schon, weil es so viel Spaß macht! Das Tolle an dem Persönlichkeitskoffer ist, dass man immer mal wieder Dinge, die man nicht mehr mag, ausmisten und dafür andere hineinpacken kann.
Und nicht jede Fähigkeit ist damit verknüpft, dass man sich überwinden muss. Einige Dinge fallen dir vielleicht ganz leicht, du kannst sie einfach, während deine Freundin sich dazu durchringen muss. Und manchmal sind statt Mut eher Mühe und Durchhaltevermögen gefordert. So war es bei Caspar. Er wollte sich in Mathe verbessern – unbedingt. Dafür hat er sich einen Lernplan gemacht und geübt, statt sich mit seinen Freunden zu treffen. Das war harte Arbeit, aber am Ende hat Caspar eine gute Note geschrieben. Und darauf war er mächtig stolz. »Ich kann das!«, dachte er.

Wenn wir uns zu etwas überwunden haben, können wir in Zukunft selbst entscheiden, ob wir das noch mal machen möchten. Schließlich könnten wir ja, wenn wir wollten.

Sich stark und mutig und stolz zu fühlen ist also wichtig. Es macht einen selbstbewusster, wenn man sich etwas traut oder sich eine Fähigkeit erarbeitet. Bei alldem darf man aber nie vergessen, dass niemand alles können kann. Egal wie toll das »Ich kann das!«-Gefühl auch sein mag, man muss nicht alles hinbekommen. Wer sagt denn zum Beispiel, dass jedes Kind vom Dreimeterbrett springen können muss? Oder dass jeder gern vor vielen Menschen eine Rede halten sollte? Niemand.
Und deshalb ist es manchmal genauso mutig und stark, wenn man sich traut zu sagen: »Ich kann das nicht!«

Von Judith Scholter

Warum wir immer gewinnen wollen

Der oder die Beste bei etwas zu sein ist ein gutes Gefühl.

Am 4. Juli 2013 verdrückte der Amerikaner Joey Chestnut 69 Hotdogs in zehn Minuten. Er tat das nicht, weil er besonders hungrig war. Er tat es, weil er gewinnen wollte. Joey, 29 Jahre, hat bei einem großen Hotdog-Wettessen mitgemacht. Er gewann und erhielt 7000 Euro Preisgeld. Das Geld sei ihm aber gar nicht wichtig, sagte Joey nach dem Wettkampf: »Ich hätte es auch umsonst gemacht, mir ging es nur um die Anerkennung.« Und davon bekam er jede Menge: Mehr als 40.000 Zuschauer jubelten ihm beim Wettessen zu, mehrere Millionen verfolgten es im Fernsehen, Zeitungen auf der ganzen Welt berichteten darüber und druckten sein Foto.

So wie Joey sehen es die meisten Menschen: Es geht uns nicht um einen Pokal, nicht um ein Preisgeld – das Siegergefühl an sich ist die größte Belohnung. Der Erste oder Beste zu sein fühlt sich einfach toll an. Man kommt sich unschlagbar vor, so als ob man Wände einrennen könnte.
Um das Siegergefühl möglichst oft zu erleben, treten wir ständig gegeneinander an: ob beim Sport, bei Karten- oder Brettspielen, bei Mathe-Olympiaden in der Schule oder eben auch bei etwas so Sinnlosem wie dem Hotdog-Wettessen.

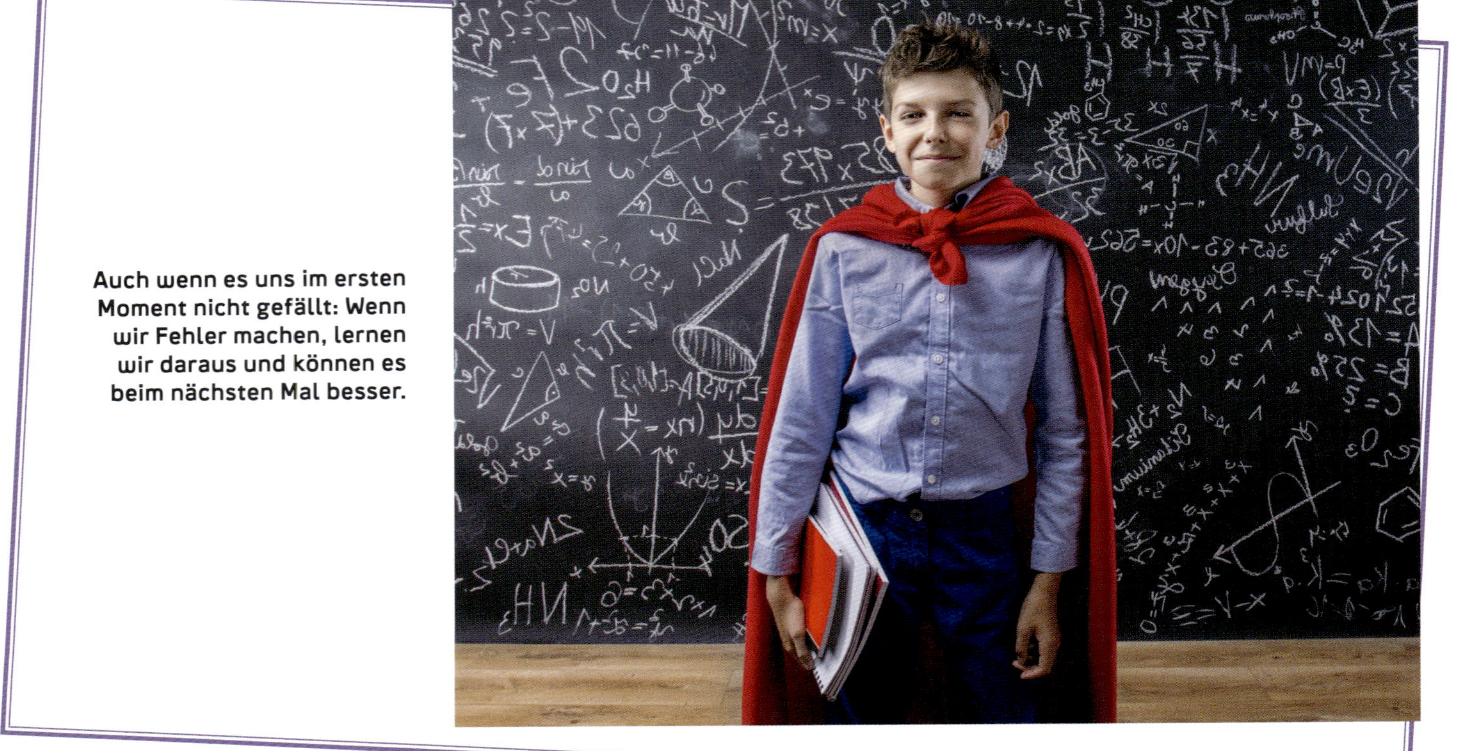

Auch wenn es uns im ersten Moment nicht gefällt: Wenn wir Fehler machen, lernen wir daraus und können es beim nächsten Mal besser.

Ruhm und Ehre als Lohn für Anstrengung, für uns Menschen ist das selbstverständlich, doch sonst gibt es das in der Natur nicht. Kein Tier käme auf die Idee, an Wettkämpfen teilzunehmen, bei denen es nicht darum geht, satt zu werden oder um ein Weibchen zu buhlen. Eine Medaille kann man nicht fressen, wozu also kostbare Energie verschwenden?

Unsere Urururahnen haben wahrscheinlich noch genauso gedacht: Vor fünf oder sechs Millionen Jahren haben sie noch keine Wettrennen zum Spaß veranstaltet. Sie rannten, um Nahrung zu finden und um sich vor Raubtieren in Sicherheit zu bringen.
Dennoch glauben Wissenschaftler wie der Biologe Josef Reichholf, dass wir unseren sportlichen Ehrgeiz von diesen Frühmenschen geerbt haben. Damals streiften die Männer in Gruppen umher, auf der Suche nach Fleisch. Wenn sie dann ein totes Tier entdeckten, mussten sie schnell sein. Schneller als andere Tiere, die ebenfalls hinter dem Fleisch her waren. Und auch schneller als die anderen Mitglieder der Gruppe. Denn die Beute wurde nicht gleichmäßig aufgeteilt, der Erste bekam das größte Stück Fleisch.
Vielleicht hat sogar eine weitverbreitete Siegergeste ihren Ursprung in dieser Zeit: Wenn der Schnellste den Kadaver erreicht hatte, riss er vermutlich die Arme hoch, um seinen Kumpeln zu zeigen, wohin sie laufen mussten. Die Arme hochreißen, das tun wir bei einem Sieg bis heute. Nur laufen wir nicht mehr um die Wette, um zu überleben.

Aber was wir beim Gewinnen empfinden, hat sich seit damals kaum verändert, egal ob im Sport oder beim Mensch-ärgere-dich-nicht-Spielen: Siegen wir, durchströmen uns die gleichen Glücksgefühle, die unsere Vorfahren gespürt haben müssen, wenn sie für ihre Familie ein großes Stück Fleisch erbeutet hatten. Und wie sie sind auch wir am Boden zerstört, wenn wir verlieren.
Die Frühmenschen lebten zwar friedlich in Gruppen zusammen und teilten die Beute miteinander. Die einzelnen Sippen aber waren untereinander verfeindet. Wenn zwei Gruppen Jagd auf dasselbe Stück Fleisch machten, konnte nur eine gewinnen. Die andere ging leer aus. Verlieren bedeutete zu dieser Zeit Hunger, im schlimmsten Fall sogar den Tod. Die Unterlegenen fühlten sich wahrscheinlich ganz schön elend. Ähnliche Gefühle kommen auch heute noch in uns hoch, wenn wir eine Niederlage erleben.
Aber heute wissen wir, dass wir nicht tot umfallen, wenn wir einen Elfmeter verschießen. Und wir sterben auch nicht, wenn wir Letzter bei der Mathe-Olympiade werden. Das Leben geht weiter, und das blöde Gefühl geht wieder weg.

Es ist sogar wichtig zu verlieren. Das glaubt jedenfalls der Psychologe Kai Sassenberg. Er erforscht, wie sich Menschen in Wettbewerben verhalten. Sassenberg sagt, wer oft gewinnt, geht irgendwann davon aus, dass es immer so weiterläuft. »Das ist schlecht, denn man kann sich über einen Sieg nicht mehr so freuen, weil man ihn erwartet. Verliert man aber doch einmal, ist man besonders niedergeschlagen.«
Und es gibt noch einen Grund, warum sich Verlieren lohnt: »Ein ständiger Gewinner fragt sich nicht, ob er sich noch verbessern kann«, sagt Sassenberg. »Er merkt vielleicht gar nicht, dass er Fehler macht.« Wer nicht immer Erster wird, kann sich selbst besser einschätzen: Was kann ich gut? Worin muss ich mich verbessern? Wenn man im Sport immer wieder verliert, merkt man vielleicht, dass einem die Sportart gar nicht liegt. Dann kann man was Neues ausprobieren, einen neuen Sport oder was ganz anderes. Ein Instrument lernen etwa oder Theater spielen. Jeder ist in irgendetwas gut, und Wettkämpfe helfen uns dabei, unsere Talente zu entdecken. Und sie stacheln uns dazu an, unser Bestes zu geben.
Viele Wissenschaftler glauben, dass unsere Lust am Wettkampf dazu geführt hat, dass wir Menschen nicht nur im Sport, sondern auch in der Wissenschaft und Technik, in Kunst und Musik Außergewöhnliches leisten. Irgendwann zählte für unsere Vorfahren nicht mehr nur, wer am schnellsten rennen konnte. Sondern auch, wer den besten Speer geschnitzt, das Feuer gemacht oder Pflanzen angebaut hat. Immer mehr Dinge kamen hinzu, bei denen sich die Menschen miteinander messen konnten.
Und heute? Wird sogar ein Wurstbrotesser gefeiert, der die meisten Hotdogs verdrückt.

Von Magdalena Hamm

SCHADENFREUDE ist die schönste Freude? Wohl eher die gemeinste. Aber oft kommt sie ganz automatisch. Etwa wenn ein Mitschüler beim Spicken erwischt wird. Wäre ja auch unfair gewesen, wenn der dann eine bessere Note bekommen hätte. Die Schadenfreude bestätigt dich darin, dass du dich richtig verhalten hast, und gibt dir ein gutes Gefühl.

Niemand gewinnt immer. Das gibt es nur bei den Superhelden in Filmen.

Löcher in die Luft zu gucken ist manchmal interessanter als der Unterricht.

Langweilig!

Am 11. April 1954 herrschte total tote Hose. Es war der Sonntag vor Ostern und dieser Tag war der ödeste des ganzen Jahrhunderts. Jedenfalls behaupten das ein paar britische Computerexperten. Sie haben den langweiligsten Tag zwischen den Jahren 1900 und 2000 ausgerechnet.
Dazu gaben sie dem Computer mehr als 300 Millionen wichtige Daten: Geburtstage berühmter Menschen, Tage großer Unglücke, solche, an denen Regierungen gestürzt wurden oder Künstler große Werke schufen. Der Computer rechnete – und legte den langweiligsten Tag des vergangenen Jahrhunderts fest.
Doch stopp! Mit Sicherheit sehen Tausende Menschen das ganz anders, weil genau dieser Tag für sie ein ganz besonderer war. Bestimmt ist irgendwer damals zum ersten Mal Achterbahn gefahren. Und sicher gibt es jemanden, der den 11. April 1954 nie vergisst, weil sein Hund da gestorben ist. Solche Dinge hat der Computer nicht beachtet. Er suchte lediglich nach einem Tag, an dem für die Welt als großes Ganzes nichts Bedeutendes passierte. Das heißt aber nicht, dass dieser Tag für alle öde war.

Denn Langeweile empfindet jeder Mensch für sich allein. Wenn sie angekrochen kommt, geht es allen ähnlich. Dann wird die Weile lang, wie das Wort sagt. Die Zeit scheint nur ganz langsam zu vergehen. Das kann im Wartezimmer beim Arzt passieren. Oder wenn plötzlich der Kumpel absagt, mit dem man eigentlich ins Freibad radeln wollte. Wenn auf einmal nichts zu tun ist, müssen sich unser Körper und unser Gehirn nicht besonders anstrengen. Dann tun wir etwas, was wir sonst nicht machen: Wir beginnen darauf zu achten, wie die Zeit vergeht. Schwups – schon kommt sie uns länger vor.
In öden Schulstunden passiert das ziemlich oft. Einige Forscher sagen sogar, dass Kinder sich in der Schule mehr als die Hälfte der Zeit langweilen. Selten findet

die ganze Klasse eine Stunde zum Einschlafen. Meist geht es nur ein paar Schülern so. Manch einer versteht nicht, warum er das überhaupt lernen soll, und schaltet den Kopf ab. Andere hören nicht zu, weil der Stoff zu einfach ist. Oder sie steigen aus, weil es zu schwer ist und sie nicht mehr mitkommen.

In jedem Menschen steckt eine Art persönliche Langeweile-Schwelle: Manche fühlen sich recht schnell angeödet. Andere beschleicht das Gefühl so gut wie nie. Insgesamt ist es wohl so, dass Jungen sich etwas häufiger langweilen als Mädchen. Eines aber ist für alle gleich: Langeweile fühlt sich doof an. Das hat aber einen Sinn, sagen Forscher. Der Körper nervt uns sozusagen mit diesem Gefühl, damit wir etwas ändern und nicht ewig tatenlos rumhocken.
Nun kann man im Unterricht nicht einfach aufstehen und gehen. Also versuchen viele, die Langeweile zu überlisten: Sie fummeln mit Stiften herum oder quatschen. Andere drehen das unangenehme Gefühl in ein schönes um. Sie genießen es, sich mal nicht anstrengen zu müssen. Manche bekämpfen auch den Auslöser der Langeweile und sagen dem Lehrer zum Beispiel, dass es langweilig ist, weil sie schon längst können, was er da erklärt.
Doch sosehr Langeweile nervt, tritt sie nur ab und zu auf, schadet sie nicht. Ganz im Gegenteil! Viele Experten halten Langeweile sogar für extrem wichtig. Ralph Dawirs zum Beispiel rät, dass wir uns immer mal zum Nichtstun zwingen. Der Professor aus Erlangen hat sich viel damit beschäftigt, wie Kinder groß werden, und sagt: »Jeder braucht Zeiten, in denen er nicht verplant ist, nichts vorhat und nichts tun muss. Erst dann können der Körper und der Kopf mal Pause machen.«

Wenn also nach der Schule ein Berg Hausaufgaben wartet, Klavierunterricht oder Fußballtraining anstehen, man gleichzeitig mit drei Leuten chattet und auch noch telefonieren will, dann sollte man einfach mal ein paar Dinge sausen lassen. Sagt jedenfalls Ralph Dawirs. Mit seinen Eltern sollte man besprechen, dass es Zeiten gibt, in denen man sich einfach rumtreiben darf – auch, ohne dass sie genau wissen, was man macht und wo man ist. »Dann trefft ihr euch mit einer Freundin oder einem Kumpel und zieht los«, schlägt er vor. »Legt euch einfach mal auf eine Wiese und macht nichts. Schließt die Augen, und redet eine Weile nicht. Ganz automatisch wird man dann neugierig und kommt auf verrückte Ideen.«
In solchen Momenten kommt nämlich die Fantasie hervor. Schleicht sich vorher das Langeweile-Gefühl an, muss man es kurz aushalten. Aber keine Sorge, es verschwindet dann schon von allein. Oder man schlägt ihm gleich mit einem Gedankentrick ein Schnippchen. Zum Beispiel indem man dem Nichtstun einen schönen Namen gibt: »Mußezeit« würden Erwachsene sagen. Vielleicht heißt eure Zeit »Gedanken-baumel-Stunde« oder »Kurzzeitferien«? Sicher fällt euch etwas ein. Spätestens dann, wenn ihr abschaltet und eure Gedanken Purzelbäume schlagen lasst.

Von Susanne Prebitzer

Aber vielleicht kannst du am Ende der Stunde ein neues Kunststück?

DAS BIST DU

Richtig rumhängen: Die Fotografin Silke Weinsheimer hat Wilhelmina, neun Jahre, und Gregor, zwölf Jahre, für uns am Gerüst baumeln lassen.

Einfach mal abhängen

SCHON GEWUSST?
Ursprünglich waren die Sommerferien gar nicht zum Faulenzen gedacht: Früher, als noch viele Menschen auf dem Land lebten, bekamen die Kinder schulfrei, damit sie ihren Eltern bei der Ernte helfen konnten.

Wanja ist der faulste Mann im ganzen Dorf. Und das ärgert seine Brüder gewaltig. Denn während sie jeden Tag auf dem Bauernhof der Familie schuften, hängt Wanja rum und macht – nichts. Sieben Jahre lang! Eines Tages aber steht der Bursche dann doch mal auf und erklärt seiner verdutzten Familie, dass er faulenzen musste. Ein alter Mann habe ihm vorausgesagt, dass er, Wanja, Herrscher im Land jenseits der Weißen Berge wird. Allerdings müsse er auf dem Weg dorthin allerlei gefährliche Abenteuer überstehen, und dafür habe er eben sieben Jahre lang Kraft gesammelt. Tatsächlich gelingt es dem Oberfaulenzer, ein Ungeheuer zu besiegen und Räuber in die Flucht zu schlagen, so dass er als Dank die Prinzessin zur Frau bekommt. Ende gut, alles gut – wie es in Märchen meist ausgeht. Denn natürlich ist die Geschichte von Wanja nur erfunden. Der berühmte Kinderbuchautor Otfried Preußler hat sie sich ausgedacht.

Beim Lesen kann man fast ein bisschen neidisch werden. Sieben Jahre faulenzen – ein herrlicher Gedanke! Nur blöd, dass Eltern oder Lehrer meistens sofort anfangen zu meckern, sobald man mal gemütlich abhängt. Dabei ist Nichtstun nicht nur gemütlich, für unser Gehirn ist es sogar überlebenswichtig.

Denn beim Abhängen ist unser Hirn ziemlich beschäftigt, haben amerikanische Forscher herausgefunden. Für einen Test baten sie Menschen, möglichst an nichts zu denken. Dabei machten sie dann mit einem Kernspintomografen (einer Art Röntgengerät) Aufnahmen von den Gehirnen. Das Verblüffende: Dort war richtig was los. Wenn das Gehirn keine neuen Informationen von außen bekommt, beschäftigt es sich mit sich selbst: Es löscht unwichtige Informationen und schiebt wichtige ins Langzeitgedächtnis – die Englischvokabeln für die nächste Klassenarbeit hoffentlich. Es merkt sich die Bewegungen unserer Finger für das Klavierstück, das wir am Nachmittag geübt haben, so dass wir es beim nächsten Mal flüssiger spielen. Und es ordnet Ereignisse, die wir erlebt haben, und speichert sie in der richtigen zeitlichen Reihenfolge.
Die Forscherin Judy Kipping beschäftigt sich schon seit vielen Jahren mit dem Gehirn und weiß, wie dringend es regelmäßige Pausen braucht: »Wenn unser Gehirn nie seine Ruhe hat, können wir uns irgendwann nichts mehr merken, werden unkonzentriert und aggressiv.«

Wenn wir in der Hängematte schaukeln und dabei Löcher in die Luft starren oder in den Sommerferien am Badesee abhängen, haben wir häufig oft die besten Ideen. Vielleicht ist dir auch schon mal die Lösung für ein Problem eingefallen, über das du schon lange gegrübelt hattest – als du gerade mal nicht daran gedacht hast. »Wenn Gedanken und Informationen erst einmal geordnet sind, ist es viel leichter, zu einem Problem die richtige Lösung zu finden«, erklärt Judy Kipping. Auch während wir schlafen, räumt das Gehirn auf. Der Spruch »Schlaf noch mal darüber« ist also gar nicht so blöd: Am nächsten Morgen haben wir tatsächlich oft eine Idee für ein Problem, das uns am Abend zuvor noch unlösbar erschien.

Obwohl Nichtstun also total gesund ist, hat es in Deutschland einen schlechten Ruf. Schnell heißt es: Wer nichts tut, ist faul! Wenn man am Wochenende gemütlich abhängt, wollen die Eltern einen zum Mathelernen überreden. Immer scheint es irgendetwas zu geben, was man üben, aufräumen oder lernen kann.
In anderen Ländern ist es dagegen in Ordnung, mittags ein Schläfchen zu machen oder am späten Nachmittag auf dem Balkon rumzuhängen. In Italien nennt man das dolce far niente. Auf Deutsch: süßes Nichtstun. In arabischen Ländern wie Ägypten oder Marokko gehört Rumhängen ebenfalls zum Alltag.
Natürlich kann man nicht wie Wanja sieben Jahre lang einfach nur nichts tun. Dann würde man nicht stark wie der Held der Geschichte, sondern schlapp, schwach und schwabbelig. Aber wie viel Nichtstun ist dann richtig? Am besten macht man es wie ein Marathonläufer: Will er ein Rennen gewinnen, muss er trainieren. Genauso wichtig aber ist, dass er sich nach dem Training erholt. Richtig stark werden seine Muskeln erst in dieser Pause. Genauso funktioniert unser Gehirn: Nur wenn es sich regelmäßig ausruht, bringt es auf Dauer Bestleistungen.

Von Catalina Schröder

WIE VIEL FREIZEIT HABEN WIR?
Wer nichts tun will, braucht freie Zeit. Wir in Deutschland haben davon jeden Tag sechs Stunden. Im Vergleich zu anderen Ländern ist das gar nicht so wenig: In Polen ist es fast eine Stunde weniger, und die Mexikaner haben sogar nur vier Stunden Freizeit am Tag.

UND WAS MACHEN WIR DAMIT?
Nur jeder fünfte Deutsche macht in seiner Freizeit gerne gar nichts. Das kam bei einer Umfrage heraus. Kinder und Jugendliche zwischen zehn und 17 Jahren hören lieber Musik, schauen fern, treffen sich mit Freunden, chatten im Netz oder machen Sport.

DAS BIST DU

Ordnung muss nicht sein

WIE VIEL BESITZT DU? Bücher, Kleidung und ein Auto, Geschirr, Möbel und Computer: Ein Erwachsener in Europa besitzt geschätzte 10.000 Dinge. Eine irre Zahl! Was macht man nur mit all dem Kram? Wie viele Sachen einem Kind in Deutschland gehören, hat noch niemand nachgezählt. Deshalb bist du jetzt dran: Wie groß ist dein Besitz? Wahrscheinlich wirst du die Zahl deiner Sachen nicht auf den letzten Legostein genau ermitteln können. Aber Schätzen und Runden sind erlaubt: Zähl zum Beispiel die Bücher in einer Regalreihe, und nimm sie dann mit der Zahl der Reihen mal. Dasselbe kannst du mit den Dingen in einer Schublade oder den Klamotten in einem Schrankfach tun.

»Heute entrümpeln wir!« Wenn ich als Kind diesen Satz hörte, wusste ich, dass ein aufregender Tag bevorstand. Entrümpeln hieß, dass meine Mutter gemeinsam mit mir mein Zimmer mal so richtig auf den Kopf stellen würde. Wir räumten nicht einfach auf, stellten Spielzeug ins Regal, legten Klamotten in den Kleiderschrank und saugten den Boden. Nein: Wir sortierten Hosen und Pullis aus, die zu klein geworden waren. Spielzeug, mit dem ich nichts mehr anfangen konnte, kam in Kisten für den Flohmarkt. Kaputte Stifte landeten im Müll, Bastelsachen bekamen neue Aufbewahrungsboxen. Sogar die Regale meines Kaufmannsladens waren abends sortiert! Und jede Ecke hatten wir entstaubt, geputzt, gewienert.
An Entrümpelungstagen fand ich Aufräumen großartig, denn wenn alles geschafft war, hatte ich das Gefühl, in einem ganz neuen Zimmer zu wohnen. Ich saß an meinem freien (!) Schreibtisch, nahm Filzmaler aus dem Stiftebecher, holte Spielfiguren aus einem Korb im Regal. Alles war schrecklich schön geordnet und erfüllte mich mit so einer Ehrfurcht, dass ich jedes Teil fein säuberlich zurücklegte. An diesem Abend.

Denn schon am nächsten Tag schlich sich das Chaos langsam wieder an: Zuerst lagen nur einige Legosteine in der Ecke, dann waren die Kleider auf dem Stuhl zu einem kleinen Berg aufgetürmt, und gegen Ende der Woche hingen Decken im Raum, mit denen ich mir zwischen Schrank und Bett eine Höhle gebaut hatte.
An solchen Höhlen-Tagen fand ich, dass Aufräumen vor allem eins war: lästig. Und Eltern, die einen dazu ermahnten, konnten einem mächtig auf die Nerven gehen.

Warum man ständig Ordnung halten soll, leuchtete mir als Kind nicht ein. Wieso all die Spielsachen wegräumen, wenn man sie doch eh wieder hervorholt? Da ist es doch viel praktischer, sie einfach liegen zu lassen! Und wenn man zwischendurch Hausaufgaben machen will, findet sich dafür schon eine Ecke.
Vermutlich kann kaum ein Kind seine Eltern mit solchen Argumenten überzeugen, mir jedenfalls gelang es nicht. Ordnung ist gut, Chaos ist schlecht – das scheinen viele Erwachsene zu denken. Irgendwie scheint Ordnung auf sie beruhigend zu wirken. Ist Aufräumeritis womöglich eine Krankheit, die man bekommt, wenn man erwachsen wird?

Ordnung ist etwas, das von Menschen geschaffen wird – das erkennen schon Kleinkinder, wie Wissenschaftler bei Tests herausfanden. Aber selbst zu ordnen, müssen Kinder tatsächlich erst lernen.
Aufräumen und sortieren ist nämlich nichts, was der Mensch bereits immer getan hat. Eine Steinzeitfrau hatte schon deshalb keinen Grund aufzuräumen, weil sie gar nicht so viel Krempel besaß. Und in ihrer Höhle gab es auch keine Schränke, in denen sie abgenagte Knochen stapeln konnte. Heute dagegen besitzen die meisten Menschen in Deutschland Tausende Dinge.

Dass wir mehr Besitz anhäuften, ist ein Grund, warum der Mensch zum Aufräumer wurde. Die Ordnung ist aber noch in einem anderen Zusammenhang wichtig: Je mehr Wissen die Menschen erlangten, je mehr sie von der Welt erforschten und entdeckten, desto stärker ordneten sie. Sie sortierten Tiere und Pflanzen in Gruppen, reihten die chemischen Elemente in einer Tabelle auf und zeichneten Land- und Sternenkarten. So versuchten sie, die große Welt für sich begreifbar zu machen.

Das gilt auch heute noch: Wenn wir ordnen, weisen wir den Dingen einen Platz zu. So können wir sie wiederfinden – und uns zurechtfinden. Wir machen die Welt beherrschbar. Einer ängstlichen Person ist es deshalb oft besonders wichtig, Ordnung zu halten. Das sagen zumindest Wissenschaftler, die sich mit dem Verhalten von Menschen befassen. Die Ordnung gibt uns ein Gefühl von Sicherheit.
Und sie ist natürlich auch praktisch: Die Bücher gehören ins Regal, die Pullis in den Schrank, die Loom-Gummis in die Box. Das erleichtert das Leben ungemein, weil man nämlich immer weiß, wo die Dinge sind. Man muss nicht ständig suchen.

IST WENIGER MEHR?
Wer weniger hat, muss weniger aufräumen. Manche Menschen verzichten ganz bewusst darauf, zu viel anzusammeln. Es gibt Leute, die versuchen, mit möglichst wenig Dingen auszukommen. Ein Mann aus den USA hat sogar alles verkauft, was er hatte, und trägt nun nur noch ein paar Klamotten und sein Handy in einem Rucksack bei sich. Du musst nicht sofort dein ganzes Zimmer ausräumen. Aber du kannst ausprobieren, ein Wochenende lang nur mit zehn Sachen zu spielen. Welche sollen das sein? Vielleicht vermisst du den Rest nach einer Weile. Vielleicht stellst du aber auch fest, dass du gar nicht so viel brauchst.

Kennst du das? Es herrscht Chaos in deinem Zimmer, aber das stört dich überhaupt nicht. Du beschäftigst dich einfach mit etwas anderem.

WOHIN MIT DEM REST? Oft häufen sich viele Sachen an, die man gar nicht mehr mag oder benutzt. Bei solchen Dingen kannst du überlegen: Willst du sie wirklich noch behalten? Oder gibt es Menschen, die mehr Spaß damit haben könnten als du? Wenn du die Sachen auf dem Flohmarkt verkaufst, kannst du dein Taschengeld aufbessern. Oder du veranstaltest eine Tauschparty, bei der deine Freunde ebenfalls Dinge mitbringen, die sie nicht mehr brauchen. Du kannst deine Sachen aber auch spenden und anderen eine Freude damit machen.

Wer gar nicht aufräumt, sitzt irgendwann im Chaos: Man kann den zweiten Schuh nicht finden und muss im Winter mit Sandalen in den Schnee. Man zertrampelt aus Versehen das Lieblings-Modellflugzeug, weil man es auf dem Fußboden nicht mehr gesehen hat. In der Schule will niemand neben einem sitzen, weil gewaschene und dreckige Wäsche wild durcheinanderfliegen und man müffelt.

Okay, diese Beispiele sind etwas übertrieben. Dennoch hat die Ordnung eine gewisse Macht. Wissenschaftler haben mit Experimenten gezeigt, dass ein ordentliches Zimmer unser Verhalten beeinflusst. Sie ließen verschiedene Personen die gleichen Aufgaben lösen, die einen waren dabei in einem blitzeblanken Raum, die anderen in einem unaufgeräumten. Für die Aufgaben gab es später eine Belohnung: einen Apfel oder eine Süßigkeit. Und tatsächlich, diejenigen, die im ordentlichen Zimmer saßen, nahmen das gesunde Obst.

Ist ein bisschen Chaos aber nicht auch mal ganz gut – zum Beispiel weil man darin so schön Höhlen bauen kann? Kann Unordnung hilfreich sein? Auch dazu machten die Forscher einen Versuch. Diesmal sollten die Testpersonen überlegen, wozu man Tischtennisbälle gebrauchen könnte. Und siehe da: In dem unaufgeräumten Zimmer entstanden die besseren Ideen.
Manchmal ist es also richtig gut, nicht immer alles pingelig zu sortieren. Das kannst du deinen Eltern sagen, wenn sie dich zum hundertsten Mal ermahnen, endlich aufzuräumen. Und zuweilen kann es sogar wichtig sein, eine ganz neue Ordnung zu finden. Dafür muss man die alte dann eben erst einmal richtig durcheinanderbringen.

Als Kind liebte ich es, die Möbel in meinem Zimmer zu verrücken. Meistens scheiterte ich irgendwann, weil ich den Schrank allein nicht weit genug bewegen konnte und das Bett verkeilt zwischen Schreibtisch und Schrank mitten im Raum festsaß. Die Möbel, in denen meine Sachen ihren Platz hatten, hatten selbst keinen Platz mehr. Aber ich wies ihnen einen anderen zu. Und, wie ich jedes Mal fand, einen viel besseren.
Ordnen und aufräumen kann ziemlich praktisch sein. Aber eine andere Ordnung schaffen, mal richtig entrümpeln, das ist noch besser: Denn dabei entsteht Platz für ganz viel Neues.

Von Katrin Hörnlein

Wenn mal alles ordentlich ist, hast du jede Menge Platz für neue Spiele und Ideen.

Heute schon gelacht?

»Geht ein Mann in eine Tierhandlung und sagt: ›Ich hätte gern einen Papagei.‹ Fragt der Verkäufer: ›Wollen Sie den roten oder den grünen?‹ – ›Natürlich den roten‹, sagt der Mann. ›Der grüne ist ja noch nicht reif.‹«

Es waren einmal drei Mädchen. Eines Tages fingen sie während des Unterrichts an zu lachen; worüber, ist nicht bekannt, aber sie lachten und lachten und hörten gar nicht mehr auf. Nichts half, weder gutes Zureden noch Schimpfen oder Aus-der-Klasse-Werfen. Immer mehr Kinder lachten mit. Schließlich musste der Unterricht abgebrochen werden. Die Lehrer schickten die Kinder nach Hause, dort lachten sie weiter, und ihre Eltern und Geschwister fingen auch an. In der ganzen Stadt griff das Gelächter um sich, am Ende kicherten, lachten und gluckten mehr als tausend Menschen. Die Geschichte klingt unglaublich, sie ist aber wirklich passiert, und zwar 1962 in Tansania in Afrika. Wochenlang mussten die Schulen dort geschlossen bleiben, die rätselhafte »Lachepidemie« brach immer wieder neu aus und dauerte länger als ein Jahr.

Lachen ist ansteckend wie Gähnen. Das hast du vielleicht schon selbst erlebt. Wenn wir jemanden lachen hören, müssen wir oft mitlachen. Unser Gehirn zwingt uns dazu, man nennt das einen Reflex. Das Interessante ist: Es muss gar kein echtes Lachen sein. Es reicht, dass einer mit einem künstlichen Lachen anfängt: »Hahaha, hihihi, höhöhö« – die Zuhörer finden das komisch und beginnen zu kichern. Bis sie schließlich wirklich lachen müssen. Manche Fernsehserien machen sich das zunutze und spielen Lachen vom Tonband ab. Das soll die Zuschauer anstecken. Und auch in Lachschulen wird das künstliche Lachen benutzt, um die Lachschüler zum Prusten zu bringen.

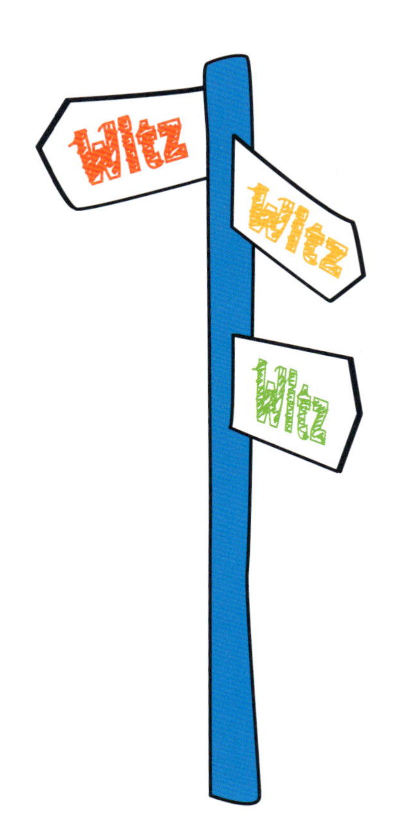

Lachschulen? Ja, die gibt es tatsächlich, weltweit mehr als 6000. Dort treffen sich Erwachsene, um nach einem stressigen Arbeitstag gemeinsam zu lachen. Denn Lachen ist gesund, es baut Stress ab, stärkt die Abwehrkräfte und macht uns glücklich. Wer viel lacht, treibt dabei sogar Sport: 20 Sekunden Lachen sollen auf den Körper so wirken wie drei Minuten Rudern oder Joggen. Demnach müssten Kinder die gesündesten und glücklichsten Menschen von allen sein.

»Lehrer: ›Warum haben Flugzeuge einen Propeller?‹ Fritzchen: ›Damit der Pilot nicht schwitzt.‹ Lehrer: ›Unsinn, das ist völlig falsch.‹ Fritzchen: ›Komisch, ich hab mal gesehen, wie bei einem Flugzeug der Propeller ausgefallen ist. Da hätten Sie mal sehen sollen, wie der Pilot geschwitzt hat!‹«

KANN MAN SICH KAPUTTLACHEN?
Beim Lachen wird der ganze Körper in Bewegung versetzt. Dutzende Muskeln im Gesicht und am Oberkörper spannen sich an. Wenn wir zu lange lachen, fangen die Muskeln irgendwann an zu schmerzen, besonders das Zwerchfell im Bauch. Es gerät beim Lachen in heftige Schwingung, damit genug Luft in unsere Lunge gepumpt wird. Gleichzeitig entspannt sich die Muskulatur des Unterleibs und der Beine. Darum kann es passieren, dass wir uns vor Lachen in die Hose machen. Oder gleich ganz umfallen. Dann haben wir uns tatsächlich »kaputtgelacht« oder eher schlapp gelacht.

Ein britischer Wissenschaftler hat mal gezählt, wie oft Kinder und Erwachsene lachen. Das Ergebnis: Kinder lachen etwa 150-mal am Tag und lächeln 400-mal. Erwachsene dagegen lächeln bloß 15-mal täglich, und ein richtiges Lachen lassen sie nur sechsmal am Tag hören. Die armen Erwachsenen, kein Wunder, dass sie in Lachschulen gehen müssen!

Doch warum und worüber lachen wir überhaupt? Damit beschäftigen sich Gelotologen, so nennt man Lachforscher. Der Begriff stammt von dem griechischen Wort für Lachen: *gélōs*. Rainer Stollmann ist so ein Gelotologe. Er hat untersucht, wo das Lachen eigentlich herkommt. Wer hat es erfunden? Rainer Stollmann sagt, am Anfang sei das Kitzeln gewesen, vor Millionen von Jahren. Wenn eine Steinzeitmutter ihren Säugling mal weglegen wollte, kitzelte sie ihn. Sie sagte dem Baby damit: »Ich habe dich lieb, aber lass mich jetzt mal in Ruhe.« Das Kitzeln erzeugte beim Baby gemischte Gefühle, es wollte zwar eigentlich bei der Mutter bleiben, aber gleichzeitig auch von ihr weg, damit das komische Gefühl auf der Haut aufhörte. Das Kind zappelte und wusste nicht, was es tun sollte, bis plötzlich ein Lachen aus ihm herausplatzte. Und das fühlte sich befreiend an.

Wer gekitzelt wird, lacht. Doch man kann auch andere Stellen kitzeln als nur unsere Körperhaut, glaubt Lachforscher Rainer Stollmann. Wer dummes Zeug redet oder albern ist, kitzelt die Zuhörer an der »Verstandeshaut« – sie müssen lachen, weil sie wissen, dass der Spaßmacher eigentlich klüger ist, als er tut. Wer grobe oder gemeine Witze erzählt, kitzelt an der »Höflichkeitshaut«. Hier ist das Lachen oft verhalten, weil man als Zuhörer weiß, dass man so böse Sachen eigentlich nicht sagt. Kinder sind besonders empfindlich an der »Sprachhaut«, sie können sich kaputtlachen, wenn sich jemand verspricht, ein Name komisch klingt oder zwei Leute aneinander vorbeireden.
Der Bremer Gelotologe Rainer Stollmann ist ebenfalls besonders kitzlig an seiner »Sprachhaut«. Sein Lieblingswitz lautet: »Ein Radfahrer fährt mit lockerem Schutzblech. Ein Passant ruft ihm zu: ›Ihr Schutzblech klappert!‹ Der Radfahrer: ›Was?‹ Passant: ›Ihr Schutzblech klappert!‹ Darauf der Radler: ›Entschuldigung, ich kann nichts verstehen, mein Schutzblech klappert.‹«

Lachen kann sogar eine Art Sprache sein: Du erzählst mir was, ich lache – das heißt, ich finde dich nett. Eine Gruppe von Menschen lacht gemeinsam über einen blöden Witz – damit zeigen sie, dass sie zusammengehören. Ein paar Kinder flüstern und lachen dann – und kränken damit ein anderes Kind, das ausgeschlossen ist. Kein Wort wird laut gesagt, nur gelacht, trotzdem versteht jeder die Lachsprache.
Die Berliner Psychologin Marion Bönsch-Kauke hat acht Jahre lang Schulkinder in ihren Klassen beobachtet. Sie hat gestaunt, wie viel in der Schule gelacht wird. Die Wissenschaftlerin glaubt, dass Kinder beim Lachen ihre

KÖNNEN TIERE LACHEN?
Manche Tiere machen Geräusche, die an Gelächter erinnern. Etwa Hyänen oder Lachmöwen. Sie »lachen« allerdings in Situationen, die alles andere als lustig sind. Tüpfelhyänen etwa »lachen«, wenn sie sich darüber ärgern, dass ihnen Löwen die Beute wegfressen. Lachmöwen hingegen »lachen« im Chor, um anderen Tieren Angst zu machen. Menschenaffen wie Schimpansen können wirklich lachen. Bei ihnen klingt es zwar eher wie ein Hecheln, aber sie tun es in lustigen Situationen. Etwa wenn sie sich gegenseitig kitzeln. Genauso ist es bei Ratten. Sie machen dabei Zirpgeräusche in einer Tonhöhe, die wir Menschen nicht hören können.

»Trifft ein dickes Pferd ein dünnes. Sagt das dicke: ›Man könnte meinen, es wäre eine Hungersnot ausgebrochen.‹ Sagt das dünne: ›Und man könnte meinen, du wärst schuld daran.‹«

Position in der Klasse behaupten. Einer lacht wenig, ist immer vernünftig und ernst – der wird dann vielleicht Klassensprecher. Ein Kind hat gemerkt, dass man interessant für andere wird, wenn man witzig ist – dieses Kind wird zum Klassenclown. Die blödeste Rolle haben Kinder, die lustig sein wollen, über deren Witze aber niemand lacht. Sie werden höchstens ausgelacht.

Und dann gibt es noch Kinder, die beides sind: vernünftig und witzig. Die Psychologin nennt solche Kinder »Veränderer«. Sie setzen ihren Humor ein, um zum Beispiel eine Lehrerin herauszufordern, die ungerecht ist. Wenn sie in der Klasse einen Test austeilt, sagt der Veränderer etwa: »Ach, Frau Meier, ich brauche den Test gar nicht auszufüllen, Sie geben mir doch sowieso immer eine Vier.« Wenn die Mitschüler dann lachen, hat Frau Meier ein bisschen von ihrer Macht verloren.

»Susi kommt schon wieder zu spät in die Schule. Der Lehrer fragt sie wütend: ›Hast du denn keinen Wecker?‹ – ›Doch, aber der läutet immer schon, wenn ich noch schlafe!‹«

Hofnarr, so hieß im Mittelalter der Veränderer. Das war ein verkleideter Witzbold, der als Einziger dem König die Wahrheit ins Gesicht sagen durfte, allerdings als Witz verpackt. Allen anderen Untertanen war das verboten. Noch heute ist es in Marokko nicht erlaubt, Witze über den König zu machen. Und in China gibt es Ärger, wenn man die Nationalflagge verspottet. Doch warum finden manche Herrscher das Lachen so gefährlich, dass sie es am liebsten ins Gefängnis sperren würden? Ganz einfach: Lachen verbindet die Menschen. Wenn sie zusammen über ihren Herrscher lachen, kommen sie vielleicht auf Ideen wie diese: Wie wäre es, wenn es diesen schlechten Herrscher einfach nicht mehr gäbe?

Das Schönste am Lachen ist, dass wir es nicht unterdrücken können. Wenn wir einmal loslachen, kann man uns so schnell nicht mehr stoppen – egal wie sehr man es uns verbieten will. Wer lacht, hat Macht.

Von Burkhard Straßmann

DAS BIST DU

Streng geheim ...

Oh, hallo! Du liest auch diese Zeilen? Dann herzlich willkommen im Club der Geheimnisträger. Na, fühlst du dich eingeweiht und auserwählt? Du kannst ja auch stolz sein – immerhin hast du diesen Trick durchschaut und dir einen Spiegel besorgt. Und jetzt?, fragst du. Erst mal still verhalten! Lauschen, unauffällig bleiben, abwarten ...

Mit Geheimnissen ist das so eine Sache: Man darf sie nicht verraten, sonst sind sie ja nicht mehr geheim ... Na prima, dann könnte dieser Text hier eigentlich auch schon wieder enden. Denn Geheimnisse sind scheue und schreckhafte Wesen.

Also andersrum: Was machen Geheimnisse mit uns? Warum sind sie so faszinierend? Sie ziehen uns an, machen uns neugierig, hibbelig. Mancher bettelt sogar, nur um eins zu erfahren. Du bist drin oder du bist draußen, sagt das Geheimnis. Und natürlich wollen wir drin sein. Wer Geheimnisse kennt, der ist ein bisschen wie ein Auserwählter. Etwas Besonderes.

»Es gibt kein Geheimnis, das die Zeit nicht enthüllt«, hat der Dichter Racine vor mehr als 300 Jahren geschrieben. Anders ausgedrückt: Früher oder später kommt alles raus. Aber ist das wirklich so? Klar, die Geheimnisse, von denen wir wissen, wurden enthüllt, sonst wüssten wir ja nichts von ihnen. Aber sind da nicht noch Hunderte, Tausende, Millionen andere? Nur wo?

Die Vorstellung, dass wir alle von Geheimnissen umgeben sind, kann einen ganz schwindelig machen. Damit ein Geheimnis uns so anziehen kann, muss es sich allerdings erst mal ein bisschen zu erkennen geben. Schau, hier bin ich, aber du kriegst mich nicht, sagt das Geheimnis. Und natürlich wollen wir es dann unbedingt erwischen.

Stell dir vor, es liegt ein Brief an deinen Nachbarn vor deiner Tür. Ein grauer, ordentlich beschrifteter Umschlag. Der Absender hat einen normalen Namen: »N. Geisheim« steht da und darunter eine Adresse in irgendeiner Stadt in Deutschland. Würdest du diesen Brief lesen wollen?

Aber was wäre, wenn auf dem Brief »Streng geheim!« stünde und als Absender

Was für ein Quatsch! Wer schreibt denn bitte »Streng geheim!« auf einen Brief, der wirklich geheim ist? Wer etwas geheim halten will, der legt doch nicht eine solche Fährte. Das wahre Geheimnis ist sicher in dem Brief versteckt, der ganz unauffällig aussieht. So würden es jedenfalls echte Geheimniskrämer wie wir tun. Aber da bist du sicher schon selbst draufgekommen. Andererseits ... wenn man davon ausgeht, dass einigermaßen clevere Menschen das durchschauen ... wäre das Geheimnis vielleicht doch gut in dem auffälligen Umschlag aufgehoben?

»007«? Würdest du versuchen, den Brief zu öffnen? Würdest du vielleicht sogar den Klebestreifen über Wasserdampf erwärmen, um an den Inhalt zu kommen? Und wenn du ein vermeintlich leeres Blatt, das ganz schwach nach Zitrone duftet, herausziehen würdest, kämst du auf die Idee, es zu bügeln, weil die geheime Botschaft sicher mit unsichtbarer Tinte verfasst wäre?
Wahnsinn, wie schnell sich die wildesten Bilder in unsere Köpfe schleichen, sobald wir »geheim« lesen, hören oder auch nur denken. Das kann einen solchen Sog entfalten, dass Menschen sogar Dinge tun, die sie eigentlich verabscheuen, nur um ein Geheimnis zu erfahren.

Kannst du ein Geheimnis bewahren? Manchmal ist das schwierig, oder?

Umgekehrt gibt es nichts Schwierigeres, als ein Geheimnis zu bewahren. Alle würden dich um mich beneiden, und doch darfst du niemandem von mir erzählen, sagt das Geheimnis. Aber etwas für sich zu behalten kann einen richtig plagen. Und – o nein! – wie schnell hat man sich verplappert!

Denn das Verdrehte an Geheimnissen ist, dass man sie nicht erzählen darf, dass sie aber nur Spaß machen, wenn man sie teilen kann. Hat man allein ein Geheimnis, kann das ziemlich einsam machen. Wir brauchen Mitwisser, um ein gutes Geheimnisgefühl zu haben. Dann erst wird ein Geheimnis zu etwas Schönem, Besonderem, Wertvollem. Zum Beispiel die Stelle am Fluss, an der man, von herabhängenden Ästen versteckt, im Schatten liegen kann, während die Füße im gluckernden Wasser baumeln. Wenn du so einen Ort kennst, willst du ihn nur mit der engsten Freundin teilen. Da soll doch nicht deine ganze Klasse rumturnen. Oder das Rezept für die weltbeste Zitronenlimonade, die so sauer ist, dass sich dein Zahnfleisch zusammenzieht und es auf deiner Zunge prickelt. Deine Uroma hat die Zutaten an deine Oma weitergegeben, die an deinen Papa und der an dich. Das verrätst du vielleicht – ganz vielleicht – deinem besten Freund. Aber das sollen doch nicht alle wissen! Eher hütest du es wie einen Schatz.

Ich gehe andere nichts an, sagt das Geheimnis. Aber wie ist das mit Verbrechern? Die haben auch Geheimnisse. Die Diebin vertuscht ihre Tat, der Mörder versteckt sich im Dunkeln. Gibt es also auch schlechte Geheimnisse? Und muss man denen nicht auf die Spur kommen? Zweimal ja! Geheimnisse, die anderen schaden, sollten nicht geheim bleiben. Jemanden zu schützen ist immer wichtiger, als ein Geheimnis zu bewahren. Deshalb gibt es Detektive, Spione und Polizisten. Sie sind sozusagen professionelle Geheimnislüfter.
Trotzdem: Eine Welt ganz ohne Geheimnisse wäre eine fürchterliche Welt! In einer Welt, in der jeder alles über jeden weiß, gäbe es nichts zu entdecken, zu enträtseln, herauszufinden. Es gäbe kein wunderbares Eingeweihtsein. Wenn jeder immer alles über jeden wüsste, dann könnte man seine Geheimnisse ja gleich in der Zeitung abdrucken.

Von Nirtak Nielnröh und Naitsirhc Saats

Ha! Genau das haben wir ja getan. Ein Geheimnis haben wir gedruckt. Ein bisschen getarnt haben wir es. Denk noch mal an die beiden Umschläge. In welchem versteckt sich nun das Geheimnis? Es gibt einen ganz deutlichen Hinweis. Na, weißt du die Lösung?

5. KAPITEL

Niños & Çocuklar

- Englisch: children
gesprochen: tschildren
- Russisch: дети
gesprochen: djeti
- Spanisch: Niños
gesprochen: ninjos
- Türkisch: Çocuklar
gesprochen: djodschuklar
- Arabisch: أطفال
gesprochen: atfal
- Chinesisch: 儿童
gesprochen: ér tóng
- Hindi: बच्च
gesprochen: badschee

Das Kindergesetz

Du hast ein Recht darauf, zu spielen und zur Schule zu gehen. Erwachsene müssen sich um dich kümmern, dich vor Krieg und Gewalt schützen. Das gilt für jedes Kind auf der Welt. So steht es in einer Art Grundgesetz für Kinder, das es seit 1989 gibt. Diese sogenannte Kinderrechtskonvention stammt von den Vereinten Nationen. Fast alle Länder haben zugestimmt, sich daran zu halten. In Deutschland gilt sie seit 2010 komplett.

Arbeiten statt Lernen

Lesen lernen, Flöte spielen oder im Fußballverein kicken – all das gehört längst nicht für alle Kinder zu ihrem Alltag. In vielen Regionen der Welt müssen Kinder arbeiten, und zwar oft mehr Stunden pro Woche, als du Unterricht hast. So geht es zum Beispiel jedem zweiten oder dritten Kind in Nepal in Asien, Peru in Südamerika oder Somalia in Afrika. Diese Kinder verdienen etwas Geld für ihre Familie, für die Schule bleibt ihnen meist keine Zeit.

Un-Frieden

230 Millionen Kinder auf der Welt leben im Krieg oder in Gegenden, wo dauernd mit Waffen gekämpft wird. In manchen Ländern werden sogar Kinder gezwungen mitzukämpfen. Etwa 250.000 solcher Kindersoldaten gibt es auf der Welt.

Mach mit!

Küsschen, Handschlag, Klatschen, Verbeugung – wie würdest du ein total fremdes Kind begrüßen, wenn du keine Ahnung hättest, aus welchem Land es kommt?

KINDER DER WELT

AUS RUSSLAND, PERU & ISRAEL

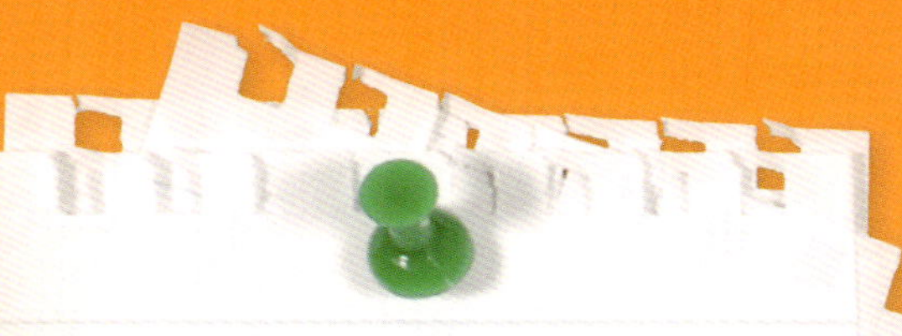

Menschenskinder!

Etwa 1.915.808.000 Kinder (Mädchen und Jungen im Alter von 0 bis 14 Jahren) Kinder gibt es auf der Erde. Mehr als die Hälfte lebt in Asien. Den Länderrekord hält Indien: Dort wohnen 377 Millionen Kinder. Einige Länder sind extrem kinderreich – zum Beispiel Uganda, Angola oder Tansania in Afrika. Dort leben genauso viele Kinder wie Erwachsene. Deutschland gehört zu den kinderärmsten Ländern der Welt. Hier ist nur jeder achte Mensch ein Kind.

Heute & gestern

In der Vergangenheit war es auch bei uns nicht üblich, dass Kinder gut behütet wurden oder besondere Rechte hatten. Im Gegenteil. Lange Zeit sahen Erwachsene sie eher als unfertige Menschen an, die weniger wert waren und die sie nach ihrem Willen formen konnten. Über viele Hundert Jahre mussten auch in Europa die meisten Kinder mit arbeiten, sobald sie genug Kraft hatten. Im Mittelalter galten Kinder ab sieben Jahren als kleine Erwachsene. Erst vor 250 Jahren überlegten sich einige Leute, dass Kinder besonders beschützt werden müssen. Leisten konnten sich das aber erst einmal nur die reichsten Familien.

Kahar ist zehn Jahre alt. Er lebt mit seinen neun Geschwistern und seinen Eltern in einem Haus aus Lehm und Stroh.

»Ich wünsche mir, dass der Krieg aufhört!«

Man erkennt Kahar schon von weitem: Im Sommer trägt er ein hellblaues langärmeliges Hemd, im Winter einen Pullover mit einem orangen Querstreifen und eine Mütze, auf der in großen Buchstaben SMILE steht. Das ist englisch und heißt »lächeln«. Kahar ist zehn Jahre alt und lebt in Kabul, der Hauptstadt von Afghanistan. Vor einem Jahr konnte man den Jungen fast jeden Nachmittag auf der Straße treffen. Er saß auf dem Gehsteig und verkaufte Messer an Fußgänger.

Dass Kahar immer das Gleiche anzieht, liegt nicht daran, dass es sein Lieblingspulli und seine Lieblingsmütze sind. Es ist seine einzige Kleidung. Kahars Familie ist arm, und er hat neun Geschwister. Deshalb arbeitete Kahar auf der Straße. An guten Tagen verdiente er mit seinen Messern umgerechnet zwei oder drei Euro – davon konnte seine Familie Brot, Reis und Öl für einen Tag kaufen. An schlechten Tagen verdiente Kahar nichts.

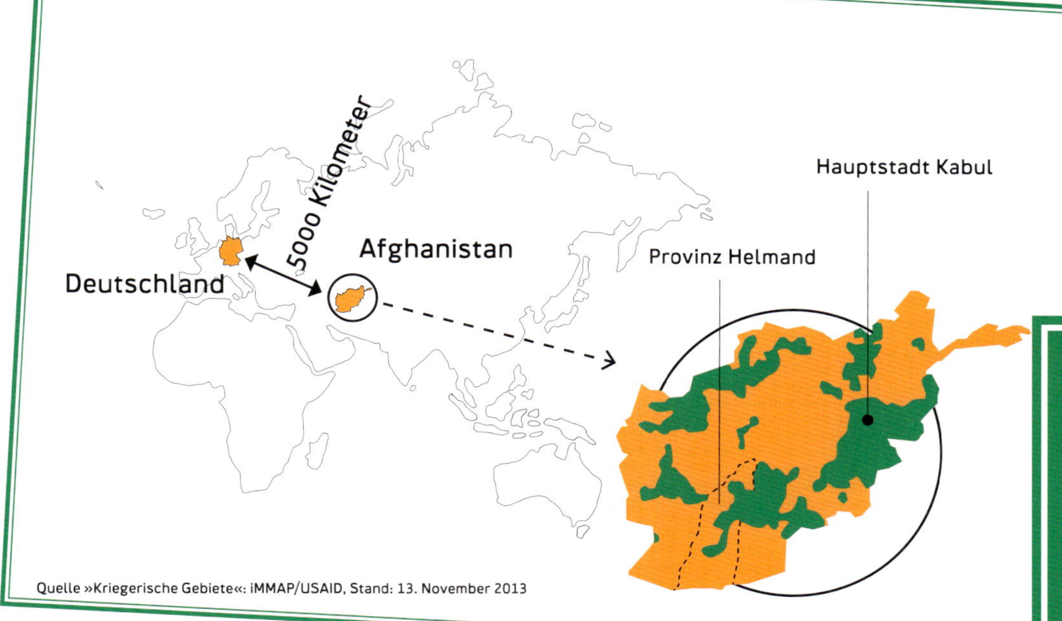

● Kriegerische Gebiete: Dort wurden 2013 besonders viele Menschen getötet oder verletzt.

Er war ein stiller Händler, nicht so wie die Jungs mit den Telefonkarten, die laut schreiend ihre Waren anpreisen, oder die Eisverkäufer, die mit einem Lautsprecher Happy Birthday spielen, damit jeder hört, dass sie da sind. Kahar saß einfach nur da und wartete, bis die Kunden zu ihm kamen. »Das klappt am besten«, sagte er.
Vor allem im Sommer konnte er gut verdienen. Dann, wenn es heiß ist und auf den verstopften Straßen Obsthändler mit ihren Holzkarren bergeweise Wassermelonen zwischen Autos, Fahrrädern und Eseln hindurchschieben. Denn natürlich kann man eine Wassermelone nicht ohne Messer essen. Erst recht nicht in dieser Stadt, in der die Melonen mindestens doppelt so groß sind wie in Deutschland.

In Kabul sieht man viele Kinder, die auf der Straße arbeiten. Die Regierung sagt, es sind mehr als 60.000. Manche werden von ihren Eltern geschickt, manche haben keine Eltern mehr – denn in Afghanistan herrscht seit 35 Jahren Krieg. Auch Kahars Freunde arbeiten auf der Straße. Einer verkauft Kaugummis und will Polizist werden. Ein anderer putzt Schuhe und träumt von einer Karriere als Pilot. Kahar will Lehrer werden – »denn einem Lehrer hören alle zu«.

Wegen des Kriegs kann Kahars Familie nicht mehr da wohnen, wo sie eigentlich herkommt: in Helmand, einem Gebiet im Süden Afghanistans. Kahars Vater ist vor 25 Jahren mit seiner Familie vor dem Krieg dort geflohen. Zuerst ins Nachbarland Pakistan, später in die Türkei. Doch die Familie wurde wieder weggeschickt, und jetzt lebt sie in einem Flüchtlingslager am Rande von Kabul.
Die Häuser dort sind aus Lehm und Stroh gebaut, dazwischen liegen verwinkelte Gassen. An einer Kreuzung spielen Kinder in einem riesigen Müllberg, an einer anderen holen sie mit der Pumpe Wasser aus einem Brunnen.

UMKÄMPFTES LAND

In Afghanistan herrschte in den letzten 35 Jahren immer Krieg, und es gab verschiedene Herrscher. Vor knapp 20 Jahren kamen die Taliban an die Macht. Sie stellten strenge Regeln auf und unterdrückten die Menschen. 2001 haben Amerika, Großbritannien, Deutschland und 40 weitere Staaten Soldaten nach Afghanistan geschickt, um die Taliban zu vertreiben. Seitdem geht es zwar vielen Menschen besser, aber ganz besiegt wurden die Taliban nie. Heute kämpfen sie gegen die neue afghanische Regierung und gegen die ausländischen Truppen. Die meisten Soldaten haben im Dezember 2014 das Land verlassen. Aber der Krieg ist deshalb nicht vorbei. Viele Afghanen fürchten sogar, dass er danach noch schlimmer werden könnte.

Auf den Straßen arbeiten und betteln viele Kinder. Der Junge rechts verkauft Hefte.

Auch in Pakistan und der Türkei hat Kahar in einem Flüchtlingscamp gelebt. Von Helmand, der alten Heimat seiner Familie, weiß er nur das, was sein Vater ihm erzählt hat: »Dass die Landschaft schön ist, aber dass ständig gekämpft wird. Dass mein Großvater dort im Krieg gestorben ist. Und dass mein Vater, wenn er zurückwollte, ein Gewehr bräuchte, um uns zu beschützen.«

Gefährlich war es für Kahar aber auch in Kabul. Nicht weil er Messer verkaufte, sondern weil er dafür auf der Straße saß. Wegen des Krieges gibt es in Kabul oft Selbstmordanschläge. So nennt man es, wenn sich jemand selbst in die Luft sprengt, um andere Menschen zu töten. »Wenn ich mir eine Sache wünschen dürfte«, sagt Kahar, »dann, dass der Krieg in Afghanistan aufhört.«

Kahar hatte Angst vor den Männern, die sich und andere umbringen. Aber er wollte auch Geld für seine Familie verdienen. Bis zu einem Nachmittag im November.
Ganz in der Nähe des Flüchtlingslagers sprengt ein Mann sich und sein Auto in die Luft. Zwei von Kahars Klassenkameraden, Haschim und Sukom, sterben. Sie sind acht und neun Jahre alt und zum Schuheputzen auf der Straße, als die Explosion sie trifft.
Kahar weint, als ihm die Nachbarn sagen, dass seine Freunde gestorben sind. Und er weint auch noch drei Tage später. »Ich konnte es erst gar nicht glauben«, erzählt er, »wir haben immer zusammen Verstecken gespielt. Haschim hat sich nie an die Regeln gehalten, er hat immer gemogelt. Ich mochte ihn so gern.«

In den Wochen danach muss Kahar oft an den Anschlag denken – weil er seine Freunde vermisst und weil er Angst hat, dass ihm selbst so etwas passieren könnte. Irgendwann nimmt er seinen Mut zusammen und geht zu seinem Vater. »Ich hab Angst vor dem ›Bumm‹«, sagt Kahar. Und: »Ich will nicht mehr auf der Straße arbeiten.« Sein Vater ist einverstanden, auch wenn das heißt, dass die Familie nun mit weniger Geld auskommen muss.

Kabul ist dir größte Stadt in Afghanistan. Sie liegt inmitten von Bergen auf einer Höhe von etwa 1800 Metern.

Jetzt ist Kahar öfter zu Hause im Flüchtlingscamp statt auf den Straßen Kabuls. Er spielt Fußball mit seinen Freunden. Oder Verstecken. Dabei verkriecht er sich am liebsten unter einem Haufen Decken im Schlafzimmer. Auf die Straße geht er natürlich immer noch, aber nicht mehr jeden Tag, eher zu besonderen Anlässen. Zum Beispiel, wenn er in den Zoo will, um sein Lieblingstier zu besuchen: den Löwen Marjan. Wenn Kahar vor dem Käfig steht, erkennt man ihn schon von weitem. Obwohl Kahar jetzt ein anderes Leben hat – das hellblaue Hemd ist geblieben.

Von Ronja von Wurmb-Seibel

Ich bin einfach Malala!

Sie fordert, dass Kinder in Pakistan zur Schule gehen dürfen, und bezahlt dafür fast mit dem Leben. 2014 erhielt die mutige Malala den Friedensnobelpreis.

Mitten im Chemieunterricht erfährt sie die große Neuigkeit. Am Freitag, den 10. Oktober 2014, gegen Viertel nach zehn, eilt eine Lehrerin ins Klassenzimmer und verkündet, dass eine der Schülerinnen im Raum den Friedensnobelpreis bekommen wird. Einen der bedeutendsten Preise der Welt. Noch nie hat ein so junger Mensch diese wichtige Auszeichnung erhalten!
Alle blicken zu einem Mädchen, das ein Tuch locker über die Haare gelegt hat und das noch nicht sehr lange auf diese Schule geht. Das zwar die Sprache gut spricht, aber doch fremd klingt.

Das Mädchen heißt Malala Yousafzai, ist 17 Jahre alt und hat schon Reden vor großen Politikern gehalten. Doch jetzt im Klassenraum kann sie die Neuigkeit zunächst nicht glauben. Sie soll den Friedensnobelpreis erhalten?
Die Mitschülerinnen und die Lehrerinnen beglückwünschen sie – und was

Malala lebt mit ihren Eltern und ihren beiden Brüdern in England.

MALALA YOUSAFZAI kommt am 12. Juli 1997 in Pakistan zur Welt. Als in ihrer Heimat die brutalen Taliban die Macht übernehmen, wehrt sie sich gegen die Unterdrückung. Am 9. Oktober 2012 stirbt sie beinahe, als ein Talibankämpfer ihr in den Kopf schießt. Heute lebt Malala mit ihrer Familie in Birmingham in Großbritannien. Später möchte sie Politikerin werden. Ihr Lieblingsfach in der Schule ist Physik, ihre Lieblingsfarbe Rosa. Malala liebt Pizza, mag aber keine Bonbons.

tut Malala? Sie beschließt, erst mal zum Physikunterricht und danach in die Englischstunde zu gehen. Als sei es ein ganz normaler Schultag und sie ein ganz normales Mädchen.

»Ich bin einfach Malala«, das sagt sie auch, als ZEIT LEO sie im Herbst in New York trifft. Sie hat gerade ein zweites Buch mit ihrer Lebensgeschichte geschrieben, diesmal eins für Kinder und Jugendliche. Sie weiß, dass sie berühmt ist. Stars wie Justin Bieber rufen sie an, sie gibt Interviews, reist in viele Länder. Gleichzeitig sagt sie: »Ich bin nur ein Mädchen und nicht sehr besonders.«

Die Welt kennt sie als das Mädchen, das 2012 von Terroristen niedergeschossen wurde. Malala ärgert das. Sie wäre lieber für etwas anderes bekannt. »Ich wurde nicht grundlos angegriffen, sondern weil ich für Bildung und für die Rechte von Mädchen gekämpft habe«, sagt sie. »Die Taliban haben mich bedroht, weil sie wollten, dass ich verstumme.« Aber sie brachten dieses Mädchen nicht zum Schweigen.

Malala wurde in Pakistan geboren und wuchs dort im Swat-Tal auf, dem für sie schönsten Ort der Welt. Doch als sie zehn Jahre alt ist, übernehmen die Taliban, eine religiöse Gruppe, die Macht im Tal. Sie unterdrücken die Menschen, vor allem Mädchen und Frauen, sie foltern ihre Gegner und sprengen Schulen in die Luft.
Mit elf Jahren erzählt Malala in einem Internet-Tagebuch von ihrem Leben. Sie gibt Interviews, in denen sie das Unrecht der Taliban anprangert. Sie kämpft dafür, dass Kinder zur Schule gehen dürfen. Und bezahlt dafür fast mit dem Leben.

Am 9. Oktober 2012, Malala ist 15 Jahre alt, stoppen Taliban ihren Schulbus, und ein Kämpfer schießt ihr in den Kopf. Sie wird nach Großbritannien geflogen, dort in einem Krankenhaus behandelt – und überlebt. Ihre Geschichte geht um die Welt, und überall sind die Menschen schockiert. Malala selbst aber setzt sich nun erst recht für den Frieden und für die Rechte von Kindern ein. »Ich bin das beste Beispiel dafür, dass auch Kinder etwas erreichen können«, sagt sie und fordert von jedem Mädchen und jedem Jungen: »Warte nicht, bis dir jemand hilft. Es könnte zu spät sein. Tu selbst etwas!«

Der Friedensnobelpreis, den sie am 10. Dezember 2014 in Oslo in Norwegen entgegennahm, war für Malala nicht nur eine Auszeichnung für das, was sie bisher getan hatte. Sie verstand es als Ansporn, noch mehr für die Rechte der Kinder zu kämpfen. »Es geht ja nicht nur um mein Leben«, sagte sie. »Ich spreche für all die, deren Stimme nicht gehört wird.«
Wichtig ist Malala auch, dass sie selbst eine gute Ausbildung bekommt. Sie träumt davon, eines Tages in ihre Heimat zurückzukehren und dort Premierministerin zu werden. »Als Ärztin kann ich nur einzelnen Menschen helfen, als Staatschefin mein ganzes Land heilen«, sagt sie.

Dafür arbeitet sie hart. In Pakistan war sie fast immer Klassenbeste. Nach dem Anschlag hat sie viel Unterricht verpasst und musste sich in Birmingham erst in der neuen Schule zurechtfinden. An Schultagen gibt sie keine Interviews, reist nicht um die Welt, hält keine Reden. Da lernt sie – und streitet sich mit ihren beiden jüngeren Brüdern. Wie ein ganz normales Mädchen.

Von Katrin Hörnlein

2013 empfing die englische Königin Elizabeth Malala im Buckingham-Palast in London.

Eishockey ist Daniils Lieblingssport. Er spielt, wann immer er kann, egal wie kalt es ist.

Im Land der »Witsche«

RUSSISCHE NAMEN
Russische Jungen tragen zwischen ihrem Vornamen und dem Nachnamen einen Vatersnamen. Das ist der Vornamen des Vaters mit der Endung »-witsch«. Das bedeutet »Sohn von«.

Daniils Atem dampft in der Luft, als er auf der kleinen Eisfläche neben dem Sportplatz seine Schlittschuhe anzieht. Es sind fast minus 15 Grad Celsius in der Kleinstadt Dedowsk, in der Nähe von Russlands Hauptstadt Moskau. Daniil und seine Freunde gehen trotzdem Eishockey spielen. Das ist ihre Lieblingssportart – so wie die von sehr vielen Russen. Der 13-Jährige findet es auch »gar nicht soo kalt«. Er weiß, wie man sich warm anzieht, denn an manchen Wintertagen ist es hier noch viel kälter. In der Schule gibt es manchmal kältefrei, aber erst bei minus 30 Grad. Im Winter haben Daniil und seine Freunde Langlauf als Schulfach, erzählt er, leider kein Eishockey. Deshalb spielt er es nach der Schule.

»Sotschi« steht auf den Schnallen von Daniils Schlittschuhen, es sind die offiziellen Olympia-Schlittschuhe. Denn in Sotschi, einer mehr als 1000 Kilometer von Moskau entfernten Stadt, trafen sich 2014 die besten Sportler aus aller Welt zu den Olympischen Winterspielen. Daniil hatte sich gewünscht, dass die russische Eishockeymannschaft dort die Goldmedaille gewinnt, aber das hat leider nicht geklappt. Die ging an das kanadische Team.

Die Eisfläche, auf der er selbst spielt, liegt ganz in der Nähe von Daniils Wohnung. Überall in der Stadt werden im Winter geeignete Flächen mit Wasser geflutet. Sobald es gefroren ist, kann man Schlittschuh laufen.
Von außen ist das Haus, in dem Daniil mit seinen Eltern und seinen beiden Geschwistern wohnt, überhaupt nicht schön, ein grauer Klotz mit zehn Stockwerken. Wohin man schaut, stehen hier solche Hochhäuser. Die meisten der rund 35.000 Einwohner von Dedowsk leben in den grauen Klötzen.
Die Wohnung von Daniils Familie liegt im vierten Stock. Das Treppenhaus ist dreckig, weil dort niemand putzt. Aber in der Wohnung ist alles sehr sauber und gemütlich. Am Eingang bekommt jeder Besucher Hausschuhe. Es ist in Russland unhöflich, mit Schuhen eine Wohnung zu betreten. Bei dem vielen Schnee, der im Winter draußen liegt, wäre der Boden in der Wohnung auch sofort klatschnass und dreckig, wenn jeder einfach mit Schuhen hereinkäme.

Die Hauptstadt Moskau ist riesig, fast 15 Millionen Menschen leben dort – in Deutschlands größter Stadt Berlin sind es nur 3,5 Millionen. Mit der Elektritschka, einer Straßenbahn, dauert die Fahrt von Dedowsk dorthin 25 Minuten. Seit einem Jahr darf Daniil mit seinen Freunden allein mit der Elektritschka nach Moskau fahren, um ins Kino zu gehen. In Dedowsk gibt es keins. Sobald Daniil in Moskau angekommen ist, muss er seine Eltern anrufen, damit sie wissen, dass alles gut gegangen ist.

Daniils Eltern sind im Süden von Russland aufgewachsen und vor 14 Jahren nach Dedowsk gezogen, da war Daniil noch nicht geboren. Sie wollten in der Nähe von Moskau wohnen, weil die Menschen dort mehr Geld verdienen und es auch mehr Arbeit gibt als im Rest des Landes. In vielen Dörfern und kleinen Städten in Russland sind die Menschen sehr arm und leben sehr einfach. Einige haben zum Beispiel keine Toilette, sondern nur ein Plumpsklo im Hof. So zu leben, kann Daniil sich nicht vorstellen. Bei ihm zu Hause gibt es ein ganz normales Bad mit Toilette. Seine Eltern sind nicht reich, aber sie kommen gut zurecht. Der Vater fährt ein schönes Auto, und im Wohnzimmer steht ein riesiger Fernseher. Die Wohnung gehört der Familie, sie hat drei Zimmer, eine Küche und das Bad. Auch die Oma wohnt hier, sie passt oft auf Daniil und seine Geschwister auf. Der Bruder Matwei ist sechs Jahre alt, die Schwester Taisja erst acht Monate.

RUSSLAND
Russland ist ist das größte Land der Erde. Es ist etwa 40-mal größer als Deutschland. Ein Teil Russlands gehört zu Europa, der größere Teil zu Asien.

Daniil teilt sich sein Zimmer mit seinem Bruder, aber das störe ihn nicht, sagt er. Auf der Tapete an der Wand sind kleine blaue Segelboote, ein großer Plüschbär sitzt auf einem Sofa. »Der gehört Mama«, erklärt Daniil schnell. Daniils Gitarre lehnt in der Zimmerecke, seit zwei Jahren hat er zweimal in der Woche Unterricht. In einer anderen Ecke steht ein Computer. Manchmal spielen Daniil und Matwei zusammen, aber meist guckt sein Bruder zu.
Neuerdings darf Daniil nur noch am Wochenende am Computer spielen, vor-

her muss er seine Eltern um Erlaubnis bitten. Er hat ein paar schlechte Zensuren bekommen. Verstecken konnte er die nicht, seine Eltern können seine Noten im Internet nachschauen.
Die beste Note in russischen Schulen ist eine Fünf und die schlechteste eine Eins. Daniil lacht, als er hört, dass in Deutschland eine Eins die beste Note ist. Eine Zwei, das wäre in Deutschland wie eine Fünf, hatte Daniil noch nie, aber ein paar Dreien. Darüber waren seine Eltern nicht glücklich. Gute Noten seien wichtig, sagen sie. Zweimal in der Woche bekommt Daniil nun Extra-Unterricht in Physik und Mathe.

In der Schule trägt Daniil einen blauen Anzug und ein weißes Hemd. Die Eltern aller Kinder haben sich diese Uniform am Jahresanfang ausgesucht. Als er jünger war, hat Daniil noch einen Schlips dazu getragen. »Das machen nur die Kleinen«, sagt er. Sein Bruder Matwei trägt noch gern Schlips.
Daniil – das klingt fast wie der deutsche Name Daniel, aber eben mit einem langen »i«. Seine Eltern und seine Freunde rufen ihn »Danja«, das ist eine Koseform. Von fast jedem russischen Namen gibt es eine solche Abkürzung. Wenn Daniil in der Schule an die Tafel gerufen wird, benutzen die Lehrer aber nicht seinen Vornamen wie bei uns. Sie rufen ihn beim Nachnamen: »Samsonow ist dran.« Zu seinen Lehrern sagt Daniil nicht Frau Harms oder Herr Meyer, sondern er nennt sie bei ihrem Vornamen und dem Vatersnamen. Das ist eine Art Mittelname, der aus dem Vornamen des Vaters und meist der Endung -witsch besteht. Daniil hat auch einen Vatersnamen – der lautet Wiktorowitsch, denn sein Vater heißt Wiktor. Wenn Daniil erwachsen ist, werden alle, die ihn nicht so gut kennen, Daniil Wiktorowitsch zu ihm sagen. Aber erst einmal ist er noch Danja aus Dedowsk.

Von Mareike Aden

Daniil spielt gern Gitarre – und Eishockey, so wie viele russische Kinder.

Freunde oder Feinde?

In den Nachrichten wird oft berichtet, dass Israelis und Palästinenser einander bekämpfen. Aber an der Hagar-Schule lernen und spielen alle Kinder gemeinsam, egal ob Israeli oder Palästinenser.

In der Hagar-Schule geht es zu wie in jeder anderen Grundschule. Auf dem Hof spielen Kinder Fußball. Auf einer Bank sitzen zwei Lehrerinnen und schauen zu. Gerade ist Wasim am Ball, er schießt, hat aber nicht gut gezielt. Der Ball kullert auf die Wiese. Wasims Schulfreundin Shira mag Fußball nicht. Deshalb sitzt sie lieber in der Bibliothek und liest dort mit ihren Freundinnen.
Klingt ganz normal? Ja, und trotzdem ist die Hagar-Schule alles andere als das. Denn Shira und Wasim leben in Israel, einem Land, um das sich seit mehr als 60 Jahren zwei Völker streiten: Israelis und Palästinenser. Die Mehrheit der Israelis gehört zum Judentum. Die meisten Palästinenser gehören zum Islam. Man nennt sie Muslime. Shira ist zehn Jahre alt, Israelin und Jüdin. Wasim ist ein Jahr jünger. Er ist Palästinenser und ein Muslim.

Im Gazastreifen, im Westjordanland und im Ostteil der Stadt Jerusalem leben hauptsächlich Palästinenser.

Dass israelische und palästinensische Kinder gemeinsam lernen, ist in Israel nicht selbstverständlich. Normalerweise gehen sie auf getrennte Schulen. Palästinenser sehen in Israel ihre Heimat. Israelis aber auch. Beide wollen das Land für sich. Weil sie sich nicht einigen, bekämpfen sie einander sogar. Dann fallen Raketen auf die israelischen und palästinensischen Gebiete, in Städten

Nicht jeder findet die Idee der Schule gut. Ein Wachmann passt deshalb auf Schüler und Lehrer auf.

ISRAELIS UND PALÄSTINENSER
Israelis heißen die Einwohner Israels, die einen Pass des Landes haben. Die meisten Israelis sind Juden. Palästinenser wohnen auch in Israel, aber hauptsächlich in drei Regionen: im Gazastreifen, im Westjordanland und im Osten der Stadt Jerusalem. Sie haben einen palästinensischen Pass und sind überwiegend Muslime. Politiker aus der ganzen Welt haben schon oft vorgeschlagen, Israel in zwei Länder zu teilen: eins für die Israelis und eins für die Palästinenser. Doch bisher gab es keine Einigung.

explodieren Bomben. Tausende Menschen sind so gestorben. An der Hagar-Schule versuchen die Lehrer den Kindern zu erklären, dass Shira und Wasim nicht kämpfen müssen. Sie können sich das Land teilen. Es kann Shiras und Wasims Zuhause sein. In jeder Klasse gibt es deshalb genauso viele Palästinenser wie Israelis, keine Gruppe soll größer sein als die andere. Das gilt auch für die Lehrer. Je eine palästinensische Lehrerin und eine israelische unterrichten die Kinder.

Neben normalen Fächern wie Mathematik und Englisch haben die Kinder einen ganz besonderen Religionsunterricht. Darin lernen sie alle Feste des Judentums und des Islams kennen. Shira findet das gut: »Vorher wusste ich nur, dass es den Fastenmonat Ramadan gibt. Jetzt weiß ich, dass die Muslime damit die Zeit feiern, in der Allah ihnen vor fast 1400 Jahren den Koran gegeben hat.« Wasim hat gelernt, dass für die Juden Jom Kippur der wichtigste Feiertag ist. Der Begriff bedeutet »Versöhnungstag« und ist das Ende einer 40-tägigen Zeit, in der sich Juden besonders darum bemühen, zu allen Menschen gerecht zu sein. An Jom Kippur selbst dürfen sie 26 Stunden lang nichts essen und trinken.
Shiras Muttersprache ist Hebräisch. In der Schule lernt sie auch Arabisch, die Sprache der Palästinenser. Für viele Israelis ist Arabisch die Sprache ihrer Feinde. Shira sagt, dass das Quatsch ist. »Ich kenne Kinder, die haben viel Schlechtes über die Palästinenser gesagt. Auf dieser Schule habe ich festgestellt: Die Kinder hatten nicht Recht.« – »Hier gibt es keinen Streit, nur Frieden«, sagt Wasim.

Ein großer Zaun soll Schüler und Lehrer schützen.

Der sicherste Ort der Schule: Die Bibliothek ist auch ein Schutzkeller.

An der Schule sind Palästinenser und Israelis also Freunde, aber leider nicht im ganzen Land. Damit die Schüler vor Angriffen sicher sind, ist die Bibliothek, in der Shira gern liest, gleichzeitig ein Schutzkeller. Die Wände sind besonders dick, so dass Bomben und Raketen sie nicht so schnell kaputt machen können. Wenn es einen Angriff gibt, geht eine Sirene los, und alle Kinder und Lehrer rennen in die Bibliothek. Zuletzt mussten sie vor etwa vier Monaten in den Bunker fliehen. In den Tagen danach hatten sie schulfrei, weil die Lehrer Angst hatten, dass es bald wieder einen Angriff geben könnte.

Vor sieben Jahren wurde die Schule in Beer Scheva von Eltern gegründet. Wasims Vater war dabei. Für ihn ist es wichtig, dass seine Familie mit den Israelis auskommt. Das Schulhaus war damals alt. Die Eltern haben es verschönert: Sie haben die Klassenräume gestrichen, Sonnenzelte auf dem Hof aufgestellt und einen Garten angelegt. Die Eltern entscheiden auch, wie und was unterrichtet wird. Die Kinder bekommen hier keine Noten. Derzeit geht die Schule nur bis zur fünften Klasse, aber jedes Jahr wollen die Eltern eine neue Stufe einführen, bis die Schüler an die Universitäten gehen. Sie hoffen, dass ihre Kinder einmal dazu beitragen, dass Israelis und Palästinenser friedlich zusammenleben.
Shira mag ihre Schule. Wasim auch. Er könnte sich nicht vorstellen, woanders zu lernen – mit einer Ausnahme. Als die Lehrer die Schüler fragten, was sie sich wünschen, sagten viele: »Wir wollen in Hogwarts lernen.« Hogwarts, das ist die Zauberschule von Harry Potter. Aber diesen Traum können nicht einmal die Lehrer dieser besonderen Schule wahr werden lassen.

Von Rico Grimm

»Komm, ich trag dich ein Stück!« Für viele Kinder in Swasiland ist es ganz normal, ohne Erwachsene zurechtzukommen.

Lehmwand mit Grasdach: Viele Menschen wohnen in solchen einfachen Hütten.

Das Land ohne Eltern

ZUSAMMENHALTEN
In Swasiland helfen sich die Menschen untereinander. Wenn ein Kind seine Eltern verliert, kümmern sich alle gemeinsam um dieses Kind. Deshalb gibt es auf siSwati, der Sprache des Landes, bis heute kein Wort für »Waise«.

Ich will von einem Land erzählen, in dem fast die Hälfte aller Kinder keine Eltern mehr hat.
In Swasiland ganz im Süden von Afrika haben 45 Prozent aller Kinder ihre Eltern verloren (das bedeutet: von 100 Kindern immer 45). Das kommt, weil dort die Krankheit Aids so weit verbreitet ist wie sonst nirgends auf der Welt. Aids ist derzeit nicht heilbar. Deshalb sterben so viele Menschen in Swasiland. Es gibt nur wenige Erwachsene, die alt werden.
Und wer soll sich nun um all diese elternlosen Kinder kümmern? So viele Waisenhäuser kann man ja gar nicht bauen!

Wenn die Kinder Glück haben, gibt es vielleicht noch eine Oma oder eine Tante. Viele Kinder leben aber auch ganz allein. Da passen dann eben die großen Geschwister auf die kleinen auf, so gut es geht.
Sie leben auch nicht in gemütlichen Wohnungen mit elektrischem Strom und fließendem Wasser und schönen Möbeln. In vielen Teilen des Landes, vor allem in den Hügeln von Shiselweni im Südwesten, leben sie in einfachen Rundhütten aus Lehm, die mit Gras gedeckt sind. Nachts rollen sie auf dem Boden geflochtene Matten zum Schlafen aus. Das sind ihre einzigen Möbel.

Jeden Tag Kanister schleppen: Das Wasser zum Waschen und Kochen holen die Menschen aus Flüssen. Dorthin kommen auch die Tiere zum Trinken.

Und wenn bei einem Gewitter oder in der Regenzeit der Lehm von den Wänden gespült wird und wenn der Sturm das Gras vom Dach fegt: Ja, dann müssen die Kinder eben gucken, wie sie das alleine reparieren. Weil sie das oft nicht hinkriegen, sind die Hütten nicht mehr regen- oder sturmdicht. Das ist besonders schlimm, weil es im Winter in den Bergen ziemlich kalt werden kann.

Große Verantwortung: Diese drei Geschwister sind Waisen. Sie leben zwar mit ihrer Großmutter zusammen, allerdings ist die krank. Die Kinder müssen daher auch noch die Oma pflegen.

Wasser zum Waschen, Trinken und Kochen holen die Kinder meistens in Kanistern aus den Flüssen, in denen auch das Vieh getränkt und die Wäsche gewaschen wird. Wenn sie Glück haben, müssen sie vielleicht nur fünf Minuten dorthin gehen. Aber viele brauchen auch eine halbe Stunde oder länger. Dass es für diese Kinder in ihren Hütten kein Fernsehen und keine Computer gibt, ja, und nicht einmal Licht, wenn es abends dunkel wird, das ist jetzt sicher schon klar. Und Spielzeug gibt es auch nicht. Die Jungs knoten sich gerne aus alten Plastiktüten einen Fußball, weil sie keinen richtigen Ball haben. Überall im Land sieht man Jungs – und manchmal auch Mädchen! – mit solchen verknoteten Plastiktüten kicken. Wie sie da spielen und rennen und lachen, das ist dann wieder gar nicht so anders als bei uns.

Mama-Ersatz: Wenn die Eltern sterben, ziehen die Großen die Kleinen auf.

Die älteren Kinder gehen in die Schule. Oft ist ihr Schulweg sehr, sehr weit, fünf oder zehn Kilometer. Und natürlich werden sie nicht von einem Schulbus abgeholt. Da gehen sie eben zu Fuß, morgens hin, nachmittags zurück, manchmal einfach querfeldein über die Hügel. Am Nachmittag sieht man an allen Straßen und Wegen Gruppen von Kindern ohne Schuhe, aber mit Schuluniformen. Die brauchen sie nämlich, ohne diese Kleider dürfen sie nicht in die

Schule. Ohne Schulschuhe geht es übrigens auch nicht. Warum dann trotzdem so viele Kinder in Schuluniform, aber ohne Schuhe unterwegs sind? Weil sie ihre Schulschuhe schonen, natürlich! Die ziehen sie nur in der Schule an. Auf dem Schulweg laufen viele darum barfuß.
In die Schule gehen fast alle Kinder gerne. Da sind ihre Lehrer und ihre Freunde, da können sie spielen und Sport machen. Und mittags gibt es meistens eine Mahlzeit.

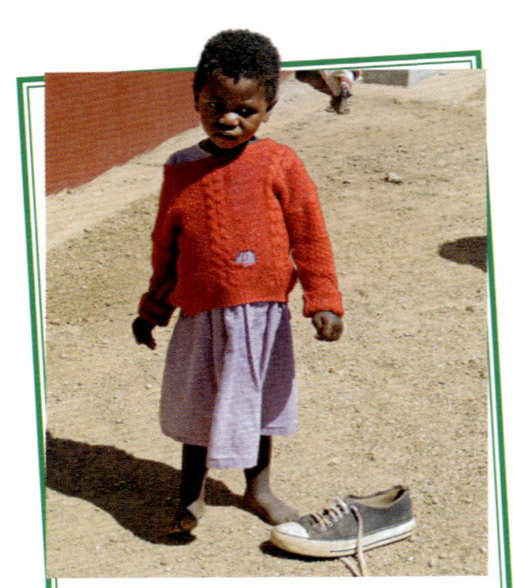

Barfuß über Sand und Stein: Schuhe tragen die Kinder meist nur in der Schule.

Aber wer kümmert sich denn um die kleinen Geschwister, wenn die Großen in der Schule sind? Da haben die Menschen in Swasiland eine gute Idee gehabt. Jeden Tag kommen Frauen an einen Ort in ihrem Dorf, den man Neighbourhood Care Point nennt, abgekürzt NCP (auf Deutsch könnte man Nachbarschaftsbetreuungspunkt sagen). Dort kochen die Frauen für die Kinder und kümmern sich um die Kleinen, damit sie in ihren Hütten nicht alleine sein müssen. Die Frauen machen das einfach so, weil sie möchten, dass jemand für die Kinder da ist. Tag für Tag tun sie das, oft viele Jahre lang. Und natürlich bekommen sie dafür kein Geld. Sie finden einfach, dass es nötig ist, den Kindern zu helfen, und darum tun sie es.
Ob das bei uns genauso gut funktionieren würde, wenn die Hälfte aller Kinder keine Eltern mehr hätte?

Heute gibt's mal wieder Maisbrei. Die Kinder in Swasiland essen fast nichts anderes. Landet mal ein bisschen Gemüse in den Schüsseln, ist das etwas ganz Besonderes.

Die NCPs sind übrigens längst nicht immer in einem Haus. Dafür ist oft einfach kein Geld da. Dann treffen sich die Kinder und die Frauen eben jeden Tag unter einem großen Baum. Gekocht wird sowieso in dreibeinigen Töpfen, die einfach über ein offenes Feuer gestellt werden. Das Holz dafür müssen die Kinder auf ihrem Weg sammeln, trockene Äste und Zweige. Denn natürlich gibt es auch für Feuerholz kein Geld. Manchmal fehlt sogar das Maismehl für den Maisbrei. Maisbrei ist so ungefähr das Einzige, was es zu essen gibt. Viele Kinder bekommen regelmäßig so wenig zu essen, dass sie sich nicht gesund entwickeln können. Viele bleiben ihr Leben lang zu klein.

Wenn man als Fremder nach Swasiland reist und die Kinder kennenlernt, merkt man ihnen oft gar nicht an, dass sie Waisen sind. Bestimmt weinen sie zu Hause in ihren Hütten. Aber wenn man mit ihnen spricht oder spielt, sind die meisten genauso vergnügt und albern und frech wie Kinder bei uns. Vielleicht hilft es ihnen ja, dass sie nicht alleine sind. Dass es vielen ihrer Freunde genauso geht wie ihnen. Dass keine Eltern zu haben und zu wenig zu essen nichts Besonderes ist. Das ist vielleicht das Allertraurigste: dass so ein Leben für die Kinder ganz normal ist.
Vielleicht sollten wir sie darum nicht nur bemitleiden, sondern vor allem dafür bewundern, wie tapfer sie mit einem Leben klarkommen, das wir uns noch nicht einmal vorstellen können.

Von Kirsten Boie

KIRSTEN BOIE ist eine der bekanntesten deutschen Kinderbuchautorinnen. Sie reist regelmäßig nach Swasiland und unterstützt die Hilfsgruppe Mobi-Dik Swasiland. Die versorgt die Kinder mit Essen und schickt Ärzte vorbei.

Der abgelegenste Ort der Welt

Die Erde ist eine Kugel, deshalb hat sie natürlich kein Ende. Aber wenn sie ein Ende hätte, dann wäre es vermutlich die kleine Insel Tristan da Cunha. Sie liegt mitten im südlichen Atlantik, die nächsten Nachbarn wohnen auf Sankt Helena, einer anderen kleinen Insel im Atlantik, 2430 Kilometer entfernt. Und hier, wo mitten im Nichts plötzlich etwas ist, wohnt Randall. Er ist zehn Jahre alt, hat grüne Augen und sonnenbraune Haut. Mit seinem großen Bruder Dean, seinen Eltern und rund 260 weiteren Menschen wohnt er im einzigen Dorf der Insel. Es heißt Edinburgh of the Seven Seas, das bedeutet auf Deutsch: Edinburgh der sieben Weltmeere.

Randall findet sein Dorf nicht sehr besonders. Es gibt zwei Kirchen, einen Supermarkt, ein Schwimmbad mit gelber Rutsche, eine Feuerwehr und sogar einen Polizisten. Einsperren musste der aber noch nie jemanden. In der Dorfmitte ist die Post, und davor steht ein Briefkasten. Rot ist der, wie in England. Tristan da Cunha gehört nämlich zum britischen Königreich, auch wenn es

Der Briefkasten wird täglich geleert, das Postschiff kommt aber höchstens einmal im Monat.

Randall ist auf Tristan da Cunha geboren. Auf dem Schild steht, dass sie die entlegenste Insel der Welt ist.

so weit entfernt ist. Der Briefkasten wird täglich geleert, aber bis die Post dann unterwegs in die Welt ist, kann es schon mal länger als einen Monat dauern: Nur neunmal im Jahr kommt ein Schiff vorbei, das die Post abholt und neue mitbringt. Außerdem noch ein paar andere Sachen, die auf der Insel fehlen. Und das ist so ziemlich alles.

Ohne Schiffe gäbe es auf Tristan da Cunha nicht den Bleistift, mit dem Randall seine Mathe-Hausaufgaben macht, und auch nicht das Heft, in das er schreibt. Er hätte keinen Fußball und keine Schokolade. Fernseher, Kühe, Schafe, Hühner – alles kommt oder kam irgendwann einmal per Boot auf die Insel.
Zusätzlich zum Postschiff ankert einmal pro Jahr ein Versorgungsschiff vor der Insel, voll mit Nachschub für den Supermarkt. Selbst der Zahnarzt kommt nur einmal jährlich. Wenn es vorher mal wem wehtut, gibt es ein winziges Krankenhaus und einen Arzt für alles: Zahnschmerzen, Bauchweh, gebrochene Arme.

Randall geht in die dritte Klasse der St.-Mary-Schule und hat genau zwei Klassenkameraden: ein Mädchen und einen Jungen. Insgesamt gehen nur 31 Kinder in die Schule, und sie haben nur sieben verschiedene Nachnamen. Randall heißt mit Nachnamen Repetto, so wie der italienische Seefahrer Andrea Repetto, der hier vor 150 Jahren gelandet ist. Mit ihm kamen damals sechs weitere Männer, sie hießen Glass, Swain, Rogers, Hagan, Green und Lavarello. Alle Inselbewohner haben einen der ersten sieben Männer zum Ururur- oder Urururururgroßvater.

Das Haus von Randalls Familie steht auf einem kleinen Hügel und hat einen Garten mit Blick aufs Meer. Randalls Vater ist Fischer, jeden Tag fährt er raus, um Hummer zu fangen. Randalls Mutter arbeitet in der Fischfabrik der Insel. Hinter dem Haus geht es steil nach oben, zu einem 2000 Meter hohen Vulkan. Vor 50 Jahren ist er zum letzten Mal ausgebrochen. Für zwei Jahre wurde damals ganz Tristan da Cunha nach England ausquartiert. Weil alle Inselbewohner auch britische Pässe haben, durften sie sich aussuchen, ob sie zurückwollten oder nicht. Von den damals 285 Menschen blieben fünf in England, der Rest wollte wieder zurück nach Hause.

Nach England würde Randall auch gerne mal reisen. Bisher hat er noch keinen Fuß in ein anderes Land gesetzt. Auch die unbewohnten Nachbarinselchen hat er nur vom Boot seines Vaters aus gesehen. Sein weitester Urlaub: zelten auf den Kartoffelfeldern. Dorthin kann man entweder den einzigen Bus der Insel nehmen, oder man läuft eine halbe Stunde zu Fuß. »Es ist schön ruhig da«, sagt Randall.

Von Ruth Helmling

INSEL ERSCHLOSSEN
Vor etwa 500 Jahren war der Portugiese Tristão da Cunha der erste Seefahrer, der genau aufzeichnete, wo die Insel liegt. Am liebsten wäre er an Land gegangen, aber die Wellen waren zu hoch. So schoss er stattdessen eine Kanonenkugel, in die er seinen Namen eingeritzt hatte, an Land. Niemand sollte vergessen, wer die Insel entdeckt hatte. Hat geklappt. Schließlich heißt sie Tristan da Cunha – nach dem Seefahrer.

Meerschweinchen züchten in Peru

Nilton, zwölf Jahre, im Meerschweinchenstall.

Als ich die Familie Chuchillo in ihrem Haus in Peru treffe, habe ich schnell ein Fiepen im Ohr. Zuerst schaue ich mich verwundert in der Küche um. Doch ich kann nicht entdecken, wo das Geräusch herkommt. Also versuche ich, mich wieder auf die Menschen zu konzentrieren, die mir gegenübersitzen und die sich mir vorstellen wollen: Mutter Zenovia, Vater Franklin und ihre sechs Kinder – die drei Söhne Nilton, Grisol und Yoel und die drei Töchter Tania, Doris und Joni. Ich lächle die jüngste an, Joni, die gerade ein Jahr alt geworden ist. Doch da fiept es schon wieder. Diesmal lauter und durchdringender. »Was ist denn das für ein Geräusch?«, frage ich. »Ach, das sind nur unsere Cuys«, sagt Nilton. Er ist zwölf Jahre alt und hat sich für meinen Besuch schick gemacht – er trägt eine bunte Mütze auf dem Kopf. »Cuys?«, frage ich verwundert. »Was sind denn Cuys?« – »Komm mit«, sagt er, »ich zeige sie dir!«

Nilton verschwindet durch die offene Tür nach draußen, geht um das kleine Steinhaus herum, in dem die Küche der Familie ist, und zeigt auf einen Verschlag mit Blechdach. »Darin halten wir unsere Cuys«, sagt Nilton. Hier draußen ist das Fiepen lauter, jetzt kommt es mir auch bekannt vor. Noch ehe ich

Von dem Geld aus dem Verkauf der Meerschweinchen hat die Familie Schulsachen für die Kinder gekauft, zum Beispiel Hefte und Stifte für Tania, acht Jahre.

Im Stall leben die Männchen auf der einen Seite, die Weibchen auf der anderen.

einen Blick durch die Stalltür werfe, wird mir klar: Die Geräusche stammen von Meerschweinchen! Und tatsächlich, der Stall ist voll mit den Tieren: Kleine und große, dicke und dünne, braune und braun-weiß gefleckte, sie wuseln durcheinander, fiepen wie verrückt und blicken mich mit kleinen Augen an. Niltons Vater Franklin ist uns in den Stall gefolgt. Er hebt eines der Meerschweinchen hoch, streichelt es und sagt: »Seit wir die Cuys haben, geht es uns viel besser.«

Familie Chuchillo lebt in Peru, in einem winzigen Dorf, hoch oben in den südlichen Anden. Von der Stadt Cusco aus muss man zwei Stunden lang mit dem Auto über unebene Wege holpern, bis man zu ihrem Haus gelangt. Die Anden sind eine Gebirgskette, die sich durch ganz Südamerika erstreckt. Sie bestehen aus unzähligen Bergen, die aussehen, als seien sie mit grünem Samt überzogen. Bis vor ein paar Hundert Jahren wurden die Anden von den Inkas bewohnt, einem mächtigen Indianervolk, das riesige Paläste aus Stein baute. Die Inkas hatten ihre eigene Sprache, Quechua, und die wird noch heute von vielen Andenbewohnern gesprochen. Auch von Nilton und seiner Familie. »Cuy« zum Beispiel ist das Quechua-Wort für Meerschweinchen – und es ist ein sehr passender Name für die Tiere. Denn wenn man ganz genau hinhört, dann klingt ihr Fiepen tatsächlich wie »cuy, cuy, cuy«.

In Peru werden Meerschweinchen nicht als Streicheltiere gehalten, sie werden gegessen. Das klingt vielleicht erst mal fremd und fürchterlich. In dem südamerikanischen Land ist es aber so normal, wie es für viele von uns normal ist, Hühner, Kühe, Schafe oder Schweine zu essen. Für Familie Chuchillo zählt außerdem: Die Meerschweinchen sind in den Anden einfacher zu halten als Kühe oder Schweine. Hier oben wächst nicht genügend saftiges Gras, um große Tiere damit satt zu bekommen. Das wenige Getreide und die Kartoffeln, die man im kargen Boden anbauen kann, brauchen die Menschen selbst zum Essen. Außerdem kosten größere Tiere auch mehr Geld. Geld, das die Familie nicht hat. Bis vor Kurzem waren die Chuchillos so arm, dass sie kaum etwas zu essen kaufen konnten. Es gab fast immer nur Kartoffeln, die der Vater selbst anbaut. Schulhefte für ihre Kinder konnten sich die Eltern schon gar nicht leisten. Seitdem die Chuchillos aber ihre Cuys züchten, verdienen sie mit dem Verkauf der Tiere Geld, und sie haben selbst Fleisch zum Essen. Deshalb sagt der Vater, dass es ihnen dank der Tiere viel besser geht.

Allein hätte die Familie ihre Meerschweinchenfarm allerdings nicht aufbauen können. Sie bekamen Hilfe von Plan, einem Kinderhilfswerk. Plan schenkte der Familie Chuchillo vor zwei Jahren 22 Meerschweinchen – zwei Männchen und 20 Weibchen. Und seither haben sie sich prächtig vermehrt. Den Stall hat der Vater selbst gebaut, die Kinder helfen mit, die Tiere zu versorgen. »Ich füttere sie mit Gras«, sagt Tania. Sie ist acht Jahre alt und trägt heute einen traditionellen Andenhut, einen weiten, geblümten Rock und ein knallbuntes Tuch um die Schultern. »Wenn die Cuys Babys bekommen, trennen wir sie nach Männchen und Weibchen«, sagt Tania. Das ist auch gut so, denn die kleinen Nagetiere können schon nach einigen Wochen selbst Babys bekommen, immer gleich vier oder fünf auf einmal. Familie Chuchillo muss aufpassen, dass es nicht zu viele werden, sonst wird der Stall zu eng und das Futter knapp.

So sieht es in der Küche der Familie Chuchillo aus.

Nach drei bis vier Monaten hat ein Meerschweinchen so viel Gewicht, dass es sich als Mahlzeit eignet. Die Tiere werden entweder am Spieß gebraten oder als Eintopf gekocht. Fleisch, das die Chuchillos nicht selbst essen, verkaufen sie. »Etwa einmal im Monat gehe ich auf den Markt«, sagt Mutter Zenovia. Zwei Stunden lang wandert sie einen schmalen Pfad hinab ins Dorf. Auf dem Markt bekommt sie für ein Kilogramm Meerschweinchenfleisch 15 Soles, das sind umgerechnet etwa vier Euro. Manchmal verkauft sie auch lebende Tiere. Sind die gut genährt, verdient sie das Doppelte.

Einen Teil des Geldes, das sie durch den Verkauf der Tiere verdienen, müssen die Eltern wieder ausgeben, um die Meerschweinchen zu versorgen. Trotzdem haben sie jetzt merklich mehr als zuvor. »Wir konnten für Tania endlich eine Schultasche kaufen«, erzählt der Vater Franklin. »Außerdem haben wir Pflanzensamen gekauft und bauen jetzt unser eigenes Gemüse an.« Er zeigt auf die Beete, auf denen im Schatten des Hauses kleine Pflänzchen wachsen: Zwiebeln, verschiedene Sorten Kohl und Salat. »Sie sehen vielleicht noch mickrig aus, aber wenn du in einem Jahr wiederkämst, würdest du staunen!«, sagt er.

Von Magdalena Hamm

Die Eltern Franklin und Zenovia und ihre sechs Kinder in ihrem Gemüsegarten in den Anden.

6. KAPITEL

(Raub-)Kopierer

Wer Werke schafft, ist ein Urheber. Zunächst hat er alle Rechte an seiner Musik, seinem Text, seinen Fotos, Videos oder sonstigen Werken. Doch mit moderner Technik wird vieles blitzschnell kopiert. Oft ohne dass der Urheber gefragt wird. Das wollen sich viele nicht gefallen lassen. Daher wird um das Urheberrecht viel gestritten.

Kunstvoll

Was ist Kunst? Auf diese Frage antwortet wahrscheinlich jeder etwas anderes. Kunst bringt uns zum Staunen, überrascht oder rüttelt auf. Ein Bild oder eine Statue können Kunst sein, erschaffen von Malern oder Bildhauern. Die meisten zählen zur Kunst auch Musik, Texte, Filme, Fotos, Bauwerke oder Installationen. Künstler sind Meister in dem, was sie tun. Das sagt schon das Wort. Denn ursprünglich kommt Kunst von können oder wissen.

Gestern & heute

Schon vor vielen Zehntausend Jahren haben die Menschen musiziert, gemalt und Figuren geschnitzt. Forscher fanden zum Beispiel 40.000 Jahre alte Flöten, die aus Tierknochen hergestellt wurden. Auch geschnitzte Figuren und Höhlenmalereien gibt es aus dieser Zeit. Womöglich malten die Steinzeitmenschen schon viel früher. Denn in Südafrika fanden Wissenschaftler Reste von angefertigten Naturfarben, die 100.000 Jahre alt sind.

Buchstaben und Byte

1 Byte = 8 Bit (achtmal 0 oder 1) → 1 Buchstabe

1 Kilobyte (KB) = eintausend Byte = 1.000 Byte → etwa 1 Buchseite Text

1 Megabyte (MB) = eine Million Byte = 1.000.000 Byte

1 Gigabyte (GB) = eine Milliarde Byte = 1.000.000.000 Byte → etwa der Text in den Büchern, die ein ganzes Regal füllen

1 Terabyte (TB) = eine Billion Byte = 1.000.000.000.000 Byte → etwa der Text aller Bücher einer mittelgroßen Bibliothek.

Mach mit!

Welche Werke sind dir besonders wichtig? Erstelle eine Hitliste deiner liebsten zehn! Alles, was für dich Kunst ist, zählt.

Achtung, Info!

Woher bekommst du Nachrichten und Informationen? Aus dem Radio, Fernsehen, über das Internet, aus Büchern oder Filmen ... Viele sagen dazu: Medien. Das Wort bedeutet so viel wie Vermittler.

KULTUR & MEDIEN

VOM LESEN, KLICKEN UND SCHAUEN

Handschrift bis Blog

Bücher waren vor 600 Jahren Schätze. Es gab nur wenige, von Hand geschrieben. Um 1450 erfand Johannes Gutenberg den Buchdruck, mit dem Texte später tausend- oder millionenfach vervielfältigt werden konnten – wie Bücher oder Zeitungen heute. Vor etwa hundert Jahren wurde das Radio entwickelt, kurz darauf das Fernsehen. Die ersten Computer wurden um 1940 gebaut. Und etwa 1970 lagen die Anfänge des Internets. Aber erst 1990 waren der erste Webserver und der erste Webbrowser fertig. Heute tragen viele das Internet mit dem Smartphone bei sich.

Eins null, null eins

01001000 01000001 01001100 01001100 01001111. Wie, das verstehst du nicht? Das ist doch eine total verbreitete Sprache! Nämlich die von Computern, DVDs oder USB-Sticks. Sie alle kennen nur die Sprache aus 0 und 1. Jeder Buchstabe, jedes Wort, jede Zahl wird in Nullen und Einsen übersetzt – und auch so gespeichert. Die Zahlen vom Anfang bedeuten einfach nur: HALLO.

BÜCHER
Jedes Jahr erscheinen in Deutschland mehr als 90.000 Romane, Sachbücher und Gedichtbände. Wie wird aus einer Idee ein Buch, das man im Laden kaufen kann?

Wie entsteht ein Buch?

1. Zuerst braucht man eine gute Idee. Unserer Autorin kommt beim Spazierengehen der Einfall, einen Roman über einen Hasen zu schreiben.
2. Am Computer macht sie einen Plan und überlegt, was in welchem Kapitel passieren soll. Dann schreibt sie die Geschichte auf. Das ist ganz schön anstrengend. Bis ihr der Text richtig gut gefällt, überarbeitet sie einzelne Stellen oder ganze Kapitel immer wieder.
3. Geschafft! Den fertigen Text nennt man Manuskript. Unsere Autorin druckt es aus …
4. … und schickt es an einen Verlag.
5. Dort liest ein Lektor ihren Text. Er entscheidet, ob die Geschichte so gut ist, dass daraus ein Buch werden soll.
6. Unsere Autorin hat Glück: Der Lektor mag ihre Geschichte.

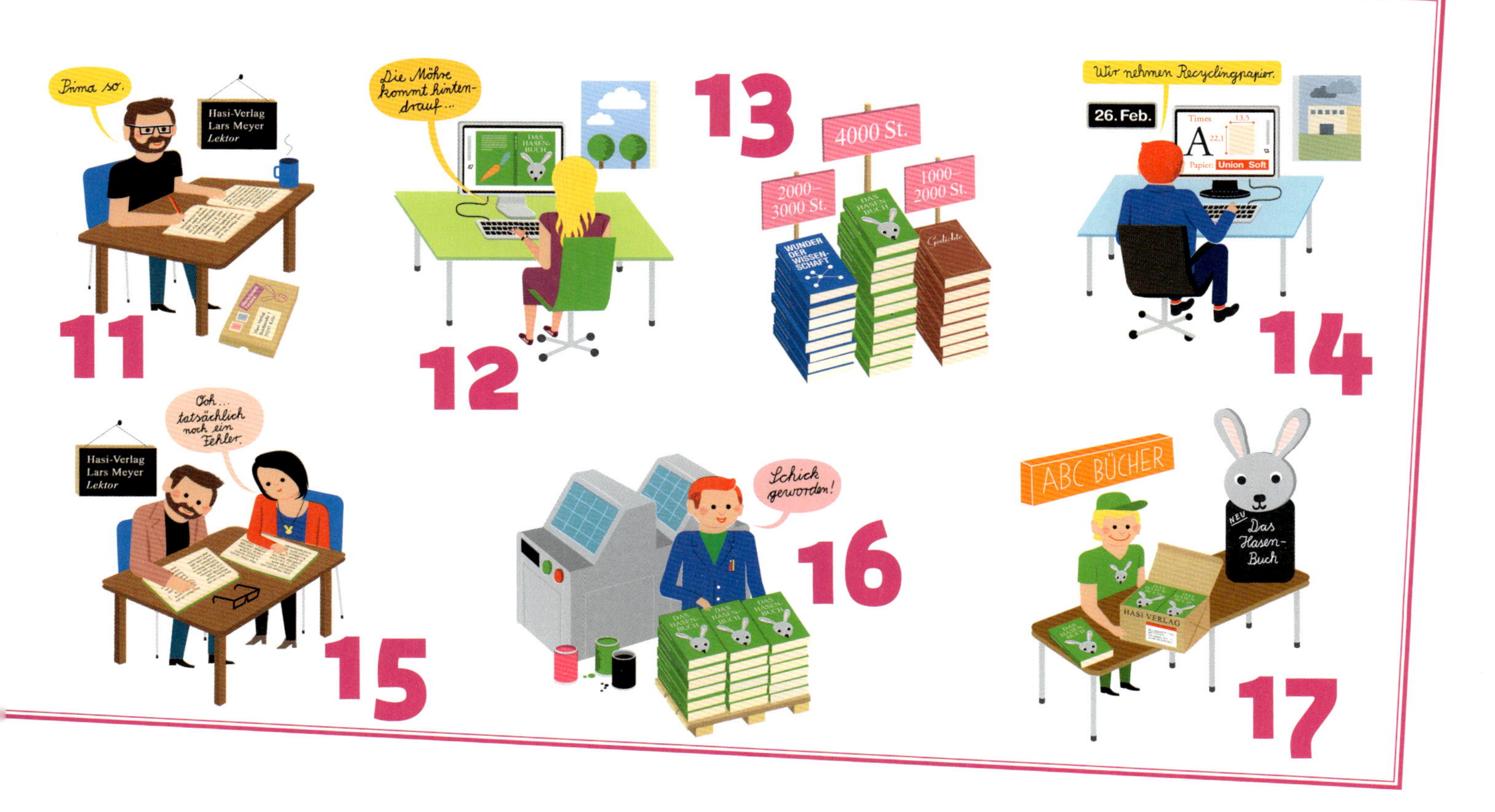

7. Trotzdem gibt es noch Textstellen, die er nicht versteht, langweilig oder nicht lustig genug findet. Darüber diskutiert er mit der Autorin.
8. Wenn die beiden sich einig sind ...
9. ... überarbeitet die Autorin den Text. Das kann mehrere Wochen oder sogar Monate dauern.
10. Den bearbeiteten Text schickt sie zurück an ihren Lektor im Verlag.
11. Der Lektor liest die Geschichte noch einmal. Wenn er zufrieden ist, gibt er den Text weiter an die Herstellungsabteilung.
12. Dort überlegen sich Illustratoren und Fotografen, ob es im Buch Bilder oder Fotos geben und wie der Buchumschlag aussehen soll.
13. Nun wird festgelegt, wie viele Bücher gedruckt werden. Bei unbekannten Autoren sind es bei einem Roman meistens 4000 Stück, bei einem Sachbuch 2000 bis 3000.
14. Die Herstellungsabteilung entscheidet auch, welche Schrift im Buch benutzt werden soll und auf welches Papier gedruckt wird.
15. Jetzt werden ein paar Probebücher gedruckt. Die Autorin und ihr Lektor lesen den ganzen Text erneut. Fehler können jetzt noch berichtigt werden.
16. Dann wird das Buch in der Druckerei gedruckt. In Deutschland gibt es jedes Jahr mehr als 90.000 verschiedene neue Bücher. Etwa 7000 bis 8000 davon sind Kinder- und Jugendbücher.
17. Sechs bis acht Wochen später kommen die Bücher in der Buchhandlung an, und du kannst sie kaufen.

Von Catalina Schröder

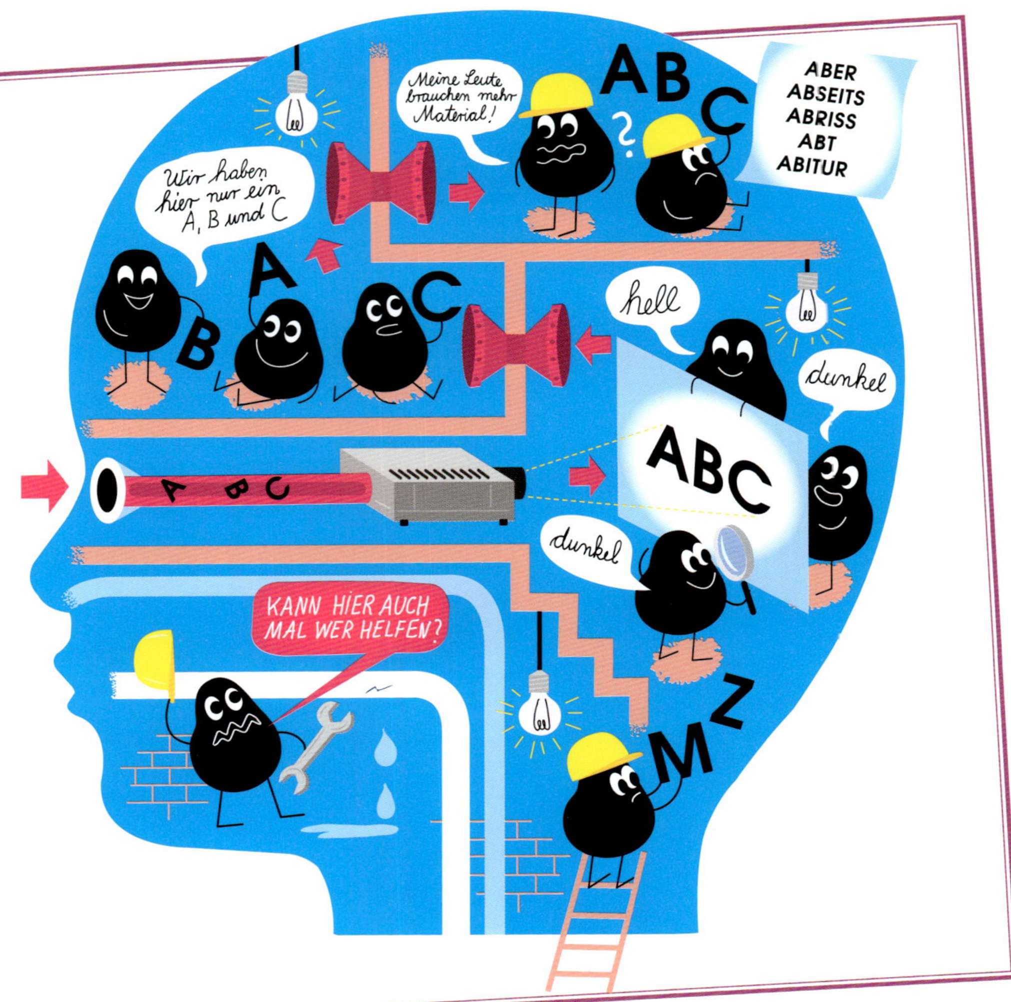

LESEN
Während du liest, arbeitet dein Gehirn auf Hochtouren: Es entziffert Buchstaben, setzt daraus Wörter zusammen und lässt Bilder in deinem Kopf entstehen. Und ohne dass du es merkst, lernst du ganz viel.

Die Lesemaschine

Asl güebtre Leesr knanst du desein Staz etzniffren, owbohl dei Wröter gnaz schnö vredhret snid. Na gut, auf Dauer ist es ziemlich anstrengend, solche Sätze zu lesen. Deshalb schreiben wir jetzt normal weiter. Dein Gehirn leistet beim Lesen ohnehin schon Schwerstarbeit – auch wenn du davon gar nichts mitbekommst. Aber was genau passiert jetzt gerade, in diesem Moment, beim Lesen in deinem Kopf?

Den ersten Job übernehmen deine Augen. Sie springen mit schnellen Bewegungen durch den Text. Diese Bewegungen heißen Sakkaden. Eine Sakkade dauert nur etwa 0,3 Sekunden – da schaffst du es nicht einmal, bis eins zu zählen. In dieser kurzen Zeit erfassen die Augen eines geübten Lesers bis zu 15 Buchstaben. Hast du ein Wort oder den Zusammenhang nicht verstanden, springen deine Augen zurück und schauen noch einmal nach.

Während jeder Sakkade ist in deinem Kopf ganz schön was los: Der hintere Teil deines Gehirns unterscheidet hell und dunkel und findet so heraus, an welchen Stellen die Buchstaben stehen. Diese Infos werden an den Bereich weitergeschickt, der einzelne Buchstaben entziffert. Und aus denen setzt dein Hirn dann Wörter zusammen.

Begriffe, die besonders häufig vorkommen, sind in deinem Kopf als Muster abgelegt. Um sie zu erkennen, reichen deinem Gehirn oft schon die Anfangsbuchstaben eines Wortes, den Rest ergänzt es von allein. Deshalb kannst du auch den ersten Satz dieses Textes lesen: Dein Hirn kennt die Wörter so gut, dass es die Buchstaben automatisch in die richtige Reihenfolge bringt. Liest du ein Wort selten oder ist es sehr schwierig, braucht das Gehirn länger, um es zu erkennen. Wer viel liest und eine Menge Wörter kennt, ist daher schneller als jemand, der nur selten liest. Trainingssache.

Sobald dein Hirn ein Wort vollständig erkannt hat, leitet es diese Information an einen Bereich weiter, den du auch zum Sprechen nutzt. Denn ohne dass du es merkst, sprichst du dir jedes Wort beim Lesen innerlich vor. Das hilft dir, einen Text zu verstehen, und spricht den Teil deines Gehirns an, in dem Bilder entstehen. Bestimmt hast du dir beim Lesen schon die tollsten Dinge ausgemalt: vielleicht Harry Potter, der mit seinem Besen durch die Luft saust.

Wie genau die Bilder aussehen, die in deinem Kopf entstehen, hängt von deinem Lesetraining ab. Wenn du häufig Bücher liest, hat dein Hirn schon viele Wörter gespeichert und miteinander verknüpft. Sie bilden ein Netz, in dem sie miteinander verbunden sind. Bei jedem Wort, das du liest, denkst du gleichzeitig an die Begriffe, mit denen es verknüpft ist. Bei »Feuer« können das Wörter wie »Gefahr« oder »Sirene« sein. Hast du schon häufig etwas über Brände gelesen, kennst du vielleicht auch »Drehleiter« oder »Schaum-Feuerlöscher«.
Neue Wörter, die du beim Lesen lernst, nutzt du nach und nach auch beim Sprechen und Schreiben. Mit der Zeit werden deine Sätze dadurch abwechslungsreicher. Du erzählst anschaulicher, und andere hören dir lieber zu. Und für die Deutschnote ist das vielleicht auch gut.

Dein Gehirn leistet beim Lesen aber noch viel mehr: Ganz automatisch überlegt es, ob eine Geschichte logisch ist. Wenn Harry Potter durch die Luft saust, ohne einen Besen zu haben, würde dein Hirn vermutlich Alarm schlagen: Achtung, hier stimmt etwas nicht! So lernst du, während du spannende Geschichten liest, also ganz nebenbei, auch selbst Dinge in der richtigen Reihenfolge zu erzählen und genaue Fragen zu stellen. Zum Beispiel, ob etwas wirklich so gewesen sein kann. Das sind Fähigkeiten, die wir in der Schule, bei der Arbeit und in Gesprächen mit Freunden ständig brauchen.
Und noch etwas entsteht in deinem Kopf beim Lesen: Gefühle. Vielleicht hast

du schon mal ein Kribbeln im Bauch gespürt oder dich richtig gefürchtet. Spannung, Angst oder Freude entstehen, weil beim Lesen dieselben Bereiche im Gehirn angesprochen werden, die auch arbeiten, wenn du etwas selbst erlebst. Deshalb weinen oder lachen einige beim Lesen manchmal. Forscher sagen: Wer mit Figuren mitfühlen kann, dem fällt es leichter, sich in andere hineinzuversetzen und zu erkennen, wie es jemandem geht.

Texte im Internet liest du übrigens viel unkonzentrierter als in einem gedruckten Buch oder einer Zeitung. Durchschnittlich 40 Sekunden verbringst du auf einer Seite, bevor eine blinkende Werbung oder ein Link dich stört und zum Weiterklicken bringen will. Weil es im Netz so viel zu entdecken gibt, springst du viel hin und her und liest seltener bis zum Ende eines Textes. Dadurch kann sich das Gehirn daran gewöhnen, sich nur noch für kurze Zeit mit einer Sache zu beschäftigen. Wer ständig online ist, für den kann es irgendwann anstrengend sein, sich länger auf etwas zu konzentrieren. Bei Büchern oder Zeitschriften verbringst du hingegen mehr Zeit mit einer einzelnen Seite. Was du dort liest, merkt dein Gehirn sich deshalb meist länger.

Während du diesen Text bis hierhin gelesen hast, sind Tausende von Informationen durch deinen Kopf gewandert. Vielleicht hat dein Hirn sich sogar neue Wörter gemerkt, und es sind neue Verknüpfungen entstanden. Damit das so weitergeht, wünschen wir dir immer viel Spaß beim Lesen – und deinem Hirn viel Spaß bei der Arbeit!

Von Catalina Schröder

Wie erfindet man eine spannende Geschichte?

CORNELIA FUNKE war eigentlich Illustratorin, sollte also Bilder für Bücher malen. Sie fand die Geschichten in den Büchern aber oft so langweilig, dass sie beschloss, selbst spannendere zu. Inzwischen hat Cornelia Funke mehr als 60 Bücher verfasst, zum Beispiel »Hände weg von Mississippi«, die Reihe um die »Wilden Hühner« und die »Tintenwelt«-Trilogie. Geboren wurde sie in Dorsten in Nordhein- Westfalen. Heute lebt Cornelia Funke mit ihren beiden Kindern in den USA.

7 Tipps von Cornelia Funke

1. IMMER STIFT UND PAPIER DABEIHABEN

»Die besten Ideen kommen immer an den falschen Orten«, sagt Cornelia Funke. Wenn man am Schreibtisch sitzt, fällt einem nichts ein. Doch dann im Bus oder beim Toben mit Freunden im Park ist sie plötzlich da – die Idee für eine Geschichte. Damit man die Geistesblitze nicht wieder verliert: Immer Stift und Papier dabeihaben. Klingt simpel, ist aber total wichtig.

2. SO FÄNGT MAN AN

»Wer sich traut, kann einfach losschreiben. Aber dann muss man später die Geschichte immer wieder gut füttern«, sagt Cornelia Funke. Manchmal sei es gut, zuerst eine Art Schatzkiste zu füllen: mit Ideen für Orte und Personen oder mit Informationen zum Beispiel über die Zeit, in der die Geschichte spielen soll. »Für *Tintenherz* habe ich sehr viel über das Mittelalter gesammelt«, erzählt Cornelia Funke, »und über das Buchbinden, über Büchersammler und Feuerspucker.« Aus seiner Ideenkiste kann man dann beim Schreiben immer wieder schöpfen.

3. EIN HELD MUSS HER

Was braucht man für eine lebendige Geschichte? »Einen Helden, den der Leser so sehr liebt, dass er ihm überallhin folgt«, sagt Cornelia Funke. »Dann kann man fast gar nichts mehr falsch machen.« Wenn du eine Person erfindest, stell sie dir mit allen Sinnen vor: Wie sieht sie aus? Wie riecht sie? Wie fühlt sich ihre Haut an? Was bringt sie zum Lachen? »Manchmal kommen meine Helden auch zu mir, ohne dass ich sie erfinden muss«, sagt die Schriftstellerin. »Sie sind plötzlich in meinem Kopf. Ich treffe sie dort, und sie werden für mich lebendig.«

4. ZUM LEBEN ERWECKEN

Erfinde die Vergangenheit deiner Figuren, und stell tausend Fragen! Cornelia Funke schreibt Steckbriefe zu ihren Figuren, auf die sie beim Schreiben immer wieder schauen kann. Der eine hat eine viel zu große Klappe, die andere kann keinen Kuchen backen und versucht es doch immer wieder. »Wenn man Geschichten erfindet, muss man tausend Leute gleichzeitig sein«, sagt Cornelia Funke. Stell dir deine Hauptfiguren deshalb auf den Schreibtisch, Du kannst zum Beispiel Spielfiguren verwenden oder ein Eichelmännchen. Oder du schneidest ein passendes Bild aus einer Zeitschrift aus.

5. EINE WELT ERFINDEN

Ein unwiderstehlicher Held ist zwar ein toller Anfang, aber das heißt nicht, dass auch ein gutes Buch daraus werden muss. Kennt man erst einmal die Wesen und Personen der Geschichte, dann muss man sich mit den Orten vertraut machen. »Ich habe die Welt, in der meine jeweilige Geschichte spielt, wie eine Karte im Kopf. Die kann ich benutzen wie einen Reiseführer. So verlaufe ich mich nicht«, sagt Cornelia Funke.

6. DEN ÜBERBLICK BEHALTEN

Gibt es sehr viele Figuren an sehr vielen Orten, die sehr viel erleben, dann malt Cornelia Funke einen richtigen Plan. Auf dem kann sie beim Schreiben immer wieder nachsehen, wann wem was warum passiert ist. Denn manche Geschichten entwickeln sich während des Schreibens wie ein Labyrinth, und selbst der Schriftsteller hat manchmal keine Ahnung, wo der Weg langgehen wird. Wenn man dann stecken bleibt, muss man an den Ort zurückkehren, wo die Geschichte eine falsche Abbiegung genommen hat. »Das sind die spannendsten Tage«, findet Cornelia Funke.

7. ÜBEN, UMSCHREIBEN, DURCHHALTEN

Auch wenn es manchmal mühsam ist: Bleib bei einer Idee, und arbeite an dieser Geschichte, rät Cornelia Funke. Selbst wenn sie dir beim Durchlesen plötzlich nicht mehr gefällt. Dann heißt es umschreiben. Das gehört zum Schriftstellerberuf dazu. In *Tintenherz* hat Cornelia Funke jeden Satz etwa sieben- bis achtmal umgeschrieben. Vor allem am Anfang und am Ende eines Buches oder einer Erzählung muss gefeilt werden. Der Anfang soll neugierig machen und den Leser in die Geschichte hineinziehen. Der Schluss ist eine Art Abschied, der Leser muss sich von der Geschichte und ihren Figuren trennen. Es sind die letzten Sätze, die oft im Kopf bleiben. Zum Üben kannst du dir selbst Aufgaben stellen, denk dir zum Beispiel 20 erste Sätze für eine Geschichte aus.

Von Jana Magdanz

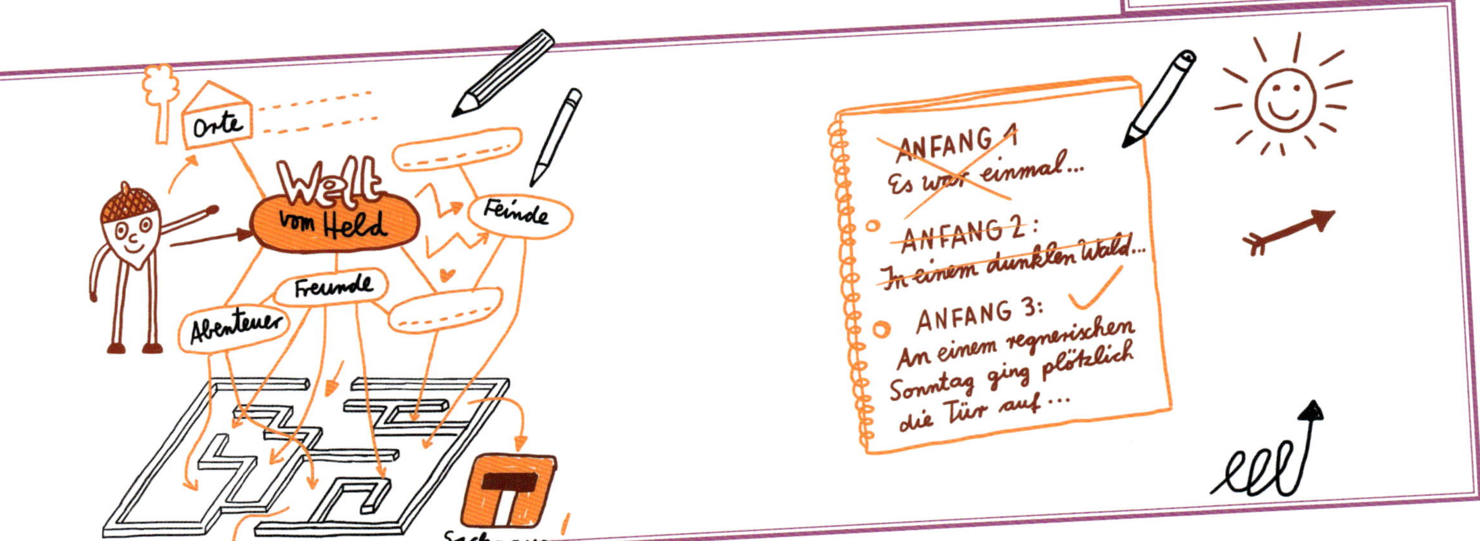

Lebendige Bücher

E-BOOKS
sind digitale Kopien eines gedruckten Buches. E-Books enthalten meist vor allem Text.

»Ich möchte wissen, was eigentlich in einem Buch los ist, solange es zu ist«, fragt sich Bastian. »Irgendwas muss doch los sein, denn wenn ich es aufschlage, dann ist da auf einmal eine ganze Geschichte.« Es gibt Bücher, die scheinen lebendig zu sein, sie haben etwas Magisches: Schlägt man sie auf und beginnt zu lesen, erlebt man Abenteuer, erkundet ferne Welten und erfährt Geheimnisse.
So wie Bastian. Er ist der Held in der *Unendlichen Geschichte* von Michael Ende. Bastian liest in einem Zauberbuch vom Reich Phantásien und findet sich plötzlich dort wieder. Noch fantastischer ist es in *Tintenherz* von Cornelia Funke: Mo, auch genannt Zauberzunge, kann Figuren aus Büchern in unsere Welt hineinlesen.

Was für Ideen! Wäre es nicht wunderbar, wenn du wie Bastian in deiner Lieblingsgeschichte landen könntest? Oder wenn du wie Mo deinen Lieblingsbuchhelden herbeilesen und dann zum Beispiel mit Harry Potter in deinem Zimmer zaubern könntest? So was gibt's nur in Büchern, sagst du? Falsch!

Eigentlich leben wir bereits in einer Zauberwelt. Jedenfalls sind viele Dinge aus den *Harry Potter*-Büchern, die vor einigen Jahren noch fantastisch schienen, heute möglich. Etwa Fotos, auf denen die Menschen sich bewegen. Oder Bücher, in denen der Text erst nach und nach sichtbar wird. Auf Papierseiten funktioniert das natürlich nicht, auf einem Bildschirm aber sehr wohl.

Seitdem es Bücher nicht mehr nur gedruckt gibt, sondern auch digital als E-Books oder Apps, sind sie mehr als ein Haufen Buchstaben. Wenn man auf elektronischen Geräten liest, kann man neben dem Text auch Bilder und Videos ansehen, Geräusche, Musik und gesprochene Texte anhören. Es gibt Geschichten, in denen man in Spielen kleine Aufgaben lösen muss, um zu den nächsten Kapiteln zu gelangen. Es gibt Figuren, die uns durch die Geschichte begleiten, die uns auffordern, etwas zu tun (auf einen Gegenstand tippen) oder etwas zu lassen (nicht auf einen Gegenstand tippen – was man dann natürlich erst recht tut).

ENHANCED E-BOOKS sind angereicherte E-Books. Neben dem Text gibt es Videos, Musik oder Geräusche. Bei einigen kann der Leser ein bisschen spielen.

Aber sind digitale Bücher nicht bloß verkleidete Computerspiele? Das fragen Leute, die Sorge haben, dass Kinder nicht mehr lesen. Dass Papierseiten voller Buchstaben, aber ohne Bilder, Töne und Effekte langweilig werden. Dass Bücher aussterben.

Und es gibt tatsächlich eine ganze Menge schlechte digitale Bücher. In ihnen geht es nicht um die Geschichte, sondern vor allem ums Spielen. Wenn es überall nur blinkt, man ständig über den Bildschirm wischen oder etwas antippen soll, lenkt das von der Handlung ab. Aber wenn ein E-Book oder eine App gut gemacht ist, helfen Bilder und Töne der Geschichte. Wenn zum Text eine Musik oder passende Geräusche zu hören sind, erlebst du alles vielleicht intensiver. Wenn eine Szene am Abend spielt und sich ein dunkler Schleier über den Bildschirm legt, tauchst du vielleicht noch tiefer in die Geschichte ein.

APPS sind sehr aufwendig gestaltet. Einzelne Figuren sind animiert wie in Filmen, man kann sich den Text vorlesen lassen oder selbst einsprechen, und es gibt viele Spielelemente.

Es ist ziemlich teuer, Apps und E-Books mit vielen Extras zu machen. In Deutschland gibt es noch nicht viele solcher digitalen Kinderbücher – es sind vor allem Bilderbücher, ein paar Sachbücher und einige Jugendromane. In Großbritannien und den USA kann man mehr entdecken. Und dort sieht man, was digitale Bücher können: Geschichten anders erzählen. Ein bisschen wie in der *Unendlichen Geschichte* und in *Tintenherz*.

In dem Zauberbuch liest Bastian, dass er nach Phantásien kommen soll. Nur mit seiner Hilfe kann die Geschichte weitergehen. Etwas Ähnliches gibt es in digitalen Büchern, man kann so richtig in der Geschichte mitmischen. An bestimmten Stellen muss man zum Beispiel entscheiden, wie es weitergehen soll. Jeder Leser hat so am Ende eine ganz eigene Erzählung.

Diese Idee gibt es schon seit vielen Jahren in gedruckten Büchern: »Willst du, dass der Held vom Felsen springt – lies weiter auf Seite 43. Willst du, dass er die Höhle betritt – lies weiter auf Seite 85« steht dann da. Bei digitalen Büchern wirkt das Mitmachen aber echter, weil wir keine Seiten mehr umblättern. Ein Tippen auf den Bildschirm, und wir sind an der ausgewählten Stelle. So können wir uns alle ein bisschen wie Bastian fühlen und denken: »Das ist

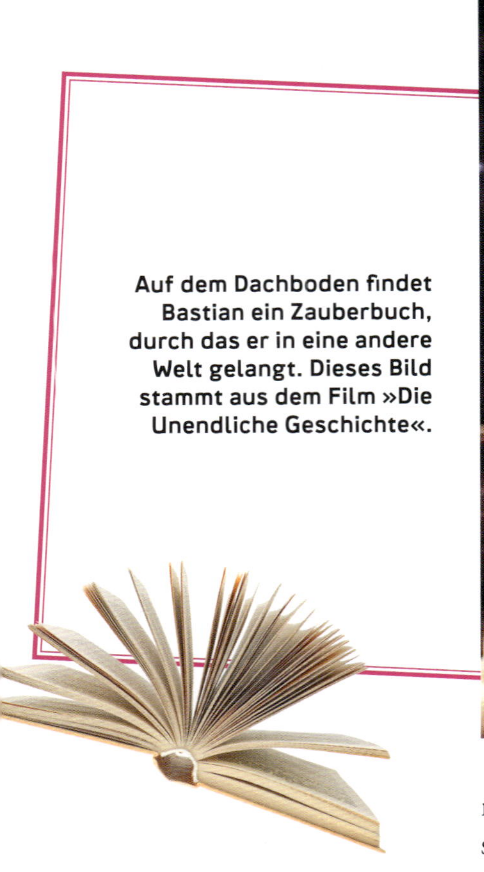

Auf dem Dachboden findet Bastian ein Zauberbuch, durch das er in eine andere Welt gelangt. Dieses Bild stammt aus dem Film »Die Unendliche Geschichte«.

meine Geschichte!« Mit kleinen Kameras, die heute in vielen Geräten stecken, sehen wir uns sogar selbst in der Welt der Geschichte. Ein optischer Trick, klar, aber ganz schön beeindruckend.

Sogar die Helden unserer Geschichten zu uns zu holen ist möglich. Technisch jedenfalls. Wir könnten Zauberzunge Mo aus *Tintenherz* aus unserem Bildschirm auferstehen und als dreidimensionales Bild, als sogenanntes Hologramm, im Raum schweben lassen. Und ist der Ton angestellt, würde die Figur sogar zu uns sprechen. So könnte Harry Potter tatsächlich mit dir in deinem Kinderzimmer Zaubertricks üben.

Unter einer Bedingung: dass jemand ihn so programmiert hat. Denn so zauberhaft einige technische Tricks in digitalen Büchern auch sind, es bleiben Tricks. Kein noch so toller Buchheld kann eigenständig entscheiden und handeln, auch ein Zauberjunge wie Harry nicht. Wenn wir in einer Geschichte auswählen dürfen, welchen der beiden Wege eine Figur nehmen soll, muss vorher jemand diese beiden Wege angelegt haben.

Wirklich lebendig wird ein Buch nur in deinem Kopf: »Man muss es lesen, damit man's erlebt«, sagt Bastian in der *Unendlichen Geschichte.* Ob wir das auf Papier tun oder auf Bildschirmen, ist dabei egal. Was hatte Bastian noch gefragt? Was in einem Buch los sei, solange es zu ist? Heute würde er vielleicht fragen, was in einer App los ist, solange wir sie nicht antippen. Tja, und das wird wohl immer ein Geheimnis bleiben. Jedenfalls für alle, die an die Magie von Geschichten glauben.

Von Katrin Hörnlein

Was ist Kunst?

Kunst ist, was das Publikum für Kunst hält. Das klingt ein bisschen enttäuschend für alle, die Kunst für etwas Geniales und Außergewöhnliches halten. Es erklärt aber ganz gut, warum manche Werke zu einer Zeit als Schund, zu anderer Zeit als Kunst gelten. So erging es zum Beispiel den Opern von Rossini und den Comics von Walt Disney.

Über Kunst können wir lange nachdenken und diskutieren.

Ein französischer Künstler, Marcel Duchamp, hat mal ein Urinal, also ein Pinkelbecken, ins Museum gestellt. So wollte er zeigen, dass alles zu Kunst werden kann, was in Museen gezeigt wird. Erst waren die Leute entsetzt, aber inzwischen wird diese Provokation geradezu als Gründungsakt der modernen Kunst gefeiert. Man kann natürlich darüber streiten, ob das Pinkelklo dabei tatsächlich zum Kunstwerk wurde, aber auf jeden Fall hat es nicht umgekehrt das Museum in ein Pissoir verwandelt. Orte der Kunst wie Museen, Theater, Konzertsäle haben mehr Macht als die Werke, die dort vorgeführt werden. Denn das Publikum erwartet hier Kunst und ist daher geneigt, was es dort sieht und hört, als Kunst zu erfahren.

Dieses Pinkelbecken stellte Marcel Duchamp 1917 erstmals aus. Ist das Kunst?

Das ist gar nichts Dummes oder Lächerliches, denn die Verwandlung von Tönen oder Farben in Kunst vollzieht sich ohnehin nicht im Orchester oder auf der Leinwand, sondern im Kopf des Zuschauers oder Hörers. Kunst ist eine innere Erfahrung, die einen äußeren Rahmen braucht. Dieser Rahmen muss das Signal senden, das unsere Seele in Erschütterungsbereitschaft versetzt – so dass die Kunst uns berühren kann und wir sie in uns erleben.

Es gab auch die Idee, die Kunst liege nur im Werk selbst – egal wo man es sieht, hört oder erlebt. Der Rahmen sei egal. Aber diese Versuche, Kunst zu erklären, passten oft nur auf eine bestimmte Zeit oder waren sehr abstrakt – so wie Goethes Definition der Kunst als das schlechthin »Inkommensurable«, das heißt als etwas, das mit nichts anderem zu vergleichen ist. Stimmt schon – ein Liebesroman ist keine Anleitung zur Liebe, keine Medizin gegen Liebeskummer, überhaupt nichts Nützliches und nicht einmal unbedingt schön zu lesen, kann sogar im Gegenteil sehr traurig machen. Aber was macht den einen Liebesroman zu Kunst und den anderen zu Kitsch?

Etwas Ungemütliches, Verstörendes muss dabei sein, damit man von Kunst sprechen kann, haben andere gesagt – aber was ist dieses Ungemütliche? Das Publikum muss es empfinden, und damit sind wir wieder oben angelangt. Kunst ist, was das Publikum als Kunst empfindet. *Von Jens Jessen*

Das soll Musik sein?

Igor Strawinsky war einer der berühmtesten Komponisten des 20. Jahrhunderts. Weltbekannt wurde er durch seine Ballettmusik »Le Sacre du Printemps« (auf Deutsch: Die Frühlingsweihe). Als das Stück zum ersten Mal im Jahr 1913 in Paris aufgeführt wurde, kam es zu einem Skandal. Dabei hatten sich die Zuschauer eigentlich auf einen Abend mit schöner Musik und Balletttanz gefreut.

Doch das Orchester spielte für die Ohren vieler Besucher nichts als Lärm. Statt schöner Melodien hörten sie schrille Töne und stampfende Rhythmen. Und die Balletttänzer rannten dazu mit aufreizenden Bewegungen über die Bühne. So etwas hatte noch niemand zuvor gesehen und gehört. Schon bald kamen Pfiffe und wütende Zwischenrufe aus dem Publikum.

Mancher Zuschauer machte sogar Tiergeräusche nach. Besonders die vornehmen Konzertbesucher waren außer sich vor Empörung. Eine alte Gräfin fühlte sich persönlich beleidigt. Sie stand in ihrer Loge, der edle Schmuck verrutscht, und schrie mit rotem Gesicht: »Das ist das erste Mal seit sechzig Jahren, dass man es wagt, sich über mich lustig zu machen.«

Rock' n' Roll: Endlich konnten sich die jungen Menschen beim Tanzen wild bewegen.

Es gab aber auch Zuschauer, denen diese ungewöhnliche, neuartige Musik gefiel und die sich wiederum von den Zwischenrufen gestört fühlten. Und so begannen sie sich während des Konzerts mit den Ruhestörern zu prügeln. Der Abend endete schließlich in einem großen Chaos mit einem wohl sehr unglücklichen Igor Strawinsky. Er hatte mit seiner Musik etwas ganz Neues ausprobieren wollen – und dabei sicherlich nicht an eine Schlägerei im Konzertsaal gedacht. Heute dagegen gilt »Le Sacre du Printemps« als eines der wichtigsten Musikstücke der letzten hundert Jahre, und niemand regt sich mehr darüber auf. Aber nicht nur diese neue Richtung der klassischen Musik hatte es anfangs schwer. Immer wieder gab es Streit über neue und laute Stile.

Zum Beispiel über den Rock 'n' Roll. Das ist eine Musikrichtung, die aus den USA stammt und vor etwa 60 Jahren entstanden ist. Verglichen mit mancher Musik, die man heute im Radio hört, klingt Rock 'n' Roll vielleicht schon altmodisch. Aber in der damaligen Zeit war es das Lauteste und Wildeste überhaupt. Besonders Jugendliche mochten die neue Musikrichtung, auch weil sie

Strawinsky, Elvis und Eminem: Ihre Musikrichtungen wurden von vielen Menschen geliebt und von vielen verabscheut.

ausgelassen dazu tanzen konnten. Viele junge Menschen wünschten sich damals mehr Freiheiten und weniger Regeln – und Rock 'n' Roll klang genau so, wie die Jugendlichen sich fühlten.

Der bekannteste Rock-'n'-Roll-Sänger war Elvis Presley. 1956 wagte er es, während eines Fernsehauftritts beim Singen mit seiner Hüfte hin und her zu wackeln. Anschließend kam es zu zahlreichen Protesten überall in den USA. Aufgeregte und empörte Bürger nannten Elvis Presleys Tanzeinlage einen »Striptease« (eigentlich meint man damit, dass sich jemand beim Tanzen auszieht). Eltern, Lehrer und religiöse Gruppen befürchteten einen schlechten Einfluss auf junge Leute.
So wurden Elvis Presley und Rock 'n' Roll für viele Erwachsene zum Feindbild. Das hatte auch damit zu tun, dass Rock 'n' Roll stark von der Musik schwarzer Amerikaner beeinflusst war. Damals gab es in den USA nämlich noch die Rassentrennung. Schwarze Amerikaner waren gegenüber den Wei-

ßen benachteiligt, Kinder durften zum Beispiel nicht die gleichen guten Schulen besuchen. Deshalb war es für viele etwas Ungeheuerliches, dass Elvis Presley, also ein Weißer, die Musik der Schwarzen spielte und sang. Und dazu noch dieser Tanz! Bei einem seiner nächsten Fernsehauftritte jedenfalls filmte man Elvis Presley sicherheitshalber nur oberhalb seiner Hüfte. Die wachsende Begeisterung für Rock 'n' Roll konnte das aber nicht aufhalten. Die Musik brachte den Wunsch nach Veränderung zum Ausdruck und wurde zur ersten weltweiten »Jugendkultur«.

So eine »Jugendkultur« beginnt oft mit einer neuen Musikrichtung und einem dazugehörigen Kleidungsstil. Damit verbunden sind auch bestimmte Meinungen, die deren Anhänger haben. Andere Jugendkulturen mit lauter Musik wie Punk, Heavy Metal oder Hip-Hop folgten dem Rock 'n' Roll. Und viele Erwachsene beäugten diese Musikrichtungen argwöhnisch. Oft verstanden sie aber einfach nicht die Hintergründe der Musik. Wenn Punkbands mit bunten Haaren laute und wütende Lieder sangen, wollten sie nicht nur provozieren. In ihren Liedern ging es zum Beispiel auch darum, dass sie keine Chancen für eine gute Zukunft sahen.

Mit der Musik von Rihanna …

… und von Kid Ink können manche Eltern heutzutage auch nichts anfangen.

Allerdings steckt heute nicht hinter jedem Lied, das für Proteste sorgt, auch eine ernst gemeinte Kritik an der Gesellschaft. Denn clevere Musiker und Produzenten haben schnell eines erkannt: Man hat gute Chancen, erfolgreich zu werden (und somit auch viel Geld zu verdienen), wenn man es schafft, dass sich möglichst viele Eltern oder ältere Menschen über die Musik aufregen. Zufälligerweise ist das nämlich oft genau die Art von Musik, die Kindern und Jugendlichen gefällt.

Bands in gruseliger Verkleidung oder halb nackte Sängerinnen werden von besorgten Eltern schnell abgelehnt. Ebenso wie vollkommen dämliche Lieder mit unanständigen oder gewalttätigen Texten – wie sie von Gangsta-Rappern vorgetragen werden. Und vielleicht haben die Erwachsenen in solchen Fällen tatsächlich Recht mit ihrer Kritik.

Doch es soll auch Mütter und Väter geben, die all das überhaupt nicht stört und die selbst gern laute Musik hören. Einigen sind sogar unanständige Texte egal. Wie kann man als Kind noch schocken, wenn der Vater Bushido-Fan ist und die Mutter am liebsten wie eine Mumie verkleidet zu Heavy Metal tanzt? Vielleicht solltest du es in so einem Fall mit klassischer Musik versuchen, zum Beispiel mit »Le Sacre du Printemps« von Strawinsky. Dann wären deine Eltern möglicherweise genauso entsetzt wie das Publikum vor knapp hundert Jahren. Falls das nicht reicht, versuch es mit zünftiger Volksmusik. Aber da solltest du dir vorher gut überlegen, wie lange du das selbst aushalten kannst.

Von Philip Stegers

Das kostet aber!

In einem Tonstudio arbeitet der englische DJ und Musikproduzent Mark Ronson an neuen Songs.

Was darf ich aus dem Internet herunterladen und was nicht? Soll es in Zukunft jedem erlaubt sein, Fotos, Musik, Filme oder Bücher aus dem Netz zu kopieren? Und sollen die Fotografen, die Musiker und die Autoren weiterhin für ihre Werke Geld bekommen? Über solche Fragen wird viel geredet und gestritten. Und immer wieder taucht dabei ein komplizierter Begriff auf: Urheberrecht. Was bedeutet das eigentlich?

Eins vorweg: Wir alle sind Urheber – egal wie alt. Du hast bestimmt schon einmal ein Bild gemalt, eine Geschichte oder ein Gedicht geschrieben, ein tolles Foto gemacht oder vielleicht ein Musikstück komponiert. Das sind deine »Werke«, deine »persönlichen geistigen Schöpfungen« – so steht es im Urheberrechtsgesetz.

Du hast das Urheberrecht an deinen Werken von dem Moment an, in dem du sie geschaffen hast. Und zwar nicht nur in Deutschland, sondern weltweit.
Dein Lied, Foto oder Gedicht ist durch das Gesetz geschützt. Das bedeutet: Du bist der Bestimmer. Du allein entscheidest, ob ein Foto, das du gemacht hast, in der Schülerzeitung oder auf Facebook veröffentlicht werden darf. Wenn du eine Geschichte geschrieben hast, die ein Verlag drucken möchte, muss er dich um Erlaubnis fragen. Außerdem steht im Urheberrechtsgesetz, dass der Verlag dich dafür angemessen bezahlen muss.
Nun denkst du vielleicht: »Urheberrecht, ist mir doch egal! Ich bekomme Taschengeld, und meine Geschichten will eh niemand lesen.« Aber Musiker, Fotografen und Buchautoren leben von ihren Werken. Es ist ihr Beruf, mit dem sie Geld verdienen.

Wenn du zum Beispiel mit deiner Band wochenlang an einem Song komponierst und übst, würdest du es wahrscheinlich fair finden, wenn jeder, der das Lied herunterlädt, dafür auch etwas bezahlt.

Das Gesetz jedenfalls sagt, dass der Urheber Geld erhalten muss. Woher aber kommt nun dieses Geld? Wenn du im Laden zum Beispiel ein Taschenbuch kaufst, dann erhält der Autor einen Anteil des Kaufpreises. Genauso ist es bei einer CD. Wenn man in ein Geschäft geht, ist es selbstverständlich, dass man für Texte und Musik bezahlt.
Im Internet aber verhalten sich viele Leute anders. Offenbar verstehen nicht alle: Auch übers Netz dürfen Werke eines Urhebers nur verbreitet werden, wenn dieser einverstanden ist. Und wenn er dafür bezahlt wird. Manche Bands bieten auf ihren Websites vielleicht mal einen Song umsonst an, meist möchten sie ihre Musik aber verkaufen.

Firmen wie Amazon oder Apple haben deshalb Verträge mit den Urhebern ausgehandelt. Wenn du bei ihnen ein Lied herunterlädst, bekommt der Musiker einen Teil des Kaufpreises. Ein Song kostet bei iTunes meistens 99 Cent. Doch es gibt Menschen, die das nicht bezahlen wollen. Sie nutzen das Internet, um massenhaft Kopien von Werken zu verbreiten. Das läuft zum Beispiel über sogenannte Filesharing-Dienste – auf Deutsch Dienste zum Austauschen von Dateien. Der Urheber hat das weder erlaubt, noch erhält er für seine Lieder, Bilder, Texte oder Filme auch nur einen Cent. Dagegen wehren sich viele Urheber und deren Vertragspartner, vor allem Musiker und Plattenfirmen. Andere sagen, das Urheberrechtsgesetz müsse geändert werden. Deshalb wird so viel gestritten. Wie kannst du nun im Internet erkennen, ob ein Lied geklaut ist oder ob es okay ist, eine Datei kostenlos herunterzuladen?

Lang Lang ist ein berühmter Pianist. Wenn er Stücke aufnimmt, die sich viele Menschen gerne anhören möchten, sollte er für seine Arbeit bezahlt werden.

Die Regel heißt: Wenn du etwas bezahlen musst, um zum Beispiel ein Lied oder ein E-Book herunterzuladen, ist der Anbieter meist okay. Die Musikangebote der großen Seiten wie Amazon, Musicload oder iTunes sind also in Ordnung. Im Netz Musik anzuhören oder Filme anzusehen, ohne sie auf dem eigenen Computer zu speichern, – sie also zu streamen – kann in Ordnung sein, muss es aber nicht. Deezer und Spotify sind Beispiele für erlaubte Streaming-Seiten.

Wenn du kostenlos aus einer Vielzahl von Dateien Musik, Filme, Bilder und Texte auf deinen Computer laden kannst, solltest du in jedem Fall vorsichtig sein. In manchen Tauschbörsen werden Dateien fast ausschließlich unerlaubt angeboten. Wer hier etwas hoch- oder herunterlädt, kann bestraft werden. Musikdateien werden auch oft in Foren oder Blogs eingestellt. Das ist ebenfalls häufig nicht erlaubt. Also lieber Finger weg.

Von Matthies van Eendenburg

Spielen, chatten surfen

Was begeistert so viele am Internet? Und was haben Eltern daran zu meckern?

Rosa geht ins Netz, wenn sie etwas für die Schule suchen muss, abends chattet sie mit ihren Freundinnen. Leopold reist mit Google Earth nach New York oder schreibt E-Mails an seine Oma. Kimia kontrolliert mit ihrem Smartphone, ob die Straßenbahn pünktlich ist. Und Hanno geht auf die Lego-Star-Wars-Website und spielt »Die Suche nach R2-D2«.

Für diese Kinder ist es ganz normal, im Netz unterwegs zu sein. So wie für die meisten 8- bis 13-Jährigen in Deutschland: Vor kurzem hat eine Umfrage ergeben, dass fast neun von zehn Kindern regelmäßig ins Internet gehen, etwa jedes dritte davon sogar täglich. Über die Hälfte von ihnen ist in einem sozialen Netzwerk wie Facebook angemeldet – obwohl man bei Facebook eigentlich 13 Jahre alt sein muss, um dort ein Profil haben zu dürfen. Die meisten Kinder benutzen einen Laptop oder Computer zum Surfen, vier von zehn gehen auch mit ihrem Handy ins Netz.

Mit dem Laptop oder dem Smartphone kommst du auch unterwegs ins Netz.

Das Internet ist vielleicht die beste Erfindung des Menschen, ähnlich genial wie die Erfindung des Rades. Mit Hilfe von Rädern konnten unsere Vorfahren schneller weitere Strecken zurücklegen. Das Rad hat die Menschen also näher zusammengebracht. Im Internet überwinden wir noch schneller noch größere Entfernungen. Wir können uns mit Menschen auf der ganzen Welt unterhalten – und das, ohne das Haus zu verlassen.

Toll ist auch: Auf so ziemlich jede Frage findest du im Netz eine Antwort. Wie heißt die Hauptstadt von Jamaika? Wie pfeife ich auf vier Fingern? Wie lange hat das Schwimmbad auf? Einfach die Frage in eine der vielen Suchmaschinen eingeben – und schon findest du Texte, Videos, Karten.
Vieles, was du im Netz anklickst, wird von Menschen gemacht. Sie befüllen es mit ihrem Wissen, ihren Ideen, ihren Erfahrungen. Jeder kann mitmachen und seine Meinung sagen – auch du. Aber wo jeder mitmachen kann, kann auch jeder Mist machen. Manche Leute verbreiten im Netz falsche Nachrichten, fiese Chat-Kommentare oder auch Dinge, die ihnen gar nicht gehören: Filme, Musik oder Texte, für die man eigentlich etwas bezahlen müsste. Betrügerbanden versuchen sogar, mit gefälschten Gewinnspielen an dein Taschengeld zu kommen. Und dann gibt es noch die großen Internetfirmen wie Google oder Facebook. Die stellen uns ihre Websites nicht zur Verfügung, weil sie uns so nett finden. Sie verdienen an uns – wie, dazu später mehr.

Ein Leben ohne Netz? Unvorstellbar, denkst du wahrscheinlich. Aber genauso war es für deine Eltern. Als sie Kinder waren, gab es das Internet noch nicht. Vielleicht achten viele Mütter und Väter auch deshalb so sehr darauf, dass ihre Kinder nicht zu viel Zeit online verbringen. Hanno darf zum Beispiel nur an drei Tagen in der Woche für jeweils eine Dreiviertelstunde ins Internet. Aaron muss erst seine Hausaufgaben machen, danach soll er nicht länger als eine Stunde im Netz sein. Wenn er sich nicht daran hält, nimmt ihm seine Mutter den iPod für eine Woche weg. Kimia hört meistens freiwillig mit dem Surfen auf. Und wenn sie für die Schule viel zu tun hat, dann bleibt sie auch mal ein paar Tage hintereinander offline.
Und wie ist das bei dir? Wie lange darfst du online sein? Was machst du im Netz? Und wie gut kennst du dich aus?

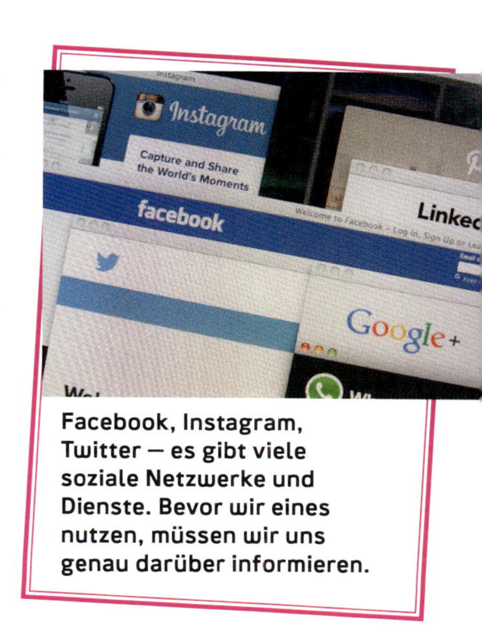

Facebook, Instagram, Twitter – es gibt viele soziale Netzwerke und Dienste. Bevor wir eines nutzen, müssen wir uns genau darüber informieren.

VIDEOS UND MUSIK

WOW Hast du schon mal eine Muschel fressen sehen? Klar, auf YouTube. Zumindest könntest du es dort sehen. Auf der Videoplattform findet man so gut wie alles, was es auf der Welt zu sehen gibt. Dafür sorgen Millionen von Menschen: Sie filmen, wie ihre Tiere Blödsinn machen, zeigen ihre besten Skateboardtricks oder wie man Lieder von Popstars auf der Gitarre nachspielen kann.

UPS Bevor ein Video gezeigt wird, musst du dir oft einen Werbespot ansehen. Das nervt nicht nur, daran merkst du auch: YouTube gehört zu einer Firma, nämlich zu Google, und Firmen wollen Geld verdienen. Darum schlägt YouTube dir auch immer neue Videos vor, wenn eins zu Ende ist: Du sollst so lange wie möglich auf der Seite bleiben. Dann siehst du mehr Werbung – und für jeden Spot bekommt YouTube Geld.

ALSO Die Werbung kannst du abstellen. Wie, das erfährst du sogar auf der Seite selbst. Gib »YouTube ohne Werbung« in das Suchfenster bei YouTube ein. So findest du etliche Videoanleitungen von Leuten, die Schritt für Schritt erklären, wie du ein Anti-Werbe-Programm auf deinem Computer installierst. Das Tolle: Mit einem solchen Programm siehst du auch auf keiner anderen Website mehr Werbung.

FACEBOOK UND CO.

WOW Fast anderthalb Milliarden Menschen sind bei Facebook angemeldet. Es ist das größte soziale Netzwerk der Welt. Soziale Netzwerke sind praktisch: Wenn du etwas Spannendes – oder auch nicht so Spannendes – zu verkünden hast, kannst du es für viele gleichzeitig posten. Etwa: »Heute keine Lust auf Schule, bleibe zu Hause.«

UPS Und wenn das jetzt die Oberpetze der Klasse gelesen hat? Manchmal ist es nicht leicht, einzuschätzen, wer was auf deiner Seite sehen soll. Besonders heikel ist es mit Fotos. Vielleicht ist dir das Bild mit der Schweinenase im kommenden Jahr peinlich. Dann kannst du es löschen. Aber was einmal im

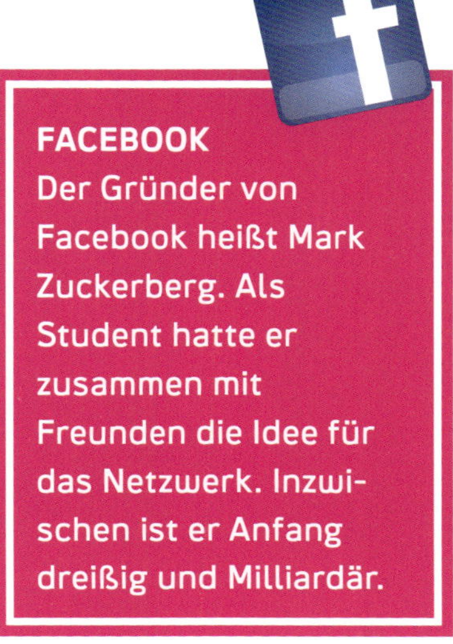

FACEBOOK
Der Gründer von Facebook heißt Mark Zuckerberg. Als Student hatte er zusammen mit Freunden die Idee für das Netzwerk. Inzwischen ist er Anfang dreißig und Milliardär.

Netz war, verschwindet vielleicht nie wieder: Du weißt nie, ob es jemand heruntergeladen oder einen Screenshot davon gemacht hat.

ALSO Teile die Leute auf deiner Freundesliste unbedingt in Gruppen ein, zum Beispiel in »Freunde«, »Verwandte« und »entfernte Bekannte«. Überleg dir bei jedem Posting, wer es lesen soll – nur für sie schaltest du den Eintrag frei. So behältst du die Kontrolle über das, was andere von dir wissen. Deine Adresse und Telefonnummer gehören sowieso nicht ins Netz. Und schreib auch nichts, woran man deinen Wohnort erkennen kann.

SUCHEN

WOW Ursprünglich war Google eine Suchmaschine, mit der man Seiten im Internet finden konnte. Heute ist Google viel mehr: Mit Google Street View kannst du dir die Straßen im Nachbarort und in Paris ansehen, du kannst damit sogar den Amazonas entlangreisen. Mit Google Mail kannst du E-Mails verschicken und bei Google Books eingescannte Bücher online lesen.

UPS Wenn du mit Google Dinge herausfinden kannst, heißt das umgekehrt auch, dass Google Dinge über dich herausfindet: dass du Fußballfan bist, weil du die Neuigkeiten deines Lieblingsvereins liest. Oder dass du Badminton spielst, weil du Badminton-Hallen gegoogelt hast. Was du mit Google Mail schreibst, wonach du im Netz suchst – all das sammelt die riesige Firma. Was mit all den Daten geschieht, weiß niemand so ganz genau. Was man weiß, ist, dass Google es dir immer recht machen will: Wenn du nach Informationen für ein Referat suchst, zeigt dir die Suchmaschine andere Ergebnisse als deinen Freunden.

ALSO Was soll eine Firma wie Google über dich erfahren? Das solltest du dir überlegen, bevor du die Angebote nutzt. Es gibt ja auch noch andere Dienste, zum Beispiel die Kindersuchmaschine Blinde Kuh.

WIKIPEDIA

WOW Wikipedia ist die größte Wissenssammlung der Welt. Insgesamt gibt es über 35 Millionen Artikel in mehr als 280 Sprachen. Zum Vergleich: Der Große Brockhaus, die Lexikonreihe, die vielleicht noch bei euch im Regal steht, hatte höchstens 300.000 Einträge – und die waren oft kürzer als die Wikipedia-Artikel. Dass die Wissenssammlung so riesig ist, liegt daran, dass sie nicht nur von einigen Experten gemacht wird, sondern dass jeder für Wikipedia schreiben, Texte ergänzen und verbessern kann.

UPS Weil jeder mitmachen darf und nie der Platz ausgeht, sind die Artikel bei Wikipedia oft sehr lang, und manchmal steht sogar richtiger Blödsinn drin. Zum Beispiel, weil jemand aus Spaß den Vornamen eines bekannten Politikers geändert hat. Meistens fällt so etwas aber auf: Es gibt eigentlich immer jemanden, der den Fehler wieder verbessert – und das meistens sehr schnell. Einige Forscher haben sogar herausgefunden, dass Wikipedia heute nicht mehr Fehler enthält als frühere gedruckte Lexika.

ALSO Bei Wikipedia kannst du dir gut einen Überblick zu einem Thema verschaffen. Bleib aber immer misstrauisch, ob die Informationen wirklich stimmen – genau wie bei anderen Internetseiten auch. Hilfreich sind die Links, die unter den Artikeln stehen. Die führen dich zu anderen Seiten mit Infos. Spannend ist, wenn du bei einem Wikipedia-Artikel oben links auf »Diskussion« klickst: Da kannst du nachlesen, wie sich die Autoren der Artikel manchmal über Kleinigkeiten streiten.

ONLINE-SPIELE

WOW Browser-Spiele sind obercool? Klar, es macht ja auch Spaß, sich von Level zu Level hochzuarbeiten, in andere Welten abzutauchen und gegen Mitspieler anzutreten. Besonders viel Spaß macht es, wenn man gegen die sogar gewinnt. Und noch toller ist, dass so viele Spiele umsonst sind.

UPS Spielen im Netz macht manchmal ganz schön viel Arbeit. Wer online zum Beispiel einen Garten beackert, muss Unkraut jäten oder Maulwürfe bekämpfen. Und wer sich bei solchen Aufgaben Hilfe holen möchte, der muss dann doch oft bezahlen. Meist zwar nur mit einer Art Spielgeld, doch das gibt es im Tausch gegen echte Euros – zum Beispiel indem man eine SMS an eine bestimmte Nummer schickt. Und eine SMS kostet natürlich Geld. Manche Eltern haben schon Telefonrechnungen mit mehr als 200 Euro gehabt, und die fanden Browser-Spiele dann nicht mehr so obercool.

ALSO Wir schlagen dir jetzt nicht vor, mit der Spielerei aufzuhören. Aber mach mal ein Experiment: Schreib eine Woche lang auf, wie viel Geld du per SMS oder paysafe-Karte ausgibst, und rechne aus, was du davon sonst noch kaufen könntest.

Von Magdalena Hamm und Judith Scholter

Wer mit dem Spielen beginnt, muss aufpassen, dass er auch wieder aufhören kann, und vorsichtig sein, wenn etwas Geld kosten soll.

KULTUR UND MEDIEN

Immer »on«?

Eine gute Mischung: mal mit, mal ohne Handy Zeit verbringen.

Es plingt und surrt und piept, blinkt und leuchtet und brummt. Ständig macht sich das kleine Gerät bemerkbar. Statt zu piepen oder zu brummen, könnte es auch rufen: »Schau mich an!«, oder: »Spiel mit mir!« Würden Geschwister einem derart auf die Nerven gehen, hätten wir sie ratzfatz vor die Tür gesetzt. Doch mit diesem Apparat haben wir eine Engelsgeduld. Wir legen ihn abends neben das Kopfkissen und nehmen ihn morgens beim Zähneputzen mit ins Bad. Sobald er sich meldet, schauen wir nach, was los ist.
Worum es hier geht? Ums Handy. Und was los ist? So allerhand.
Die Freundin bittet um Hilfe bei der Mathe-Hausaufgabe. Der Junge aus dem Handballverein schickt das Foto einer miesepetrigen Katze, Kommentar: »So sehen unsere Gegner nach dem Spiel aus!« Die Nachbarin schickt ein »Hi!« an fünf Freundinnen und wartet, bis fünfmal »Hi!« zurückkommt.

Fragen, Fotos, Grüße und Videos: Vieles kann man übers Handy teilen. Mit WhatsApp, Instagram, Twitter oder Facebook verschicken Menschen jeden Tag Milliarden von Nachrichten und Bildern. Wie viele man selbst so bekommt, das merkt man oft erst, wenn man eine Weile nicht online gewesen ist.
Laura erzählt, dass sie nach einer Woche Urlaub 5000 neue Mitteilungen hatte, ihr Mitschüler Jeff sammelte in den Weihnachtsferien 10.000. Adrian erinnert sich, dass er früher in einer Woche 500 Nachrichten bekommen hat. »Heute krieg ich die am Tag«, schätzt er und findet das »schon heftig«.
Laura, Jeff und Adrian gehen in die Klasse 6d eines Hamburger Gymnasiums. Sie sind 12 Jahre alt und haben alle ein eigenes Handy – so wie der Rest der Klasse auch. Die meisten Kinder besitzen ein Gerät, mit dem sie ins Internet gehen können. Damit ist die 6d in Deutschland keine Ausnahme. In einer Befragung fanden Forscher heraus, dass fast allen 12- und 13-Jährigen ein Handy gehört. Knapp vier von fünf Kindern in dem Alter haben ein Gerät, mit dem sie ins Netz kommen. Und sind ständig »on«.
Robert erzählt von einem Chat mit 49 Teilnehmern und dass da ruck, zuck 1000 neue Nachrichten eintrudeln. Oft sei nicht eine wichtige dabei. »Ja«, nickt Adrian, »viele schreiben, wenn ihnen langweilig ist. Da kommt nicht mehr als ›Hallo?‹ oder ein Smiley.« Trotzdem schauen Robert und Adrian sofort nach. Es könnte ja doch etwas Wichtiges sein.

Die beiden haben FOMO. Das würden Wissenschaftler sagen, die erforschen, wie wir Menschen mit Technik umgehen. Die vier Buchstaben sind die Abkürzung der englischen Worte *Fear Of Missing Out,* auf Deutsch: Angst, etwas zu verpassen. Und FOMO setzt manchen richtig zu. »Ich kann es nicht haben,

auch nur eine 1 auf meinem Display zu sehen«, erzählt Julius. Die 1 bedeutet eine ungelesene Nachricht. »Ich gehe sofort drauf, damit sie wieder verschwindet«, erzählt er.
Die 1 stresst Julius, sie macht ihm Druck. Deshalb macht FOMO wiederum vielen Eltern und Lehrern Druck. Auch wenn Erwachsene das FOMO-Gefühl selbst kennen, möchten sie Kinder davor bewahren – was ja erst einmal nett ist. Doch zu dem Stress, den das Handy mit seinem ständigen Geblinke und Gebrumme erzeugt, kommt so dann auch noch der Stress, wenn Eltern sich darüber aufregen und mit Internetsperre drohen.
Verbieten sei Quatsch, sagt Markus Merkle von der Website Handysektor. Er ist Fachmann dafür, wie man sich im Netz sicher bewegt, und gibt dazu Kurse an Schulen. Kindern falle es viel leichter als ihren Eltern, technische Geräte zu bedienen, sagt Merkle. Wie man die Technik aber richtig *nutzt,* müssten alle lernen. Die Angst, etwas zu verpassen, gab es auch früher schon: »Da hat man am Fenster gestanden und die Nachbarn beobachtet«, erzählt Merkle. Heute sei der Druck, alles mitzukriegen, aber viel, viel höher. »Man muss üben, damit klarzukommen«, sagt der Handytrainer.

Auch wenn es spannend ist, sich die neuesten Fotos zu zeigen oder Lieder vorzuspielen, kann es auf Dauer ganz schön stressen.

Wer sein Telefon hervorholt, um die Uhrzeit abzulesen, ist noch nicht gestresst. Stress entsteht erst durch Erwartungen – unsere eigenen und die der anderen. Jessica zum Beispiel wird von Freundinnen schnell gefragt: »Magst du mich nicht mehr?«, wenn sie nicht sofort auf eine Nachricht antwortet. Sefer erzählt, dass es ums Mitredenkönnen geht: »Da fragt einer: ›Hast du das lustige Foto schon gesehen?‹ Und wenn man es nicht kennt, gehört man nicht dazu.«
Viktoria ist in der 6d eine Ausnahme: Sie besitzt kein Handy, mit dem sie ins Netz gehen kann. Ihre Eltern erlauben es (noch) nicht. Nachrichten verschickt Viktoria vom Computer zu Hause. Manchmal bekommt sie eine Neuigkeit nicht so schnell mit wie alle anderen. Dafür hat sie aber viel öfter ihre Ruhe.
Wann der Blinke-Apparat einem nützt und wann er stresst, kann jeder herausfinden. »Einfach mal eine Woche Handyfasten«, rät Merkle, »da lernt man ganz schnell, wann man das Telefon aus Langeweile aus der Tasche zieht und wann man wirklich etwas Wichtiges wissen oder mitteilen will.« Natürlich braucht man ein bisschen Mut, um so lange aufs Handy zu verzichten: Man muss ja nicht nur gegen das fiese FOMO-Gefühl ankämpfen, sondern auch allen Freunden erklären, warum man freiwillig »off« ist.

Aber in den Schulferien kann man es gut üben. Surfen und Chatten im Ausland ist oft noch so teuer, dass die Eltern es ohnehin verbieten. Und warum soll man sich im Urlaub nur von der Schule erholen? »Wenn Ferien sind, dann will ich die genießen und mal nicht aufs Handy gucken«, sagt Lilly. Was sie beschreibt, ist das Gegenteil von FOMO. Lilly freut sich auf JOMO. Diese Abkürzung steht für *Joy Of Missing Out* – auf Deutsch: Freude, etwas zu verpassen. Nur Mut!

Von Katrin Hörnlein

7. KAPITEL

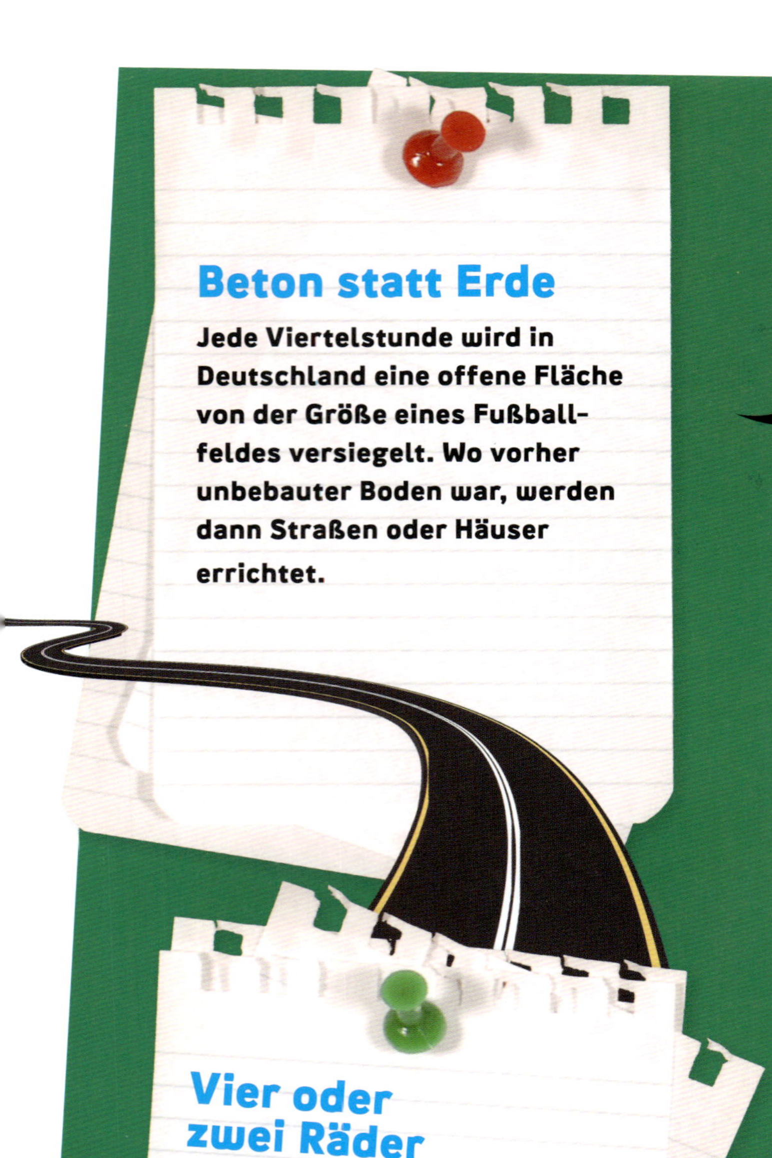

Beton statt Erde

Jede Viertelstunde wird in Deutschland eine offene Fläche von der Größe eines Fußballfeldes versiegelt. Wo vorher unbebauter Boden war, werden dann Straßen oder Häuser errichtet.

Zu viel für einen Schrank

Zählst du Shoppengehen zu deinen Hobbys? Viele tun das. Im Durchschnitt kauft jeder Deutsche jeden Monat fünf neue Kleidungsstücke. Vor zehn Jahren waren es noch halb so viele. Im Vergleich zu 1980 haben jeder und jede Deutsche heute viermal so viele Klamotten im Schrank – und rund 20 Stück wurden noch nie getragen.

Vier oder zwei Räder

Wolfsburg kann man als deutsche Autostadt bezeichnen. Dort gibt es genauso viele Autos wie Einwohner. Das ist Städterekord. In Berlin kommt dagegen nur auf jeden dritten Menschen ein Auto. Fahrrad-Hauptstadt ist Münster. Dort besitzt jeder Mensch im Durchschnitt 1,5 Drahtesel.

Wetter oder Klima

Ob es morgen regnet oder in der vergangenen Woche sehr heiß war: Beides sind Wetterzustände. Erst wenn man das Wetter über eine sehr, sehr lange Zeit beobachtet, lässt sich etwas zum Klima sagen. Heute sind Forscher sicher: Das Klima auf der Erde wandelt sich, es wird insgesamt wärmer.

Strom sparen, weniger Fleisch essen, öfter Rad fahren als mit dem Elterntaxi: Überlege dir, was du eine Woche lang anders machen kannst, um der Umwelt weniger zu schaden.

VOM VERSCHWENDEN, BEHÜTEN UND RETTEN

Unsichtbare Macht

Sie ist überall, aber wir können sie nicht sehen und nicht anfassen: Energie. Man bemerkt sie erst, wenn sie etwas bewirkt. Wenn die elektrische Energie eine Lampe zum Leuchten bringt oder die Energie aus dem Benzin ein Auto fahren lässt. Woher wir die Energie für unser Leben bekommen, darüber wird viel gesprochen. Denn Kohle, Erdgas und Erdöl gehen zur Neige und belasten die Umwelt. Deswegen wird versucht, mehr Energie zu nutzen, die nicht aufgebraucht werden kann: Wind, Sonnenenergie oder die Energie aus fließendem Wasser zum Beispiel.

2,6 Erden

Wenn alle Menschen so leben würden wie die Deutschen, bräuchten wir eigentlich mehr als zweieinhalb Erden. Denn wir verbrauchen die Natur sozusagen schneller, als sie sich erholen kann. Zum Beispiel pusten unsere Autos und Fabriken mehr Abgase in die Luft, als Wälder und Ozeane aufnehmen können. In manchen Gegenden werden Bäume viel schneller abgeholzt, als sie nachwachsen können. Und so weiter. Weltweit verhalten sich 91 der 152 Länder so: Sie verbrauchen viel zu viel. Einige Länder nutzen auch weniger, als sie rechnerisch dürften. Betrachtet man die Welt als Ganzes, bräuchten wir heute eigentlich anderthalb Erden.

Unsere Erde leidet: Müll im Meer, Abgase in der Luft und Zerstörung im Regenwald machen sie krank. Höchste Zeit einzugreifen. Mach mit!

VERWANDLE DEINEN MÜLL!
»Seit ich gesehen habe, wie viel Müll im Meer treibt, versuche ich, weniger Dinge wegzuschmeißen. Oder ich recycle sie. Gerade habe ich alte Kartoffel- und Zwiebelnetze in ein gemütliches Sitzpolster verwandelt. Es gibt die Netze in Gelb, Rot oder Grün. Für das Kissen stopft man ein paar kleine in ein großes Gemüsenetz – je nachdem, wie dick man es haben möchte. Dann Netz zubinden, hinsetzen, fertig!«
Tipp von Alisah, Graz, Österreich

Rettet die Erde!

Hätte unsere Erde ein Gesicht, würde sie ganz schön elend dreinschauen, zugemüllt und ausgebeutet, wie sie ist. Blass und trocken wäre ihre Haut, denn immer mehr Tiere und Pflanzen verschwinden von der Erdoberfläche. Und rote Fieberbacken hätte unser Planet, weil es auf ihm immer heißer wird.
Es ist kein Virus, das die Erde krank macht, es sind ihre ziemlich rücksichtslosen Bewohner, die ihr zusetzen: wir Menschen. Aus unseren Fabrikschornsteinen, Autos und Flugzeugen jagen wir Abgase in die Luft. Unser Müll türmt sich meterhoch auf Halden und schwimmt in riesigen Inseln im Meer. Wir graben die Böden um und rauben der Erde ihre Schätze: Metalle, um sie in unsere Computer, Handys und Fernseher einzubauen. Mit Trinkwasser und Öl gehen wir so verschwenderisch um, dass bald nicht mehr jeder damit versorgt werden kann. Bei dem, was wir verbrauchen, müssten wir mehrere Erden haben, damit es für alle Menschen reicht. Tieren und Pflanzen nehmen wir

ihren Lebensraum weg, weil wir Wälder abholzen, die Umwelt verschmutzen und uns mit unseren Städten und Dörfern immer breiter machen. 130 Pflanzen- und Tierarten sterben auf der Welt jeden Tag aus. Unseretwegen.
Und nun? Den Kopf in den vermüllten Sand zu stecken hilft nicht. In großen Studien haben die meisten Kinder gesagt, dass sie Umwelt- und Tierschutz wichtig finden und es unsere Aufgabe ist, die Natur wieder aufzupäppeln. Dafür braucht es Leute, die mit anfassen und viele gute Ideen haben. Einige solcher Einfälle stellen wir dir hier vor. Jeder kann helfen, und schon ein bisschen Einsatz lohnt sich, damit die Erde irgendwann wieder lächelt.

So könnte die Müll-auffang-Anlage vor der japanischen Küste aussehen. Aber noch ist es nicht so weit.

Aufräumen im Meer

Vor etwa sechs Jahren, als Boyan 16 Jahre alt war, machte er Tauchurlaub in Griechenland. Was er unter Wasser sah, schockierte ihn: »Da schwammen mehr Plastiktüten als Fische!« Boyan beschloss, etwas gegen den Müll im Meer zu unternehmen. Nur wie? Einfach mit einem Schiff loszufahren und den Dreck mit Netzen herauszufischen würde sehr lange dauern und wäre teuer. Und in den Netzen könnten sich Meerestiere verfangen und sterben.
Also tüftelte Boyan an einer schwimmenden Müll-auffang-Anlage. Er studiert ein Technikfach und wusste, wie er seine Idee am Computer zeichnen und ein kleines Modell davon bauen kann. Später soll die Anlage riesig sein: Sie besteht dann aus kilometerlangen Schläuchen, die auf dem Wasser schwimmen. An ihnen sammelt sich das Plastik, das an der Oberfläche treibt. An den Schläuchen hängen außerdem Schnüre nach unten, an denen viele spezielle Netze befestigt sind. Mit ihnen werden kleinere Müllteile aus dem Wasser gefiltert, Fische und andere Meerestiere können aber einfach um diese Netze herumschwimmen.
Seine Konstruktion will Boyan an den Stellen der Ozeane ins Wasser lassen, an denen sich der meiste Müll sammelt. Alle paar Wochen müsste ein Schiff kommen und den gesammelten Müll abholen, der dann an Land recycelt werden kann. »Wissenschaftler haben ausgerechnet, dass man mit meiner Methode 150 Tonnen Müll am Tag aus dem Meer fischen könnte«, sagt Boyan. »Nun sammle ich Geld, um meine Idee umzusetzen und allen zu beweisen, dass sie funktioniert.«

TAUSCHE KLAMOTTEN!
»Ständig neue Kleidung zu kaufen ist nicht nur teuer, sondern schadet der Umwelt. Zum Beispiel weil auf den Baumwollfeldern ganz viel Wasser verbraucht wird. Wir machen hier bei uns im Ort stattdessen eine Kleidertauschparty: Jedes Kind bringt Sachen mit, die ihm nicht mehr gefallen oder zu klein sind, und kann sie gegen etwas anderes eintauschen.«
Tipp von Dina aus Iserlohn

Zeit für Ersatzteile

In jedem Handy stecken wertvolle Metalle. Sie kommen zum Beispiel aus dem Kongo, einem Land in Zentralafrika. Riesige Flächen Regenwald werden dort abgeholzt, um in den Böden nach den Metallen zu graben. Aus dem wilden Dschungel wird eine matschige, baumlose Baustelle, und Tiere wie der Berggorilla verlieren ihren Lebensraum. Nicht nur die Natur, auch die Arbeiter in den Minen leiden: Sie werden schlecht bezahlt und sind in ständiger Gefahr, bei einem Erdrutsch verschüttet zu werden. So geht es nicht weiter!, dachten ein paar Niederländer und entwickelten das »Fairphone«. Man kann es selber auseinanderbauen und Teile austauschen, daher muss man kein neues Gerät kaufen, wenn etwas kaputtgeht. Das unterscheidet es von anderen Handys, die samt Metallen im Müll landen, sobald etwas nicht mehr funktioniert. Beim Fairphone werden außerdem viele der Arbeiter besser bezahlt als üblich. Wer ein Fairphone kaufen möchte, kann es im Internet bestellen.

GIB TIEREN EIN ZUHAUSE
»Ich finde es traurig, dass viele Tiere vom Aussterben bedroht sind. Einige verschwinden, weil wir Menschen sie jagen oder ihnen ihr Zuhause wegnehmen. Zum Beispiel schneiden viele Leute ihren Rasen ganz kurz, obwohl Insekten darin leben. Bei uns im Garten lasse ich das Gras extra etwas länger. Außerdem habe ich unseren Keller für seltene Salamander und Geburtshelferkröten geräumt. Sie waren durch Löcher in der Wand reingekommen. Solange sie mögen, ist mein Zuhause auch ihr Zuhause.«
Tipp von Leo aus Wetter an der Ruhr

Vielfalt erhalten

In den meisten Städten hört man Autohupen statt Bienengesumm. Da duften keine Blumenbeete, sondern da stinken Fabrikschornsteine. Und überhaupt sieht man mehr Grau als Grün. Die Bürger der kleinen Stadt Andernach in Rheinland-Pfalz wollten es anders machen: Hier sollte genug Platz für die Natur bleiben, mit all ihren Pflanzen- und Tierarten.
Also verwandelten die Andernacher ihre Stadt in einen riesigen Garten. In den Verkehrkreiseln legten sie Blumenbeete an, und im Stadtgraben wachsen nun Weintrauben. An der alten Stadtmauer im Zentrum reifen Kiwis und Kürbisse, Kakis und Kohlrabis, Kartoffeln und Salat, Zucchini und Granatäpfel, Bitterorangen und Beeren und, und, und … »Essbare Stadt« sagen die Andernacher auch zu ihrer Heimat. Naschen ist hier ausdrücklich erwünscht: Jeder kann sich pflücken, was er braucht und mag.
So ein Stadtgarten macht aber natürlich jede Menge Arbeit! Ein paar Gärtner und viele Freiwillige pflegen die Beete. Auch die Kinder helfen mit und versorgen die Blumen auf den Verkehrsinseln. Weil so viel wächst, sind inzwischen sogar wieder Bienen- und Schmetterlingsarten in Andernach zu Hause, die jahrelang verschwunden waren.
Darauf sind die Menschen stolz, denn sie wollen mit ihrem Stadtgarten auch die Vielfalt der Tierarten und der Obst- und Gemüsesorten erhalten. Das gelingt offenbar. Zumindest wächst in den Beeten, an Sträuchern und Bäumen so allerlei, was aussieht, als stamme es aus einem Hexenlabor: weiße Johannisbeeren, Tomaten mit Streifen und schwarz-weiß gemusterte Bohnen. Auch von den 30 verschiedenen Erdbeersorten, die hier gedeihen, ähneln manche kaum noch der Erdbeere aus dem Supermarkt.
In unseren Läden findet man heute oft keine große Vielfalt, weil Firmen, die mit Saatgut handeln, und solche, die Gemüse anbauen, schnell viel Geld verdienen wollen. Sie züchten lieber Arten, die rasch wachsen und groß und robust sind. Also essen alle dasselbe. Und das hat Folgen: Bei der Banane zum Beispiel liegt fast nur die Sorte Cavendish in unseren Obstkörben. Sie ist aber gerade von einer Pilzseuche bedroht, schon Tausende Plantagen sind befallen. Im schlimmsten Fall könnte diese Bananenart bald ausgerottet sein.

Ein Supermarkt ohne Bananen? Keine schöne Vorstellung! Vielleicht aber auch eine Warnung, es in mehr Städten so zu machen wie die Andernacher. Ihnen werden die Bananen nicht ausgehen, weil sie eine andere Sorte gepflanzt haben: die Indianerbanane. Wer Appetit hat, pflückt sich eine und beißt rein.

Clever wohnen

Das Haus mit den großen Glasfenstern, das in der Berliner Fasanenstraße steht, ist ein riesiges Forschungsprojekt. Hier wird getestet, wie man bequem wohnen und dabei möglichst wenig Energie verbrauchen kann. Eine vierköpfige Familie spielte das erste Versuchskaninchen. Wenige Monate nach der Fertigstellung zogen sie ein. »Unseren Strom produziert das Haus mit Solarzellen auf dem Dach und an der Außenwand«, sagte Vater Wolfgang. »Wir haben sogar ein Elektroauto, das wir damit aufladen.« Wenn das Haus mehr Energie produziert, als eine Familie braucht, wird sie in einem Akku im Garten gespeichert. So haben die Bewohner auch dann Strom, wenn die Sonne nicht scheint. Die Wände des Hauses sind so gut gedämmt, dass man viel weniger heizen muss als in normalen Häusern.

Ein Jahr lang durfte die Familie das Energiesparhaus testen, dann musste sie wieder ausziehen. Vielleicht nutzt die Forschung in ihrem Haus irgendwann uns allen. Denn würde die Technik in jedes neue Gebäude eingebaut, könnten wir viel Energie sparen. So würde weniger schädliches CO_2-Gas entstehen, das das Klima aufheizt und unsere Erde zum Schwitzen bringt.

Von Viola Diem

Heizen, Strom verbrauchen und Auto fahren: All das tun viele von uns jeden Tag. Gut fürs Klima ist es nicht. Eine Familie testet in einem Energiesparhaus, wie wir besser wohnen können.

SAG WEITER, WAS DU WEISST!

»Nicht nur Abgase sind schuld an der Klimaerwärmung, sondern auch, dass wir viel Fleisch essen. Gelernt habe ich das in einer Kinder-Uni, die ich diesen Sommer besucht habe. Ich versuche nun, selbst etwas gegen den Klimawandel zu unternehmen: Ich fahre mit dem Rad zur Schule, anstatt mich im Auto bringen zu lassen. Ich esse selten Fleisch. Und beim Einkaufen achte ich darauf, dass die Produkte aus der Region kommen und nicht vom anderen Ende der Welt hergebracht wurden. Vor allem aber sage ich alles weiter, was ich weiß. So können auch alle meine Freunde gegen den Klimawandel angehen.«

Tipp von David aus Skogstorp, Schweden

UMWELT

In einer chinesischen Fabrik nähen die Arbeiterinnen Plüschtiere zusammen, die dann in Europa und in Amerika verkauft werden.

Warum denn bloß aus China?

10.000 Quietscheentchen aus China bleiben bei der Einreise nach Deutschland hängen und dürfen nicht rein. Es klingt wie ein Witz, hat sich aber vor einigen Jahren bei einer Zollkontrolle in der Stadt Bocholt ereignet. Das kleine Röhrchen im Entenkörper, mit dem sie überhaupt erst quietschen können, saß locker. Kleine Kinder hätten es herausnehmen und verschlucken können. Die Beamten, die darauf achten, dass nur sicheres Spielzeug nach Deutschland kommt, ordneten eine Notoperation an: Das Röhrchen musste raus – aus jeder Ente. Danach durften die stummen gelben Tierchen verkauft werden. Von den Enten hat man gehört, weil es die Panne mit den lockeren Röhrchen gab.

Millionen von Flugzeugladungen und Schiffscontainern voll mit anderem Spielzeug aus China kommen meist unbemerkt in Deutschland an.
Wäre »made in China«, eine Marke so wie Playmobil, Converse oder Nike, dann wäre es die erfolgreichste der Welt. China ist »Exportweltmeister«, das bedeutet, dass kein anderer Staat so viele Waren in andere Länder verkauft. Allein nach Deutschland schickt China in einem Jahr Waren im Wert von mehr als 50 Milliarden Euro. Aber warum eigentlich? Warum produzieren wir in Deutschland nicht unser eigenes Spielzeug, statt es einmal um die Welt zu schiffen – was viel Schiffstreibstoff verbraucht und lange dauert?

Die Antwort ist: weil es sich lohnt. Für das Unternehmen, dass die Quietscheentchen herstellt. Für das Geschäft, das sie verkauft. Für die Eltern, die für ein Quietscheentchen wenig Geld ausgeben wollen. Es ist nämlich viel billiger,

einfache Dinge wie Quietscheentchen in China zu produzieren als in Deutschland. Das Plastik mag dort ähnlich viel kosten wie hier, aber die Arbeitskraft ist billiger.

In China leben etwa 1,3 Milliarden Menschen, also ungefähr 17-mal so viele wie in Deutschland. Alle wollen arbeiten, aber viele kommen aus ganz einfachen ländlichen Gegenden und haben keine gute Schulbildung oder Ausbildung genossen. Ihnen ist es ganz egal, was sie arbeiten. Hauptsache, sie verdienen Geld, mit dem sie ihre Familie ernähren können.

Unternehmen, die Quietscheentchen herstellen, finden deswegen ein sehr großes Angebot an Menschen vor, die für wenig Geld für sie arbeiten wollen. Im Durchschnitt verdienen Menschen vom Land, die für die Arbeit in die Stadt ziehen, dort 162 Euro im Monat. In China gibt es Gegenden, in denen die Menschen so schlicht leben, dass man mit etwa 100 Euro eine ganze Familie ernähren kann.

In Deutschland verdient ein Industriearbeiter mehr als 1500 Euro im Monat, manche verdienen sogar mehr als 2500 Euro. Es gibt hier nicht so viele Menschen, die einfache Arbeit für wenig Geld machen wollen. Das liegt auch daran, dass hier jeder Mensch umsonst zur Schule gehen kann. Wer etwa an einer Universität studiert hat, möchte später auch eine interessante Arbeit für gutes Geld machen. Und wenn einer keine Arbeit findet, dann bekommt er in der Regel Geld vom Staat, damit er trotzdem in einer Wohnung wohnen und sich Essen kaufen kann. In China müssen die Menschen, die keine Arbeit haben, darauf hoffen, dass ihre Familie sie unterstützt.

Nur weil in China Arbeit billig ist, heißt das aber nicht, dass man dort gleich alle Dinge herstellen sollte. Oft gibt es Kritik an Sachen, die in China hergestellt wurden: dass sie wenig kosteten, aber nicht so gut seien – wie bei den Quietscheentchen mit den lockeren Röhrchen.

Die Deutschen zum Beispiel sind mit ihrer Marke »made in Germany« auch sehr erfolgreich. Sie können besonders gut komplizierte Maschinen herstellen. Dafür braucht es eine sehr intensive Ausbildung und viele Jahre Forschung. Die Maschinen sind teuer, aber es lohnt sich, sie zu kaufen, weil sie lange halten und sehr exakt arbeiten. Solche Maschinen verkaufen deutsche Unternehmen mit Erfolg – auch nach China.

Für beide Länder ist es gut, wenn sie sich auf das konzentrieren, was ihnen gegenüber dem anderen einen klaren Vorteil bringt. In China sind es die vielen arbeitswilligen Menschen, in Deutschland ist es die gute Ausbildung. Das muss aber nicht immer so bleiben. Viele jüngere Menschen in China sind inzwischen auch gut ausgebildet und studieren überall auf der Welt. Bald müssen die Quietscheentchen-Unternehmen sich vielleicht ein anderes Land suchen – oder wir müssen mehr für Quietscheentchen bezahlen.

Von Anna Marohn

UMWELT

Die Wächter des Meeres

Die Philippinen bestehen aus mehr als 7000 Inseln im Pazifik.

Von diesem Turm aus wird das Meeresschutzgebiet bewacht. Für die Kinder-Ranger ist er auch ein Treffpunkt.

Aya hat immer ein Auge auf das Meer: Wenn sie zur Schule läuft, heftet sie ihren Blick auf die Küstenlinie und das türkisfarbene Wasser. Auch wenn sie am Wochenende an den Strand geht, ist sie wachsam: Sind Fischerboote in der Nähe? Ziehen sie Netze hinter sich her? Wer läuft da durch den Mangrovenwald?

Aya ist ein Ranger, sie bewacht die Natur, genauer gesagt das Meer. Die 15-Jährige lebt auf den Philippinen, einem Staat im Südosten Asiens, der aus mehr als 7000 Inseln besteht. Das Leben der Menschen dort wird vom Meer bestimmt – und von den Fischen, Krabben und Muscheln, die sie fangen. Viele Philippiner sind Fischer, so wie Ayas Vater.

Doch die Unterwasserwelt, von der sie leben, ist stark bedroht. Ein Problem ist der Klimawandel, der das Wasser in den Meeren immer weiter erwärmt. Durch die höheren Temperaturen sterben Korallenriffe ab, so dass viele Tierarten ihren Lebensraum verlieren. Aber auch die Menschen auf den Philippinen tragen einen Teil der Schuld: Sie fangen zu viele Fische. Es bleiben nicht genug übrig, die sich vermehren könnten. Und die Einwohner zerstören die Mangrovenpflanzen. Ohne Mangroven aber fehlt es an geschützten Orten, an denen Jungfische heranwachsen können. All das zusammen hat dazu geführt, dass es im Meer um die Inseln herum viel weniger Fische gibt als früher.

Vor der Küste der Insel Poro, auf der Aya lebt, wurde deshalb vor sieben Jahren ein Meeresschutzgebiet eingerichtet. Auf einer Fläche von 30 Hektar – das ist etwa so groß wie 42 Fußballfelder – darf seitdem nicht mehr gefischt werden. Um das Schutzgebiet herum liegt eine zusätzliche Schonzone, in der man nur mit Angeln, aber nicht mit Netzen fischen darf.
Die meisten Fischer auf der Insel halten das Schutzgebiet für sinnvoll. Auch Ayas Vater. Er hatte selbst bemerkt, dass er immer weniger Fang nach Hause brachte. Manchmal reichte es kaum noch, um die Familie satt zu bekommen. Zum Verkaufen blieb fast nie etwas übrig.

»Sie sind die Augen und Ohren des Schutzgebietes«:
Die Kinder-Ranger passen auf, dass niemand dort fischt, wo es verboten ist.

Seitdem es das Schutzgebiet gibt, konnten sich die Fischbestände erholen. Und so gibt es auch im Wasser außerhalb der Schonräume wieder mehr Tiere. Das ist gut für die Fischer: Sie haben wieder größere Fänge, können einen Teil davon verkaufen und haben für sich und ihre Familien mehr Geld zum Leben. Doch nicht alle Inselbewohner sehen ein, dass sich der Schutz des Meeres lohnt. In der Vergangenheit kam es immer wieder vor, dass jemand heimlich mit seinem Boot in das Gebiet vordrang und Fische fing. Es gibt zwar einen Wachturm, der draußen im Meer auf Stelzen steht und auf dem Tag und Nacht ein Wachmann Ausschau hält, doch das allein reichte nicht.
»Deshalb habe ich die Kinder-Ranger erfunden«, sagt German Solante. Er ist der Direktor des Meeresschutzgebiets und hatte eine kluge Idee: Alle Kinder des Dorfes, die zwischen zehn und 15 Jahre alt sind und mitmachen wollen, lässt er zu Meereswächtern ausbilden. Einmal im Monat treffen sich etwa 30 Ranger in der Bürgerhalle ihres Dorfes oder im Wachturm des Schutzgebietes. Sie lernen viel über das Meer und seine Bewohner; darüber, welche Fischfangmethoden verboten sind und warum es so wichtig ist, die Mangrovenbäume zu schützen.

German Solante hatte die Idee, Kinder zu Meeresschützern auszubilden.

Mangroven gibt es fast überall auf den Philippinen. Diese besonderen Pflanzen brauchen keine Erde, um zu wachsen, sondern stehen nahe der Küste im Salzwasser. Im Schlick zwischen ihren Wurzeln wachsen die Larven vieler Fischarten heran. Früher haben die Inselbewohner oft Äste von den Mangroven geschlagen, um sie an ihr Vieh zu verfüttern. Das hat die Mangroven zerstört und somit auch den Lebensraum der Fischlarven. Inzwischen ist es verboten, Mangroven abzuholzen, und eine Aufgabe der jungen Ranger ist es, darauf zu achten, dass sich alle daran halten. Weil die Kinder einen großen Teil ihrer Freizeit am Meer verbringen, sind sie praktisch immer im Einsatz. German sagt: »Sie sind die Augen und Ohren unseres Schutzgebietes.«

Wenn die Kinder jemanden erwischen, der etwas Verbotenes tut, melden sie das German oder einem Wachmann. Manchmal stellen sie den Übeltäter auch direkt zur Rede. »Einmal haben wir einen Mann gesehen, der mit einem langen Messer zwischen den Mangroven umherlief«, erzählt Aya. »Wir haben ihn gefragt, ob er nicht weiß, dass die Mangroven unter Schutz stehen.« Mutig von den Kindern, Erwachsene direkt anzusprechen. Angst müssten die Ranger aber nicht haben, sagt German. Wütend oder gar handgreiflich sei bisher niemand geworden: »Die meisten sind eher beschämt, weil sie wissen, dass die Kinder Recht haben.«

German bringt seiner Rangergruppe auch bei, dass sich die meisten Inselbewohner aus Verzweiflung nicht an die Regeln halten. Viele Menschen hier sind sehr arm und wissen manchmal einfach nicht, wie sie ihre Familien ernähren sollen. Um ihnen zu helfen, arbeitet German mit der Kinderhilfsorganisation Plan International zusammen. Die Nothelfer verteilen zum Beispiel Pflanzensamen, aus denen besonders nahrhaftes Gras wächst, das die Menschen statt der Mangrovenäste an ihre Tiere verfüttern können.
Seitdem die Ranger im Einsatz sind, hat es jedes Jahr weniger Verstöße gegen den Meeresschutz gegeben. Deshalb versucht German, seine Idee auch auf den Nachbarinseln zu verbreiten. Es sei wichtig, die Kinder am Meeresschutz zu beteiligen, sagt er. »Es geht schließlich um ihre Zukunft.« Aya sieht es genauso: »Wir wollen auch noch Fisch essen können, wenn wir erwachsen sind.«

Von Magdalena Hamm

Zwischen den Wurzeln von Mangroven wachsen Fische heran.

Viele Menschen auf den Philippinen leben vom Fischfang. Mit solchen Booten fahren sie aufs Meer hinaus.

Aya, 15 Jahre, bewacht das Meer: »Wir wollen auch noch Fisch essen können, wenn wir erwachsen sind.«

Energiewende – was ist das?

DIE ENERGIEWENDE
Bei einem Erdbeben in der japanischen Stadt Fukushima wurde 2011 ein Atomkraftwerk zerstört. Danach beschloss die deutsche Regierung den »Atomausstieg« und kündigte eine »Energiewende« an.

1. WAS HAT DAS UNGLÜCK IN FUKUSHIMA MIT UNS ZU TUN?

In Atomkraftwerken wird Strom produziert. Dabei entsteht radioaktive Strahlung, die hochgefährlich ist. Außerdem bleibt eine Menge Abfall zurück, der noch Zehntausende Jahre strahlt. Bisher hat niemand eine Lösung gefunden, wo man mit dem Müll hinsoll. Deshalb gab es immer schon Gegner der Atomenergie. Nach dem Unglück in Fukushima wurden es mehr. Die Menschen erkannten, dass die Kraftwerke nie absolut sicher sind. Hinter dicken Mauern hat man die Strahlung einigermaßen unter Kontrolle. Wird aber ein Kraftwerk zerstört, ist das für Menschen, Tiere und Natur lebensgefährlich. Deshalb beschloss die damalige Bundesregierung, die deutschen Kernkraftwerke abzuschalten.

2. WAS BEDEUTET ATOMAUSSTIEG?

Kurz gesagt: Schluss mit dem Atomstrom. Die Regierung legte fest, dass bis 2022 alle deutschen Kernkraftwerke abgeschaltet sein sollen. Wir haben 17 dieser Kraftwerke, acht von ihnen wurden bereits stillgelegt.

3. WARUM SCHALTEN WIR NICHT SOFORT ALLE KRAFTWERKE AB?

In Atomkraftwerken kann man jederzeit große Mengen Strom erzeugen. Und wir sind alle daran gewöhnt, dass wir jederzeit so viel Strom verbrauchen können, wie wir wollen. Weil wir so lange auf den Atomstrom gesetzt haben, müssen wir jetzt erst einmal genug Ersatz produzieren.

4. WO ENTSTEHT DER STROM, WENN ES BALD KEINE ATOMKRAFTWERKE MEHR GIBT?

In Deutschland wird nicht nur mit Atomkraft, sondern auch mit Kohle und Erdgas Strom erzeugt. Seit mehr als zehn Jahren und besonders seitdem Deutschland den Atomausstieg beschlossen hat, produzieren wir immer mehr Strom aus Wind, Sonne und Wasser. Dafür wurden in den vergangenen drei Jahren mehr als 1000 neue Windkraftanlagen, fast 300.000 Solaranlagen und zwei neue Wasserkraftwerke gebaut. Den Strom, der dort produziert wird, nennt man »erneuerbare Energie«, weil Wind, Sonne und Wasser nicht einfach irgendwann alle sind – anders als die Kohle und das Gas im Boden.

5. WAS IST DIE ENERGIEWENDE?

So nennt man den Plan, bis zum Jahr 2022 so viel erneuerbare Energie zu produzieren, dass sie die Atomkraft ersetzen kann. Allerdings können wir Sonnenstrom nur erzeugen, wenn die Sonne scheint. Und Windenergie gibt es nur, wenn der Wind weht. Damit wir aber auch Strom haben, wenn es windstill oder dunkel ist, müssen wir ihn speichern. Das ist kompliziert, und Forscher tüfteln seit Jahren an einer guten Technik. Solange es die nicht gibt, müssen die anderen Kraftwerke einspringen.

6. WIRD ES ALSO DOCH NICHTS MIT DEM ATOMKRAFTWERKE-ABSCHALTEN?

Das Gute ist: Fast alle Politiker in Deutschland wollen den Atomausstieg und die Energiewende. So einig sind sie sich selten. Es kann aber sein, dass wir es nicht bis 2022 schaffen. Wir müssen neue Kraftwerke bauen, eine Speichertechnik finden und neue Leitungen legen. Windstrom gewinnen wir hauptsächlich an der Küste und auf dem Meer, Sonnenstrom zum großen Teil im Osten und Süden Deutschlands. Damit der Strom ins ganze Land gelangt, müssen fast 4000 Kilometer Stromleitungen neu gebaut werden. Und was zuerst angepackt werden soll, da sind sich die Politiker nicht einig. Manche sagen: Wir müssen mehr Windräder, Solaranlagen und Wasserkraftwerke bauen. Andere sagen: Lieber schnell die Leitungen legen. Klar ist aber: Wenn alles bis 2022 klappt, wird Deutschland zum Vorbild für die ganze Welt. *Von Catalina Schröder*

Woher könnte die Energie der Zukunft kommen?

NEUE ENERGIEN

Vom Jahr 2022 an soll in Deutschland kein Strom mehr aus Atomkraftwerken kommen. Dabei werden wir künftig nicht weniger, sondern eher mehr Energie verbrauchen. Woher aber soll die kommen? Die Verbrennung von Kohle, Gas und Öl ist schlecht fürs Klima, außerdem gehen die Vorräte dieser Brennstoffe langsam aus. Aber Wind, Wasser und Sonne werden vielleicht nicht ausreichen, uns alle mit Energie zu versorgen. Deshalb tüfteln Forscher an ganz neuen Ideen.

STROM AUS DEM EIMER

Man stelle einen Eimer Wasser in die Sonne, rühre eine Handvoll Spezialpulver hinein, und nach kurzer Zeit beginnt es zu sprudeln. Was da blubbert, ist Wasserstoff, ein Gas, mit dem man zum Beispiel Brennstoffzellen betreiben und somit Strom herstellen kann. Klingt verrückt einfach, ist aber möglich. Mit Sonnenenergie kann man tatsächlich Wassermoleküle zerlegen: in Wasserstoff und Sauerstoff. Was bisher fehlt, ist das Spezialpulver – Forscher sagen der »Katalysator«. Ohne ihn würde die Sonne das Wasser nur erwärmen.
Der Katalysator sammelt das Sonnenlicht ein und überträgt es direkt auf die Wasserteilchen, die sich dann aufspalten. Am Forschungsinstitut für Katalyse in Rostock wird nach einem geeigneten Stoff gesucht. Die Chemiker dort vermuten, dass sich Metallteilchen am besten eignen. Im Labor haben sie es sogar

schon geschafft, das Wasser im Eimer zum Sprudeln zu bringen. Allerdings mussten sie noch Zucker hinzufügen, damit ihr Katalysator arbeitete. Für ein Experiment ist das in Ordnung, aber eigentlich sollte man keine Lebensmittel verbrauchen, um Energie zu erzeugen.

Und es gibt noch ein Problem: Will man die Wasserspaltung als Energiequelle nutzen, reicht ein Eimer nicht aus. Es müssten große Becken gebaut werden. Und die müssten an einem Ort stehen, an dem es viel Wasser und viel Sonne gibt. Meist ist es aber so, dass es entweder viel Wasser gibt (etwa in Nordeuropa) oder viel Sonne (wie in der Wüste). Selbst wenn die Rostocker Forscher also morgen das perfekte Spezialpulver finden, dauert es wohl noch Jahrzehnte, bis wir aus Wasserspaltung Strom erzeugen können.

ENERGIE ERNTEN

Energie kann viele Formen haben, sie ist Wärme, Bewegung oder Licht – und oftmals entsteht sie an Stellen, wo sie ungenutzt bleibt. Zum Beispiel strahlt jeder von uns Körperwärme ab. Das sind keine enormen Energiemengen, aber sie würden ausreichen, um eine Armbanduhr anzutreiben. Forscher arbeiten an Geräten, die ihren Strom zum Beispiel aus einem Joggingschuh ziehen: Bei jedem Schritt verbiegt sich die Sohle, und diese Bewegungsenergie lässt sich anzapfen. Das Prinzip nennen die Wissenschaftler »Energy Harvesting«, was auf Deutsch »Energie ernten« bedeutet.

Zu ernten gibt es vieles: etwa die Lichtenergie von normalen Glühbirnen, die lässt sich mit speziellen Solarzellen einfangen. Sogar vom Radio oder dem WLAN-Router kann man etwas ernten: Beide funken elektromagnetische Wellen, ebenfalls eine Form von Energie. Damit könnte man kleine Geräte wie Fernbedienungen versorgen und auf diese Weise unzählige Batterien einsparen. Davon werden in Deutschland über eine Milliarde im Jahr verbraucht. Eigentlich könnten wir mit dem Energieernten sofort loslegen, viele Techniken gibt es schon. Aber die Hersteller von Uhren, Fernbedienungen und Co. haben ihre Geräte bisher für Batteriebetrieb gebaut. Auf Energy Harvesting umzustellen kostet sie viel Geld.

DAS PRINZIP SONNE

Der heißeste Ort in Deutschland liegt in Garching bei München. Hier haben Forscher eine Testanlage gebaut, mit der sie Temperaturen von mehreren Millionen Grad erzeugen können, so heiß ist es sonst nur auf der Sonne. Die extreme Hitze ist nötig, weil die Wissenschaftler Energie nach dem Sonnenprinzip herstellen wollen. Das Prinzip heißt Kernfusion: Zwei Teilchen verschmelzen zu einem neuen. Auf der Sonne geschieht das mit den Atomkernen von Wasserstoff. Dabei wird Energie frei. Unfassbar viel Energie. Mit einem Gramm Wasserstoff kann man so viel Energie erzeugen wie mit 11.000 Kilogramm Kohle. Bisher schafften es die Garchinger Forscher, das Wasserstoffgas nur wenige Sekunden lang auf die erforderliche Temperatur zu erhitzen. Und

dafür benötigen sie momentan noch wahnsinnig viel Strom. Außerdem dürfen die Wasserstoffteilchen die Wände des Kraftwerks nicht berühren, weil sie sonst sofort abkühlen würden. Deshalb gibt es eine Art Käfig aus Magneten. Aber auch die Magnete werden mit Strom betrieben.
Um mehr Energie zu gewinnen, als man vorher verbraucht, müsste man sehr, sehr viele Teilchen miteinander verschmelzen, und das Kraftwerk müsste entsprechend groß sein. Die Technik dafür ist so kompliziert und teuer, dass sich viele Länder an der Entwicklung beteiligen müssen. Die Einigung, wer was macht und bezahlt, ist noch komplizierter als die Technik. Deshalb wird es sicher noch über 50 Jahre dauern, bis wir tatsächlich Strom mit dem Sonnenprinzip herstellen können.

WINZIGE KRAFTPROTZE

Sie sind mikroskopisch klein, stecken aber voller Energie: Aus einzelligen Algen lässt sich Treibstoff für Autos und Flugzeuge herstellen. Der Vorteil: Algen benötigen nur Licht, Wasser und Kohlendioxid, um zu wachsen – und sie wachsen sehr schnell. Forscher züchten sie in großen Tanks. Wenn sie genug zusammenhaben, spalten sie die einzelnen Algenzellen auf und erhalten dabei ein Öl. Und das kann man dann zu Sprit verarbeiten. Im vergangenen Jahr ist damit schon ein Kleinflugzeug testweise gestartet. Im Moment ist das Algenöl noch sehr teuer. Die Herstellung könnte sich aber lohnen, wenn man auch die Algenreste verwertete. Die könnte man zum Beispiel in eine Biogasanlage stecken und damit zusätzlich Strom erzeugen.

Von Magdalena Hamm

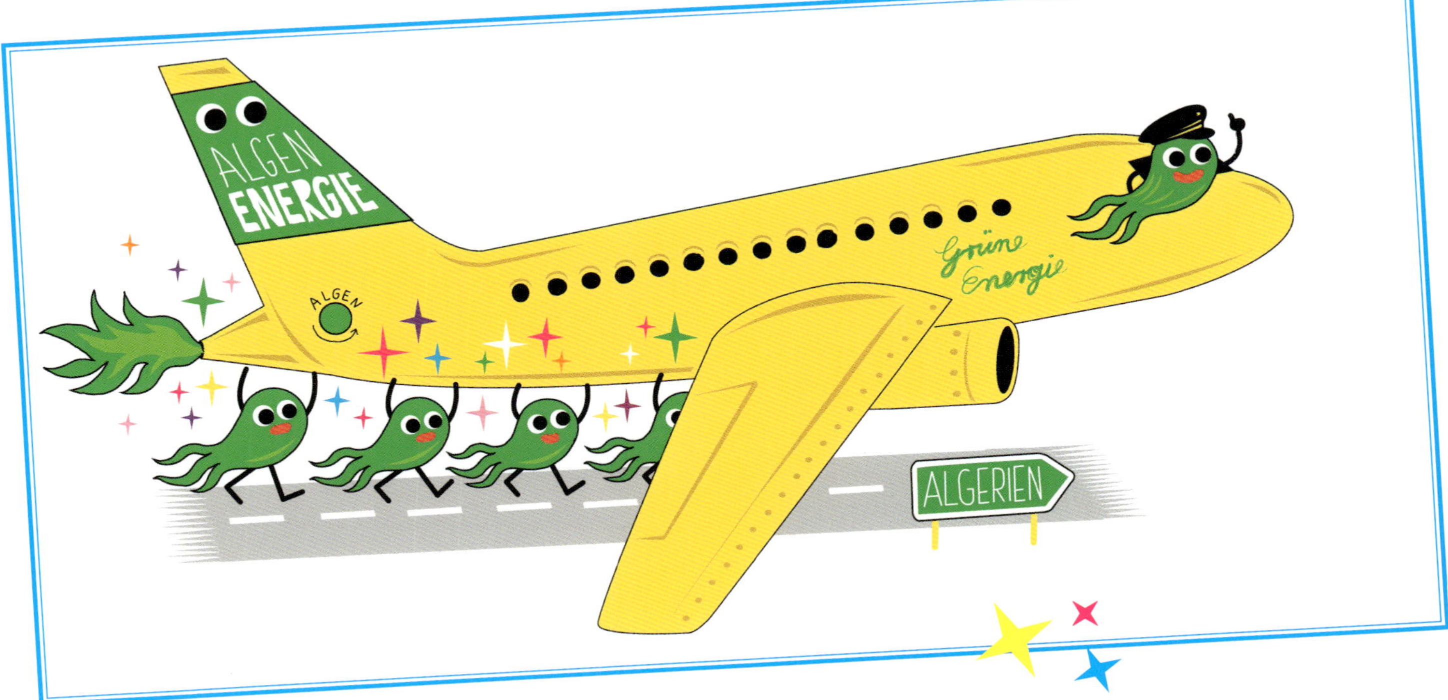

Mein Leben nach Fukushima

Koujun, zwölf Jahre, lebt im Nordosten Japans. Am 11. März 2011 gab es dort ein schlimmes Seebeben, und Riesenwellen überfluteten das Land. Koujuns Heimatstadt Ishinomaki war besonders stark betroffen. Hier erzählt er, wie er die Katastrophe und die Monate danach erlebt hat.

11. März 2011: Es war früher Nachmittag, meine Mitschüler und ich waren gerade dabei, unseren Klassenraum zu putzen, als das Beben losging. Unser Lehrer wies uns sofort an, das Gebäude zu verlassen und auf den Hügel hinter unserer Grundschule zu steigen. Von dort aus konnten wir sehen, wie vom Meer her eine schwarze Welle angerollt kam und alles verschluckte: Häuser, Autos und auch unsere Schule. Das Wasser stand höher als die Dächer. Auf unserem Hügel waren wir in Sicherheit. Aber wir haben später erfahren, dass einer unserer Mitschüler, der früher nach Hause gegangen war, von dem Tsunami erfasst und getötet wurde.
Ausgerechnet an diesem Tag hatte ich mein Handy zu Hause vergessen. Ich konnte weder meinen Vater erreichen noch meine 13-jährige Schwester. Meine Eltern sind geschieden, meine Mutter lebt nicht bei uns. Ich wusste nicht, wohin ich gehen sollte, und hatte nichts bei mir außer meiner Schultasche. Ich bin dann mit einem Schulfreund mitgegangen. Zusammen mit dessen Vater verbrachten wir die Nacht in einer Reinigung. Sie war eines der wenigen Gebäude, die vom Tsunami verschont wurden.

12. März 2011: Am nächsten Tag zogen wir in ein Bestattungsinstitut um, in dem ein kleines Notlager eingerichtet worden war. Hier hatten sich schon einige Menschen aus unserer Nachbarschaft einquartiert. Dort fand ich zum Glück auch meine Schwester wieder. Von meinem Vater hörte ich aber immer noch nichts.

Insgesamt waren wir 17 Personen in dem Lager, wir hatten nur eine Toilette und keine Dusche. Wir erfuhren, dass es in der Stadt noch ein großes Lager mit Waschräumen gab. Ich wäre lieber dorthin gegangen, aber man sagte uns, es sei schon voll. Also blieben wir und bauten uns einen Schlafplatz. Zu essen gab es nicht viel, nur etwas Reis. Wir liefen in die Stadt, um etwas Essbares zu suchen, und fanden ein paar Zwiebeln und Fische, die angeschwemmt worden waren. Helfer verteilten außerdem Tütensuppen, aber das war alles nicht genug. Ich hatte keine Ahnung, wie lange ich in diesem Lager bleiben müsste. Von den gefährlichen Explosionen im Atomkraftwerk in Fukushima bekamen wir gar nichts mit. Wir hatten nämlich keinen Strom und konnten keine Nachrichten hören.

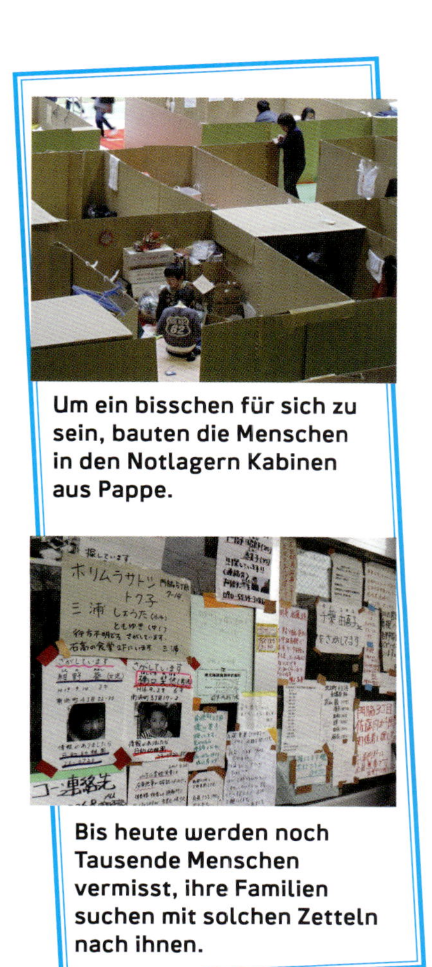

Um ein bisschen für sich zu sein, bauten die Menschen in den Notlagern Kabinen aus Pappe.

Bis heute werden noch Tausende Menschen vermisst, ihre Familien suchen mit solchen Zetteln nach ihnen.

13. März 2011: Am dritten Tag hat uns mein Vater endlich gefunden. Als die Erde bebte, hatte er in der Stadt Sendai gearbeitet, die 50 Kilometer entfernt liegt. Er kam erst jetzt zurück, weil viele Straßen verschüttet waren. Mein Vater nahm uns mit, und wir konnten zu Verwandten ziehen. Damit hatten wir Glück. Viele andere Menschen mussten noch monatelang in den Notlagern bleiben.

April 2011: Ende April fing das neue Schuljahr an – zwei Wochen später als normalerweise –, und ich kam in die sechste Klasse. Ich musste die Schule wechseln, weil meine alte zu stark beschädigt war und geschlossen wurde. Das Gebäude meiner neuen Schule war bis dahin ein Notlager gewesen. Aber um den Unterricht nicht noch länger aufzuschieben, hatte man die Menschen gebeten, in die Turnhalle umzuziehen. Früher konnte ich zur Schule laufen, nun war der Weg viel weiter, und ich musste jeden Tag mit dem Bus fahren.

Mai 2011: Als wir im Mai eine Woche Schulferien hatten, fuhr mein Vater mit meiner Schwester und mir zum ersten Mal zu unserem alten Haus. Es war völlig zerstört – und damit auch all unsere Sachen. Früher hatten wir zwei Hunde, am Tag des Bebens waren sie im Haus. Nun sind sie verschwunden. Ich weiß bis heute nicht, ob sie tot sind.

Sommer 2011: Um Schulstoff nachzuholen, mussten wir im Juli auch samstags zum Unterricht kommen. Alle Schulferien wurden um einige Tage verkürzt. Aber zumindest ein großes Sportfest haben wir gefeiert. Die meisten anderen Schulen hatten keins.

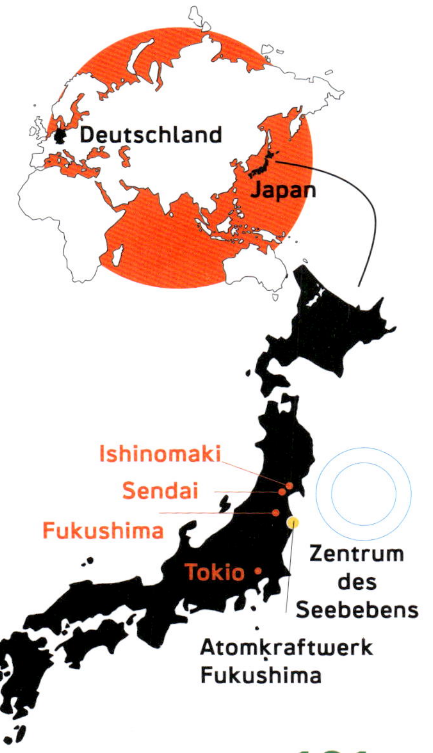

DIE KATASTROPHE
Am 11. März 2011 gab es vor der Ostküste Japans ein sehr starkes Seebeben. Die Erschütterung des Meeresbodens löste riesige Flutwellen aus, das nennt man Tsunami. Er überschwemmte weite Teile des Landes. Mehr als 15.800 Menschen starben, Hunderttausende verloren ihr Zuhause. Der Tsunami beschädigte auch das Atomkraftwerk Fukushima-Daiichi. Große Mengen radioaktiver Strahlung traten aus. Diese Strahlung kann tödlich sein und verbreitet sich durch die Luft und durchs Wasser.

In den Sommerferien nahm ich an einem Fotokurs teil, den das Kinderhilfswerk Plan organisierte. Wir wurden von Fotografen unterrichtet und bekamen eine Digitalkamera. Den ganzen Sommer über machte ich Bilder. Zum Beispiel während des traditionellen Flussfestes am Kitakami, das wir im August in Ishinomaki feiern. In diesem Jahr war es viel stiller als sonst. Für jedes Opfer des Tsunamis haben wir eine Laterne in den Fluss gesetzt.

September 2011: Im September zogen wir in ein Übergangshaus. In unserer Stadt wurden 450 davon gebaut, für Familien wie unsere, die ihr Zuhause verloren hatten. Das Haus hat nur zwei Räume. Ich muss mir einen Raum mit meiner Schwester teilen. Früher hatte jeder von uns sein eigenes Zimmer. Wie lange wir hier leben werden, weiß ich nicht. Die Regierung sagt, die Übergangshäuser seien für zwei Jahre, bis dahin sollten die Menschen ein neues Heim gefunden haben.

Jahreswechsel: Silvester wurde fast gar nicht gefeiert. In Japan ist es Brauch, auf eine solche Feier zu verzichten, wenn in dem Jahr ein Familienmitglied gestorben ist. Und in unserer Stadt hatte fast jede Familie jemanden zu betrauern. In meiner Verwandtschaft ist zum Glück niemandem etwas passiert.

Heute: Ich fürchte mich nicht vor einem weiteren Beben. Kurz nach der Katastrophe hatte ich zwar Angst, aber es gab mittlerweile so viele Nachbeben, dass ich mich daran gewöhnt habe. Der Jahrestag des Tsunamis, der 11. März, wird wahrscheinlich immer ein stiller Tag sein, an dem die Leute beten und Blumen für die Opfer ablegen.

Von Magdalena Hamm

Mit den Laternen erinnerten die Bewohner aus Koujuns Heimatstadt beim Flussfest an die Opfer des Tsunamis.

Eines von Koujuns Fotos: In dem Haus hat er früher mit seinem Vater und seiner Schwester gelebt, jetzt ist es unbewohnbar.

Viel zu tun im abgeschalteten Atomkraftwerk

Alina ist in Brunsbüttel aufgewachsen. Ihr Vater Olaf Hiel arbeitet dort im Atomkraftwerk.

ABSCHALTEN
Bis 2022 sollen alle deutschen Atomkraftwerke abgeschaltet werden. In Brunsbüttel ist das schon geschehen. Viel Arbeit gibt es dort trotzdem noch.

Seit über 20 Jahren fährt Olaf Hiel jeden Morgen zur Arbeit ins Kernkraftwerk Brunsbüttel in Norddeutschland. Er überwacht dort die Technik. Allerdings ist das Kernkraftwerk 2011 endgültig abgeschaltet worden. Trotzdem ist Olaf Hiel noch immer jeden Tag dort – zusammen mit 600 Kollegen.
Wenn ein Kernkraftwerk geschlossen wird, ist das etwas anderes, als wenn man zum Beispiel eine Keksfabrik dichtmacht. Olaf Hiel vergleicht es mit einer Herdplatte in der Küche: »Wenn man die ausdreht, dann kann man sich auch in den Minuten danach noch ziemlich die Finger verbrennen.« Es dauert eben, bis die Herdplatte abgekühlt ist. Ähnlich ist es in einem Kernkraftwerk. Wenn man dort Strom erzeugt, entstehen extrem hohe Temperaturen, teilweise fast 300 Grad. Stoffe wie Uran, die diese Wärme erzeugen, senden dabei gefährliche radioaktive Strahlung in die Umgebung aus. Zwar wird die Anlage mit Betonwänden und Stahlplatten geschützt, damit keine Strahlung austritt. Aber die Stoffe hören nur ganz langsam wieder auf zu strahlen, das kann Tausende von Jahren dauern.

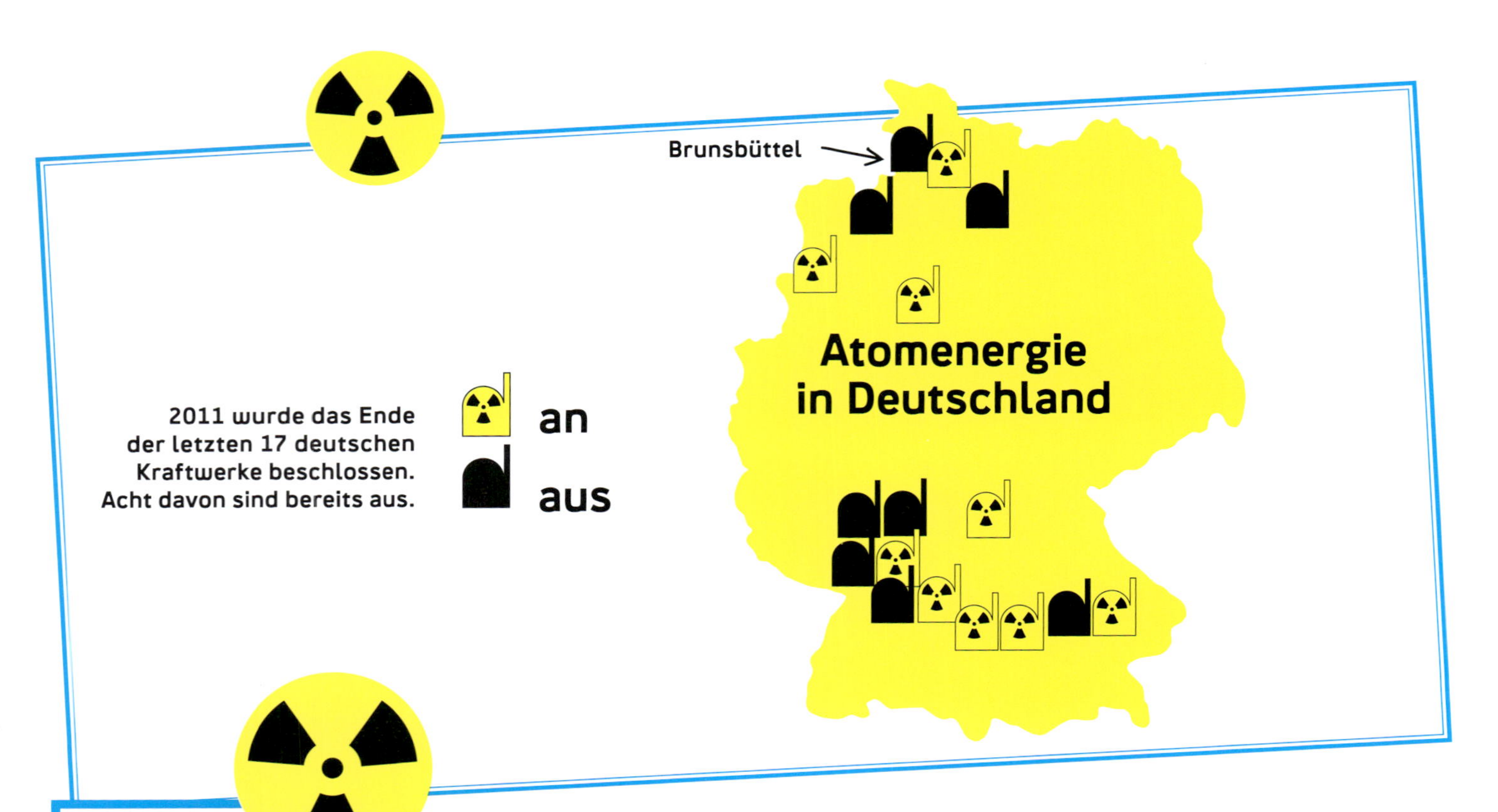

ATOME
Atome sind die kleinsten Teilchen, aus denen alles besteht. In einem Atomkraftwerk werden die Atomkerne von Uran, einem Metall, gespalten. Auf diese Weise wird Energie erzeugt, aber bei dem Prozess entstehen auch gefährliche Strahlen. Mit diesen radioaktiven Strahlen dürfen Menschen, Tiere und Pflanzen nicht in Berührung kommen, denn sie zerstören Zellen im Körper. Das kann zu Krankheiten wie Krebs oder sogar zum Tod führen.

Ganz in der Nähe des Kraftwerks liegt der Ort Brunsbüttel. Es gibt eine Fußgängerzone, Restaurants, ein kleines Kino. 13.000 Menschen wohnen dort, auch Olaf Hiel mit seiner Frau und seinen beiden Töchtern Julia, 14 Jahre, und Alina, 15 Jahre. So nah an einem Kernkraftwerk zu leben, das finden viele bedrohlich. Besonders seit März 2011.
Da kam es in Japan zu einer Katastrophe: Nach einem starken Seebeben wurde ein Atomkraftwerk an der Küste schwer beschädigt, und radioaktive Strahlung trat aus. Diese Strahlung kann zum Beispiel Krebs erzeugen. Viele Menschen überall auf der Welt waren geschockt, in deutschen Städten wurde gegen Atomkraft demonstriert. Alina hatte aber nie Angst vor der radioaktiven Strahlung. »Vielleicht, weil ich immer in der Nähe von einem Kernkraftwerk gelebt habe«, sagt sie. Nur einmal hat sie über das Thema Kernenergie mit ihrem Vater diskutiert: als sie und ihre Schwester auf ein Konzert von Jan Delay gehen wollten. Der trat bei einer Demonstration gegen Atomkraft auf. Alina wollte unbedingt zu dem Konzert; warum Jan Delay spielte, war für sie nicht so wichtig. Aber ihr Vater verbot Alina hinzugehen. Natürlich war sie da sauer.

Wenige Wochen später wurde beschlossen, dass Deutschland aus der Kernenergie aussteigt. Nach und nach sollen die Kernkraftwerke abgeschaltet werden. Dass aus ihnen gefährliche Strahlung in die Umgebung gelangt, ist zwar sehr unwahrscheinlich. Aber die Möglichkeit besteht.
In Brunsbüttel waren einige Menschen sehr erleichtert darüber, dass das Kernkraftwerk in ihrer Nachbarschaft abgeschaltet wurde. Auch Alina fand das

nach den Bildern in Fukushima eigentlich ganz gut. Aber sie dachte gleichzeitig an die vielen Menschen, die nun keine Arbeit mehr haben würden. Für die Wartung des Kraftwerks kamen früher regelmäßig bis zu 1500 Hilfsarbeiter für ein paar Wochen nach Brunsbüttel. Tagsüber waren sie im Kernkraftwerk, und nach Feierabend kauften sie ein, aßen im Restaurant oder schliefen im Hotel – sie ließen also eine Menge Geld im Ort. Auch das würde nun fehlen. Man braucht zwar immer noch Personal – wie Alinas Vater, der das Abschalten überwacht –, aber eben viel weniger.

Zum Anti-Atomkraft-Konzert von Jan Delay durfte Alina nicht gehen. Ihr Vater hatte es ihr verboten.

Der Bürgermeister von Brunsbüttel, Stefan Mohrdieck, hofft, dass in seiner Stadt bald neue Arbeitsplätze entstehen. Brunsbüttel hat nämlich einen Industriehafen, von dem aus die großen Bauteile von Windkraftanlagen auf Schiffe geladen werden können. Weit draußen auf dem Meer werden die Windräder dann zusammengebaut und erzeugen erneuerbare Energie. »Es bietet sich an, hier in Brunsbüttel auch die Bauteile zu fertigen«, sagt Stefan Mohrdieck. So hätten einige der Handwerker, die vorher im Kernkraftwerk gearbeitet haben, Aussicht auf eine neue Stelle.

Alinas Vater findet es schade, dass das Kernkraftwerk abgeschaltet wurde. Er hält die Kernenergie in Deutschland für sicher. Außerdem hatte man in den Jahren zuvor viel Geld in die Erneuerung der Anlage gesteckt. Das Kraftwerk abzubauen wird noch lange dauern. Erst einmal müssen die radioaktiven Materialien in besonders sicheren Behältern aus dem Kernkraftwerk in Lager gebracht werden. Dann muss das Kraftwerk selbst abgebaut werden. Das ist alles aufwendig und muss geplant werden. Genug zu tun hat Olaf Hiel also. »Fast mehr als vorher«, sagt er.

Von Christian Heinrich

Viele Menschen wollen eine Veränderung in der Energiegewinnung und zeigen das auch. Auf diesem Foto siehst du einen Teil der 120 Kilometer langen Menschenkette, die sich 2010 zwischen den Atomkraftwerken Brunsbüttel und Geesthacht gebildet hat.

UMWELT

»Hört auf zu verschwenden!«

HARALD WELZER
Wie können wir den Klimawandel stoppen? Darüber beraten Fachleute aus der ganzen Welt jedes Jahr. Wir fragen Harald Welzer, was diese Konferenzen bringen. Harald Welzer, 54 Jahre, ist Professor an der Uni Flensburg und fordert uns alle auf, unser Leben zu ändern. Mit seiner Stiftung FuturZwei unterstützt er Projekte, auch von Schülern, die sich für eine umweltfreundliche Zukunft einsetzen.

ZEIT LEO: Herr Welzer, jedes Jahr findet die Klimakonferenz statt. Tausende Vertreter aus mehr als hundert Ländern beraten darüber, wie man den Klimawandel aufhalten kann. Was halten Sie von solchen Treffen?

HARALD WELZER: Diese Konferenzen sind Blödsinn. Bisher haben sie überhaupt nichts gebracht. Außer dass noch mehr Treibhausgase ausgestoßen wurden, weil so viele Teilnehmer mit dem Flugzeug anreisten.

ZEIT LEO: Die Treibhausgase sind das Problem: Wir Menschen blasen zu viel Kohlenstoffdioxid in die Luft, und das Gas heizt das Klima auf. Alle wissen das. Warum kämpfen die Länder nicht gemeinsam dagegen?

HARALD WELZER: Weil sie so unterschiedlich sind. Im Südsudan zum Beispiel, einem armen Land in Afrika, ist es für die Menschen wichtiger, genug zu essen und zu trinken zu haben. Wir in Deutschland leben im Überfluss, deshalb können wir uns über andere Sachen Sorgen machen – über das Klima zum Beispiel. Außerdem haben wir in den reichen Ländern ein schlechtes Gewissen, weil wir schon viel mehr Treibhausgase erzeugt und damit den Klimawandel herbeigeführt haben. Also veranstalten wir solche Konferenzen und tun so, als ob wir was ändern wollten. Aber in Wirklichkeit passiert gar nichts.

ZEIT LEO: Was sollte denn passieren?

HARALD WELZER: Jeder muss bei sich selbst anfangen. Deutschland ist ein freies, reiches Land. Wir könnten zum Beispiel entscheiden, dass wir in unseren Städten keine Autos mehr haben wollen. Damit würden wir riesige Mengen Abgase einsparen.

ZEIT LEO: Wir sollen auf Autos verzichten?

HARALD WELZER: Wäre das ein so großer Verlust? Durch die Autos verzichten wir jetzt ja auch auf viele Dinge: auf saubere Luft in unseren Städten, auf Ruhe, weil wir ständig von Straßenlärm umgeben sind.

ZEIT LEO: Aber es gibt doch heute auch Autos, die umweltschonend sind.

HARALD WELZER: Nein, Autos sind nie umweltschonend, höchstens weniger umweltschädlich. Aber um moderne Autos zu bauen, braucht man heute viel mehr Energie und Rohstoffe als früher. So ist das mit vielem – mit Handys, Computern, Fernsehern. Dazu kommt, dass wir all diese Geräte heute nur noch kurz benutzen. Ständig kommt ein neueres und besseres Modell.

ZEIT LEO: Was fordern Sie?

HARALD WELZER: Wir müssen damit aufhören, so verschwenderisch zu leben! In den letzten zehn Jahren hat sich die Menge der Kleidung, die wir jedes Jahr

kaufen, verdoppelt. Statt guter Holzmöbel, die lange halten, kaufen wir Schrott, der nach fünf Jahren kaputt oder unmodern ist. Wir kaufen, schmeißen weg, kaufen neu. Das ist Irrsinn.

ZEIT LEO: Machen Sie es denn anders?

HARALD WELZER: Ich versuche es. Ich fahre so wenig wie möglich mit dem Auto und fliege nur selten. In diesem Sommer bin ich zum Beispiel mit dem Zug und dem Schiff in den Urlaub gefahren. Unseren Rasen mähe ich mit einem Handrasenmäher. Meine Nachbarn halten mich zwar für einen Spinner, aber ich freue mich, weil das Ding nicht stinkt und keinen Lärm macht.

ZEIT LEO: Sie erforschen, wie Menschen sich verhalten. Warum fällt es den meisten so schwer, etwas zu verändern?

HARALD WELZER: Weil es unbequem ist. Solange es den Leuten gut geht, kann man sie nur schwer dazu bringen, etwas zu ändern. Außerdem spüren wir derzeit kaum Folgen des Klimawandels. Das Gemeine ist ja, dass schlimme Naturkatastrophen wie Dürren oder Überschwemmungen zuerst die Länder treffen, denen es sowieso schon schlecht geht.

ZEIT LEO: Die Länder einigen sich nicht, weil sie zu unterschiedlich sind. Die einzelnen Menschen nicht, weil sie es gern bequem haben. Wer soll denn dann etwas tun?

HARALD WELZER: Sie. Und ich. Und die jungen Leute. Denn die, die heute Kinder sind, werden es später viel schlechter haben als ihre Eltern. Und niemand ist besser darin, Fragen zu stellen, als Kinder. Sie sollten den Erwachsenen auf die Füße treten und fragen: Warum seid ihr so bekloppt und macht einfach immer weiter wie bisher?

Interview: Magdalena Hamm

KLIMAKONFERENZEN

Seit 1995 treffen sich einmal im Jahr Vertreter aus allen Teilen der Erde, um darüber zu beraten, was sie gegen den Klimawandel tun wollen. Der größte Erfolg dieser Treffen war das Kyoto-Protokoll – ein Vertrag, in dem sich 192 Staaten verpflichteten, bis zum Jahr 2012 weniger Treibhausgase zu erzeugen. Trotz des Vertrags ist die weltweite Abgasmenge aber nicht gesunken. Sie steigt sogar jedes Jahr. Wer künftig wie viel Treibhausgase einsparen muss, wird auf internationalen Klimakonferenzen beschlossen.

8. KAPITEL

Für immer weg

Tausende Tierarten sterben jedes Jahr aus. Auf der Roten Liste der stark bedrohten Arten stehen zurzeit mehr als 2500 Arten, darunter rund 200 Säugetiere.

Muschel aus dem Mittelalter

Eines der ältesten bekannten Tiere der Welt war eine Muschel. Genauer gesagt eine Islandmuschel. 507 Jahre wurde sie alt. Forscher fanden sie vor einigen Jahren zufällig, als sie Tausende dieser Muscheln untersuchten. Das Alter kann man bei ihnen wie bei einem Baum zählen: an Ringen der Schale.

Sechsbeinige Müllabfuhr

Ameisen räumen in Städten viel Müll weg. Sie entsorgen Unmengen von Essensresten auf den Bürgersteigen. Eine Forscherin hat das für zwei Straßen in New York untersucht. Sie sagt: Wenn man die Brösel zusammenrechnet, schleppen Ameisen dort 60.000 Hotdogs oder 200.000 kleine Waffeln weg.

Vom Wolf zum Hund

Schon vor 15.000 Jahren begleiteten Hunde den Menschen zur Jagd. Wann genau der Mensch den Wolf zähmte und der Haushund entstand, ist noch unklar. Forscher vermuten, dass dies vielleicht schon vor 30.000 Jahren geschah.

TIERE

VON AFFEN, KÄFERN & EINER SCHIFFSKATZE

Mach mit!

Chinchilla-Giraffe? Wenn du dir aus allen Tieren selbst eines zusammensetzen könntest – wie würde dein Wunsch-Haustier aussehen?

Tierrechte

Unser Staat soll die Tiere schützen. Das steht im Deutschen Grundgesetz, in dem die wichtigsten Regeln für unser Land stehen.

Hallo, Fremdling!

Etwa 9.000.000 Tierarten gibt es auf der Erde. Neun Millionen. Vielleicht muss auch noch eine Null mehr angehängt werden, dann wären es 90 Millionen Tierarten. So genau weiß das niemand. Die Schätzungen gehen weit auseinander. Fest steht: Die allermeisten Tierarten hat noch nie ein Forscher beschrieben. Sie sind unentdeckt. Beschrieben wurden bisher nicht einmal zwei Millionen Arten.

Die meisten sind klein

Der allergrößte Teil der bekannten Tierarten auf der Welt sind kleiner als dein Daumen. Die meisten davon sind Insekten. Etwa eine Million verschiedene Arten gibt es. Bei den Säugetieren kennen Forscher derzeit nur knapp 5500 Arten.

Warum wir so gern mit Tieren leben

In Deutschland leben **30** Millionen Haustiere.

Davon sind **acht** Millionen Katzen, ...

Vier Jahre lang verging kaum ein Tag, an dem die Schwestern Clara und Merle nicht zu ihren Eltern sagten: »Bitte erlaubt uns zwei Kaninchen!« Sie flehten und bettelten. Und sie versprachen hoch und heilig, sich ganz allein um die Tiere zu kümmern. Zuerst gab die Mutter nach, mit ihrer Unterstützung überzeugten sie schließlich auch den Vater. Mit ihm mussten sie allerdings einen Vertrag schließen, in dem genau festgehalten ist, welche Aufgaben Clara und Merle übernehmen und was passiert, wenn sie sich nicht an die Vereinbarung halten. Vergessen sie zum Beispiel, die Tiere zu füttern, dürfen sie nicht fernsehen.

Die Mädchen willigten in alles ein und bezahlten sogar den Hasenstall von ihrem Taschengeld. Dann war es endlich so weit: Zu Ostern zogen die Kaninchen Knolle und Purzel in den Garten der Familie. »Das Warten hat sich gelohnt«, finden Clara und Merle. Selbst ihr Vater schleicht jetzt manchmal heimlich nach draußen, um einen Blick in den Stall zu werfen. Wie die beiden Schwestern verspürt fast jedes Kind irgendwann die Sehnsucht nach einem Tier. Eines, das einem ganz allein gehört, um das man sich kümmern, mit dem man spielen oder schmusen kann. In Deutschland lebt in jedem dritten Haushalt ein Tier. Das sind mehr als acht Millionen Katzen, etwa sieben Millionen Hunde und noch einmal fünf Millionen Kleintiere wie Meerschweinchen, Kaninchen und Hamster.

... **vier** Millionen Vögel, ...

Aber wie kam der Mensch eigentlich zum Haustier? Das erste war wohl der Hund. Wahrscheinlich fing es damit an, dass Jäger in der Steinzeit verwaiste Wolfswelpen aufzogen, um sie mit zur Jagd zu nehmen. Davon hatten beide etwas: Das Tier bekam Futter und eine Unterkunft, der Steinzeitmensch Hilfe bei der Jagd. Unsere Vorfahren zähmten auch andere Tiere, weil sie nützlich waren: Schafe, Kühe, Hühner und Esel, die lieferten Wolle, Milch und Eier oder konnten schwere Lasten tragen. Neben sochen Nutztieren hielt der Mensch aber auch schon sehr früh Tiere zu seinem Vergnügen. Vor mehreren Tausend Jahren etwa züchtete man in China Farbkarpfen und Goldfische, weil sie in den Teichen der Tempelgärten so hübsch aussahen. Von einer richtigen Freundschaft zwischen Mensch und Tier zeugt ein 12.000 Jahre altes Grab, das Archäologen im Norden Israels fanden. Darin lagen die Überreste eines Mannes, der einen Hundewelpen im Arm hielt. Unsere heutigen Haustiere sind Spielkameraden, Vertraute, manchmal sogar so etwas wie Familienmitglieder. Warum das so ist, erforscht die Psychologin Silke Wechsung. »Es ist oftmals einfacher, sein Herz an ein Tier zu hängen als an einen anderen Menschen«, sagt sie. »Tiere nehmen uns so, wie wir sind, es ist ihnen egal, wie wir aussehen, was wir können und was nicht.« Bei einem Tier muss man keine Angst haben, ausgelacht zu werden, es belügt einen nicht und sucht keinen Streit.

Damit sind Haustiere manchmal bessere Freunde als Klassenkameraden. »Und obwohl sie nicht sprechen können, haben wir das Gefühl, dass sie uns verstehen. Vor allem Hunde haben gelernt, auf unsere Signale zu reagieren, etwa auf unseren Tonfall oder bestimmte Gesten«, sagt Silke Wechsung. Dass uns schon der Anblick von Tieren gute Laune macht, haben Wissenschaftler in einem Experiment herausgefunden. In dem Versuch sah sich die eine Gruppe Tierfilme an, die andere betrachtete Lichtblitze auf einem Bildschirm. Bei

Welches Tier zu einer Familie passt, müssen sich alle zusammen genau überlegen.

Wenn Mensch und Tier zusammenleben, muss es immer beiden gut gehen.

... **eine** Million Pferde & Ponys, ...

allen Teilnehmern wurde gemessen, welche Regionen im Gehirn arbeiteten. Ergebnis: Nur die Tierfilme brachten den Bereich in Schwung, der für gute Gefühle zuständig ist.

Wir Menschen leben also gern mit Tieren zusammen. Aber wie ist es umgekehrt? Ist es auch für die Tiere gut, von uns gehalten zu werden? Das kommt auf die Tierart an. Hunde und Katzen leben seit vielen Tausend Jahren mit Menschen zusammen, sie haben sich an uns angepasst und haben nur noch wenige Gemeinsamkeiten mit ihren wilden Vorfahren. Hunde könnten heute ohne den Menschen kaum überleben. Katzen wollen es meist nicht, sie jagen nur noch zum Spaß und fressen ansonsten gerne aus dem Napf. Man sagt ihnen sogar nach, dass ihre Vorfahren, die Wildkatzen, sich aus Bequemlichkeit vor etwa 4000 Jahren den Menschen im alten Ägypten angeschlossen haben. Die meisten anderen Tiere aber würden

vor uns weglaufen, wenn sie könnten: Meerschweinchen ebenso wie Kaninchen, Hamster oder Vögel. Sie wurden erst vor etwa 200 Jahren zu Haustieren gemacht und haben eine natürliche Scheu vor Menschen behalten. Wir müssen sie in Käfigen halten, damit sie bleiben. Das muss nicht heißen, dass es ihnen deshalb schlecht geht. Tiere können sich keine Gedanken darüber machen, ob sie lieber frei wären. Aber wenn wir sie zu unserem Vergnügen halten, sollten wir dafür sorgen, dass sie nichts vermissen und nicht leiden. »Jede Tierart hat ihre eigenen Bedürfnisse. Die muss man kennen und darauf Rücksicht nehmen«, sagt Katrin Umlauf. Sie ist Biologin und Expertin für Haustiere. Hamster etwa sind nachtaktiv, sie schlafen tagsüber. Man sollte sie nicht wecken, weil man am Tag mit ihnen spielen will. Vögel, Meerschweinchen, Mäuse und Ratten sind von Natur aus gesellig, sie brauchen Artgenossen, um sich wohlzufühlen. Und all diese Tiere benötigen unbedingt Auslauf – die Vögel: Ausflug!

»Ganz gleich, für welches Haustier man sich entscheidet, man sollte sich vorher genau informieren, ob es zu einem passt«, sagt Katrin Umlauf. Man sollte ehrlich zu sich sein, wenn man überlegt, ob neben Schule, Sportverein oder Musikunterricht noch Zeit bleibt, ein Haustier zu versorgen – und das viele Jahre lang. »Meerschweinchen und Kaninchen können acht Jahre und älter werden. Hunde und Katzen leben noch viel länger, Letztere bis zu 20 Jahre«, sagt die Biologin.

Viele Menschen schaffen sich erst ein Tier an und merken dann, dass sie zu wenig Zeit haben, um es zu pflegen. Oder zu wenig Geld – denn Haustiere kosten, vor allem die Tierarztbesuche sind teuer. Jedes Jahr werden in Deutschland Hunderttausende Tiere in Heimen abgegeben oder ausgesetzt. Vor allem in der Ferienzeit geschieht das oft, weil die Besitzer in den Urlaub fahren wollen, aber niemanden finden, der sich um ihr Haustier kümmert. Die Psychologin Silke Wechsung findet es deshalb richtig, dass Eltern oft erst mal Nein sagen, wenn Kinder sich ein Haustier wünschen. Und wenn es wie bei den Schwestern Clara und Merle mehrere Jahre dauere, bis sich Eltern und Kinder einigen, sei das sogar gut. Wenn ein Haustier angeschafft werde, müsse die ganze Familie zustimmen. »Als Kind kann man die Verantwortung für ein Tier nicht ganz alleine tragen«, sagt Silke Wechsung. Die Idee mit dem Haustiervertrag, in dem festgeschrieben ist, wer was machen muss, findet die Psychologin genau richtig. »So weiß jeder, welche Arbeit und welche Pflichten auf ihn zukommen.« Dann stehen die Chancen gut, dass sich später alle wohlfühlen, Menschen und Tiere.

Von Magdalena Hamm

WAS MUSST DU TUN?
Sorge dafür, dass dein Tier immer genug Futter und Wasser hat. Besorge das Futter selbst, wenn deine Eltern es nicht vom Einkauf mitbringen. Du hältst dein Tier sauber, reinigst also regelmäßig den Käfig, leerst das Tierklo oder gehst mit dem Tier raus. Du beteiligst dich an allen Kosten, die anfallen, mit deinem Taschengeld, du kümmerst dich darum, dass dein Tier versorgt wird, wenn du verreist. Du fragst Nachbarn, Freunde oder Verwandte, ob sie es dann pflegen.

... **sieben** Millionen Hunde ...

... und **fünf** Millionen Kleintiere.

TIERE

Eine Katze auf hoher See

Chibley macht es sich in einem aufgerollten Seil gemütlich.

An einem winterlichen Tag im November 2011 schrieb Kapitän Dan Moreland den letzten Eintrag zu Misses Chibley Bits in sein Logbuch: »Gestern Nacht, an einem dunklen und stürmischen Abend in Lunenburg in Kanada, wurde Chibley, die Katze, von einem Auto angefahren und starb. Zweifellos war sie auf dem Weg zurück zum Schiff, um ein zweites Abendessen zu fangen oder einfach um die Lage zu kontrollieren. Man könnte leicht sagen, dass sie nicht draußen hätte rumlaufen sollen. Aber wer das sagt, der kannte Chibley schlecht – Chibley tat, was ihr beliebte, und ihr Wunsch war uns Befehl.«

Glaubt man dem Kapitän, war Chibley das erfahrenste Besatzungsmitglied an Bord der »Picton Castle«, eines großen Segelschiffs mit drei Masten und sehr vielen Segeln. Manchmal kletterte Chibley in die Wanten wie ein Pirat, am liebsten aber balancierte sie auf der Reling und behielt ihre Crew im Auge. Über die Jahre hat sie sich von ungefähr tausend Schiffskameraden am Bauch kraulen lassen und in ihren Kojen geschlafen. Statt Mäusen fing sie fliegende Fische, statt Ratten jagte sie verirrte Seevögel, die sich an Deck ausruhten. Und sobald »ihre« Matrosen einen Thunfisch oder einen Wahoo an der Angel hatten, flitzte Chibley zu Fisch und Fänger und stellte sicher, dass das erste und beste Stück auch wirklich an sie ging.

Auf der »Picton Castle« bewundert die Schiffskatze Chibley einen stolzen Fang.

Als Chibley beschloss, Schiffskatze zu werden, konnte Kapitän Dan Moreland gar nicht anders: Er *musste* sie mitnehmen. Damals war Chibley ein kleiner namenloser Wurm in einem Tierheim. Der Kapitän seufzte ein wenig, schaute einmal tief in die Katzenaugen, seufzte noch mal und nahm Chibley mit an Bord seines Segelschiffes. Sie hatte ihn ausgesucht, davon ist Dan Moreland überzeugt. Nicht umgekehrt. Chibley war damals nicht viel größer als ein Fussel oder als eines dieser kleinen Stückchen Dreck, die sich beim Barfußlaufen über Deck im Laufe eines Tages zwischen den Zehen sammeln und die nachts im Bett wieder herausfallen. Auf Seefahrer-Englisch heißen diese Zehenfussel *chibley bits,* und das wurde dann auch ihr Name: Misses Chibley Bits.

Chibleys erste Erinnerung als Schiffskatze war allerdings gar nicht erfreulich. Platsch! Brrr! Miiiiaaaauuu!!! Plötzlich lag Chibley im Wasser. Bauch nass. Schwanz nass. Alles nass! So pudelnass, wie eine Katze überhaupt sein kann. Miiiaauuuu! Ein Tau wurde ins Wasser geworfen, Chibley krallte sich fest. Einen Augenblick später baumelte sie ungefähr drei Meter über dem Wasser. Und dann kam ein Gesicht mit Knubbelnase auf sie zu, das sie über die Reling gebeugt anstarrte. Der Mann mit der Knubbelnase am anderen Ende des Taus war Kapitän Dan Moreland. Er hatte sein neues Tigerkätzchen gerade ins Wasser geworfen. Es sollte nie wieder vergessen, dass über Bord fallen eine ganz schlechte Idee ist. Zurück auf Deck, schüttelte Chibley sich, bis sie aussah wie ein kleiner Igel. Ohne ihren abscheulichen Kapitän auch nur eines Blickes zu würdigen, stolzierte sie davon. Auf dem Deck hinterließ sie kleine Pfützen in Katzenpfotenform.

Über die Jahre hat sie sich von ungefähr tausend Schiffskameraden am Bauch kraulen lassen und in ihren Kojen geschlafen.

Seit diesem Tag ist Chibley nie wieder ins Wasser gefallen, sonst wäre sie nicht die erfahrenste Schiffskatze der Welt geworden. Sie hat eben zwei wesentliche Schiffskatzenweisheiten beherzigt. Erstens: Nie über Bord fallen. Zweitens: Immer an Bord sein, bevor es »Leinen los!« heißt. Egal ob sie gerade die Fischmärkte auf Rarotonga oder Bora Bora im Pazifik plünderte oder den in Kiel – kurz vor Abfahrt stolzierte sie ganz selbstverständlich an Bord, als habe sie soeben beschlossen, dass es Zeit zum Auslaufen sei.

Vierzehn Jahre verbrachte Chibley auf See. Fünfmal ist sie in ihrem Leben um die Welt gesegelt: nach Amerika, Europa, Afrika, Asien, Australien und zu Inseln mit exotisch klingendem Namen, weit, weit weg. Wäre sie in die Höhe geschippert statt um die Welt, hätte sie es bis zum Mond geschafft und sogar noch ein Stückchen weiter. Vermutlich wäre Chibley heute noch immer auf den Meeren unterwegs, wäre sie nur an Bord geblieben. Dass sie ausgerechnet auf einer Straße überfahren wurde, beweist: Sie war eben eine echte Schiffskatze!

Von Ruth Helmling

TIERE

Ein Hund jagt Nashorn-Mörder

Das Horn von Nashörnern ist ein Wunderheilmittel, glauben einige Menschen. Deshalb werden die Tiere abgeschlachtet. Hund Shaya hilft, Wilderer zu stoppen.

Eben noch saß Shaya entspannt im Geländewagen und hielt die lange Schnauze in den Fahrtwind. Angekommen auf dem Parkplatz des Balule-Reservats in Südafrika, verwandelt sich der Belgische Schäferhund in das wichtigste Mitglied der Tierschutz-Gruppe »Black Mambas«. Zu ihr gehören neben Shaya zehn Männer und Frauen, die in Südafrika Wilderer bekämpfen, also Menschen, die geschützte Tiere jagen und töten.
Craig Spencer ist einer der Wildtierschützer und Shayas Herrchen. »Such, such!«, ruft er. Der Hund kippt seine Ohren nach vorne und schnüffelt mit der Nase über den Boden, zielstrebig in Richtung eines roten Autos. Keine Minute später stellt Shaya schwanzwedelnd seine Pfoten auf den linken Hinterreifen. »Gefunden!«, heißt das in Hundesprache.
Tatsächlich, genau hier hat Craig ein paar Gewehrpatronen versteckt. »Guter Junge«, lobt er. Shaya hat die Übung bestanden, als Belohnung bekommt er sein Spielzeug.

Shaya kann etwas, was keines der menschlichen Mitglieder der Black Mambas kann: Waffen, Elfenbein und die Hörner von Nashörnern erschnüffeln. Hundenasen haben viel mehr Riechzellen als Menschennasen, und weil Hunde außerdem auch schneller atmen, kommen viel mehr Geruchsstoffe an den Riechzellen vorbei. Was für Menschen nach nichts riecht, hat deswegen für Shaya schon Stinke-Qualität. Sogar kleinste Stücke Nashorn-Horn kann er wittern, auch wenn jemand sie unter der Erde vergraben oder im Schrank versteckt hat.

Eine gute Nase allein genügt aber nicht, man muss sie auch einsetzen können. Drei Monate lang hat Shaya deshalb in der Nähe von Darmstadt in der Hunde-Akademie von Perdita Lübbe trainiert. Lübbe ist nicht nur Hundetrainerin, sondern auch Tierschützerin. Als sie von den »Black Mambas« in Südafrika hörte, beschloss sie, ihnen Verstärkung zu schicken, einen Suchspezialisten auf vier Pfoten: Shaya.
So ist Shaya nun seit ein paar Monaten in Südafrika im Einsatz. Hier leben Löwen, Giraffen, Elefanten, Leoparden, Büffel – Tiere, die man in Deutschland nur im Zoo sehen kann. Shaya ist vor allen Dingen wegen der Nashörner hier. Knapp 21.000 von ihnen gibt es noch in Südafrika. Das ist zwar mehr als in jedem anderen Land, aber trotzdem eine kleine Zahl. Und

sie schrumpft immer mehr: Jeden Tag werden etwa zwei Nashörner von Wilderern getötet. Im vergangenen Jahr waren es insgesamt 668. Wenn das so weitergeht, werden die Nashörner bald vom Aussterben bedroht sein, fürchten Tierschützer.

Alles nur wegen ihres Horns! Dabei ist es nichts anderes als ein riesiger Finger- oder Fußnagel und besteht aus abgestorbenen Hautzellen. Doch manche Leute glauben, dass Nashorn-Horn ein Wundermittel ist: Klein gemörsert, in Wasser eingerührt und heruntergeschluckt, helfe es gegen Kopfschmerzen und heile sogar Krebs. Wissenschaftler haben zwar bewiesen, dass das totaler Quatsch ist, trotzdem ist der Aberglaube weit verbreitet.
Obwohl es verboten ist, mit dem Horn zu handeln, gibt es viele Käufer. In Vietnam etwa ist es »in«, auf einer Party Nashornpulver anzubieten. Ein teurer Spaß und ein gutes Geschäft: Ein Kilo kostet etwa 40.000 Euro, und da ein Horn zwischen fünf und sieben Kilo wiegt, kann es bis zu 280.000 Euro wert sein.

Heimtückisch: Wilderer stellen den Nashörnern Fallen aus Draht.

Eingespieltes Team: Ranger Craig mit Shaya auf Spurensuche

Tödliche Beute: Shaya erschnüffelt auch Patronen.

HUNDEBERUFE
Hunde haben 220 Millionen Riechzellen, damit können sie jede Geruchsspur verfolgen. Hundetrainer machen sie zu Spezialisten: Der eine Hund kann Leichen und Verletzte aufspüren, ein anderer Drogen finden, der nächste ist auf Waffen spezialisiert. Manche Hunde können sogar Falschgeld erschnüffeln.

Wilderer gehen brutal vor, um den Tieren das Horn abzujagen. Sie schneiden nicht nur ein bisschen von der Spitze ab, sondern hacken es den Tieren im Ganzen vom Kopf. Dabei bringen sie die Nashörner entweder gleich um oder lassen sie halb tot liegen. Dort, wo einmal das Horn war, klafft dann ein riesiges Loch.
Die Hornräuber sind meistens arme Leute aus der Gegend. Sie verkaufen die Hörner für wenig Geld an Schmuggler. Die bringen die Beute ins Ausland und machen dort das große Geschäft.
Manche Tierschützer sagen, es wäre besser, wenn man den Handel mit Nashorn-Horn erlauben würde. Dann könnte man ihn besser kontrollieren, und die Tiere müssten nicht sterben: Denn das Abschneiden des Horns tut nicht weh – so wie es dem Menschen nicht wehtut, wenn er sich seine Zehennägel schneidet. Weil ein Nashorn aber niemanden freiwillig an sich heranlässt, müsste man es von einem Tierarzt betäuben lassen. Das ist kompliziert und teuer. Wahrscheinlich würden Wilderer also auch dann noch losziehen und den Tieren ihr Horn abhacken, wenn der Handel erlaubt wäre.

Hund Shaya bekommt die Dickhäuter kaum zu Gesicht. Das Reservat ist größer als die Insel Sylt, und die Nashörner verstecken sich gut. Genau wie die Wilderer. Von Sonnenaufgang bis Sonnenuntergang durchstreifen Craig, sei-

Elendig verendet: Hyänen fressen ein totes Nashorn.

ne Kollegen und Shaya deshalb das Buschland. Die Menschen gucken durch ihre Ferngläser und achten auf Reifenspuren. Shaya verfolgt die unsichtbaren Spuren in der Luft. Gemeinsam kontrollieren sie die Autos an den Eingängen zum Reservat. Dann läuft Shaya um den Wagen herum und schnuppert wie in der Übung. Manchmal schnüffelt sich der Hund auch durch ganze Häuser – wenn das Team einen Tipp bekommen hat, dass dort vielleicht ein Wilderer wohnt.

Heute war es ein ruhiger Tag für Shaya, kein einziges Mal musste er Craig Spencer das Zeichen geben, dass er etwas gefunden hat. Als es dunkel wird, fahren die beiden zu Craigs Zuhause: einem Wohnwagen mitten in der Wildnis, wo Shaya schnell einschläft.
Am nächsten Morgen wird der Hund von einem besonderen Duft geweckt. Während die Sonne blassrot über dem Buschland aufgeht, hebt Shaya seine Nase und schnüffelt aufgeregt. Craig öffnet die Tür des Wohnwagens, und da liegt er, auf halbem Weg zum Plumpsklo: ein riesiger Haufen Nashorn-Dung! »Das könnte ein guter Tag werden«, sagt Craig zufrieden. Denn ein frischer Haufen bedeutet ein lebendes Nashorn.

Von Ruth Helmling

Die Aufpasser:
Die Gruppe »Black Mambas« jagt Nashornmörder.

TIERE

In der Affenschule

Die ganze Affenbande auf dem Weg in die Schule.

Im Urwald gibt es Milch zum Frühstück.

Es ist sieben Uhr morgens im Affenzentrum Nyaru Menteng, das auf dem indonesischen Teil der Insel Borneo liegt. Etwa 100 kleine Orang-Utans machen Radau, während sie aus ihren Käfigen geholt werden. Wie jeden Morgen werden sie gleich gemeinsam zum Unterricht in den angrenzenden Dschungel aufbrechen.

Manche Affenkinder können nicht schnell genug in die Waldschule kommen, andere schlagen lieber Purzelbäume oder trödeln mit ihren Freunden herum. Ein paar richtige Faulpelze müssen auch von ihrer Betreuerin ermahnt werden.

In Freiheit bleiben junge Orang-Utans sechs bis neun Jahre bei ihrer Mutter und lernen von ihr in dieser Zeit alles Überlebenswichtige. Aber die Orang-Utans in Nyaru Menteng sind Waisenkinder. Viele ihrer Mütter wurden von Tierhändlern getötet, die die Affenbabys dann als Haustiere verkauften, obwohl das verboten ist.

Die kleinen Menschenaffen sind durch ihre Erlebnisse sehr verängstigt. Sie brauchen deshalb besonders viel Zuneigung von den »Babysisters«. So heißen die Betreuerinnen des Zentrums, es klingt so ähnlich wie Babysitter. Aber da hier fast nur Frauen aus den benachbarten Dörfern arbeiten, nennen sie sich Sisters, englisch für Schwestern. Sie sind zugleich Ersatzmütter und Lehrerinnen für die Orang-Utan-Kinder. Eines Tages sollen die Tiere wieder ausgewildert werden, darum müssen sie in der Waldschule lernen, wie man im Dschungel zurechtkommt.

Brother beobachtet aus ihrem Wäschekorb interessiert, wie die Schulklassen mehr oder weniger geordnet im Urwald verschwinden. Brother ist ein zehn Monate altes Orang-Utan-Mädchen. Sie wurde auf einem Markt entdeckt und anschließend nach Nyaru Menteng gebracht. Tierärzte haben sie gründlich untersucht und medizinisch versorgt. Erst wenn sicher ist, dass sie keine ansteckende Krankheit hat, darf Brother zu den anderen Orang-Utan-Babys. Bis dahin hat sie eine Babysister ganz für sich allein.

Im Urwald kümmert sich eine Babysister um ungefähr 15 Tiere. Es gibt einen Kindergarten für die Jüngsten und die Waldschule für Orang-Utans zwischen zweieinhalb und fünf Jahren. Die Fortschritte der Tiere werden sorgfältig notiert. Denn nur wer im Unterricht genügend gelernt hat, kann ausgewildert werden.

Das Orang-Utan-Mädchen Brother soll bald mit den anderen Affenwaisen in die Schule gehen.

Klettern ist eine der wichtigsten Fähigkeiten, die die Orang-Utans in der Waldschule üben müssen. In Freiheit verbringen die Menschenaffen die meiste Zeit in den Bäumen. Dort oben sind sie vor Feinden geschützt, und dort finden sie auch den größten Teil ihrer Nahrung. Die Affen der Kindergartengruppe trauen sich heute allerdings nicht so recht. Die Babysister macht ihren Schülern vor, wie man sich auf einem Baum von Ast zu Ast fortbewegt, bevor ihr die kleinen Orang-Utans zögerlich folgen. Die älteren Affen klettern schon selbstständig überall hoch und hangeln gekonnt an Lianen durch den Dschungel.
Eine Schulklasse hat gerade Werkzeugunterricht: Mit einem Stock versuchen die Orang-Utans, Insekten aus Astlöchern zu pulen. Diejenigen, die es noch nicht so gut können, beobachten ihre geschickteren Mitschüler und eifern ihnen anschließend nach. Anders als in der Menschenschule ist Abgucken im Unterricht ausdrücklich erwünscht, auf diese Weise lernen die Tiere ständig neue Dinge voneinander. In der Waldschule gibt es Milch und tropische Früchte zum Frühstück. Dabei lernen die Affen, welche Früchte essbar sind und wie man sie am besten verzehrt. Bis zum Ende ihrer Schulzeit müssen die Orang-Utans mindestens hundert verschiedene Pflanzen kennen.

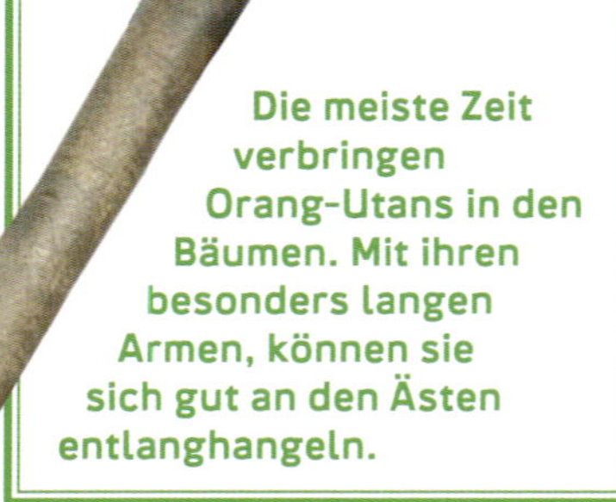

Die meiste Zeit verbringen Orang-Utans in den Bäumen. Mit ihren besonders langen Armen, können sie sich gut an den Ästen entlanghangeln.

Davon ist Brother noch weit entfernt. Gerade nimmt das Affenmädchen eine halbe Banane entgegen, die ihr die Babysister in den Wäschekorb reicht.

Nachdem das Obst in ihrem Maul verschwunden ist, fallen ihr langsam die braunen Knopfaugen zu. Es ist Zeit für den Mittagsschlaf. Die Babysister legt ihr noch ein paar Zweige in den Korb, denn Brother soll sich frühzeitig an ein Leben in den Bäumen gewöhnen.

Wilde Orang-Utans richten sich jeden Abend in einer Baumkrone ein Nest zum Schlafen her. Deshalb ist es wichtig, dass die Tiere in der Waldschule lernen, wie man aus Ästen und Zweigen eine bequeme und stabile Unterkunft baut. Die Waldschüler müssen aber auch wissen, welche Tiere im Dschungel für sie gefährlich sind. Dazu versteckt eine Babysister heimlich eine Gummischlange im Urwald. Sobald ein Orang-Utan die Schlange entdeckt, warnt die Babysister ihre Schüler mit aufgeregten Schreien. Die Orang-Utans merken so, dass ihre Ersatzmutter dieses Tier nicht mag, und bringen sich in Sicherheit. Das üben sie häufig und lernen so, sich von Schlangen fernzuhalten.

Die größte Bedrohung für die Tiere bleiben jedoch die Menschen. Sie holzen den Regenwald ab, um auf der Fläche Palmen zu pflanzen, aus denen man Öl gewinnen kann. Dadurch wird der natürliche Lebensraum der Orang-Utans zerstört. In einer solchen Umgebung können die Orang-Utans nicht leben. Deshalb werden Waldschüler von Nyaru Menteng nur in besonders geschützten Gebieten freigelassen.

Um halb vier endet die Waldschule, aber ein paar Affen wollen lieber noch ein bisschen herumklettern, anstatt sich auf den Heimweg zu machen. Wenn gutes Zureden nicht mehr hilft, setzen die Babysisters einen Trick ein, den auch Menschenmütter gerne benutzen – sie entfernen sich langsam und rufen dabei laut: »Mama geht jetzt!« Orang-Utans sind zwar sehr intelligente Tiere, doch auf diesen Trick fallen selbst die klügsten Affen herein. Der Urwald mag ein toller Abenteuerspielplatz sein, aber eine Nacht ganz alleine im Dschungel verbringen möchte dann doch keiner der Waldschüler.
Wenn die Orang-Utans zurück im Waisenhaus sind, hat auch Brother wieder Gesellschaft. Die Affenkinder dürfen noch eine halbe Stunde auf dem Spielplatz herumtoben, einige klettern aber lieber schnurstracks in ihren Käfig und schließen die Tür hinter sich. Kein Wunder, dass sie ihre Ruhe haben wollen: Ein Tag in der Waldschule ist zwar aufregend, aber auch ziemlich anstrengend.

Von Andrea Halter und Philip Stegers

Können wir Mammuts zum Leben erwecken?

Stell dir vor, du sitzt mit deinen Eltern am Frühstückstisch und deine Mutter schlägt wie immer die Zeitung auf. Plötzlich macht sie große Augen, ruft: »Das gibt's ja nicht!«, und hält dir die Zeitung hin. »Sensation: Forscher haben Mammut gezüchtet!«, steht da. Darunter ist das Foto eines Tieres zu sehen, das an ein Elefantenbaby erinnert, bloß mit zotteligen Haaren.
Was würdest du dazu sagen? Wäre es nicht wunderbar, ein lebendiges Mammut sehen zu können, mit seinen langen gebogenen Stoßzähnen und seinem wolligen Fell? Es dabei zu beobachten, wie es friedlich auf einer Wiese grast, und den Boden beben zu spüren, wenn es langsam vorwärtsstampft? Leider sind die Riesen schon vor 10.000 Jahren ausgestorben. Deshalb werden wir sie wohl niemals trompeten hören oder ihnen übers Fell streicheln können. Oder etwa doch?
Es gibt Forscher, die tatsächlich daran arbeiten, ausgestorbene Tierarten wieder zum Leben zu erwecken. Nicht nur das Mammut ist für sie interessant, sondern zum Beispiel auch die Säbelzahnkatze, der als tollpatschig geltende Vogel Dodo, eine Riesenseekuh, die acht Meter lang wurde, oder das Quagga, ein Verwandter des heutigen Zebras. All diese Tiere seien schön und faszinierend gewesen, finden die Forscher, und es sei doch schade, dass sie uns heute fehlten.

Ausgestorben vor etwa 10.000 Jahren:
das Wollhaarmammut

Ausgestorben vor etwa 10.000 Jahren:
die Säbelzahnkatze

Um ein Tier wieder zum Leben zu erwecken, braucht man dessen DNA. Also das Erbgut, das bei jedem Lebewesen in den Zellen gespeichert ist und bestimmt, wie es aussieht. Um daranzukommen, durchsuchen Wissenschaftler die Überreste ausgestorbener Tiere, die sie entweder bei Ausgrabungen oder in Museen finden. Die DNA ist eine Art Bauplan, mit ihrer Hilfe können Forscher Tiere nachbauen. Die Technik, die sie dafür benutzen, heißt Klonen und ist sehr kompliziert (siehe Erklärung rechts).

Bei heute noch lebenden Tierarten hat das Klonen schon geklappt. Das Schaf Dolly war 1996 das erste Säugetier, das auf diese Weise auf die Welt kam. Mittlerweile sind mehr als 20 verschiedene Tierarten geklont worden, unter anderem Haustiere, deren Besitzer nicht hinnehmen wollten, dass ihre Lieblinge gestorben waren: Sie ließen aus den toten Körpern ihrer Hunde oder Katzen DNA-Proben entnehmen und daraus eine Kopie ihres Haustiers anfertigen. Eine ausgestorbene Tierart zu klonen ist viel schwieriger. Denn DNA besteht aus vielen Teilen, die nur auf eine bestimmte Art zusammenpassen, wie ein Puzzle. Wenn ein Tier stirbt, brechen diese Einzelteile mit der Zeit auseinander. Je älter die Überreste des Tieres sind, desto schwieriger ist es, das Puzzle wieder zusammenzusetzen. Bei vielen ausgestorbenen Tierarten ist die DNA so stark zerbröselt, dass sie als Bauplan nicht mehr zu gebrauchen ist.

Die DNA von Mammuts ist meist recht gut erhalten. Das liegt daran, dass ihre Überreste im eiskalten Boden Sibiriens tiefgefroren waren. Es könnte also sein, dass wir irgendwann tatsächlich die Schlagzeile »Mammut gezüchtet!« in der Zeitung lesen werden. Aber wäre das wirklich eine gute Nachricht? Was sollte mit einem Mammutbaby passieren, wenn es erst mal auf der Welt ist? »Es könnte nicht in der freien Natur leben«, sagt Ralf-Dietrich Kahlke. Er ist Paläontologe und erforscht ausgestorbene Säugetierarten. »Den Lebensraum, den Mammuts brauchen, gibt es heute nicht mehr. Die Tiere würden also verhungern.«

WAS IST DNA?
Die drei Buchstaben stehen für »deoxyribonucleic acid«. Das ist der englische Fachbegriff für Erbgut. Die DNA ist in jeder Körperzelle gespeichert. Sie enthält die Gene, die wir von unseren Eltern geerbt haben und die unser Aussehen und unseren Charakter bestimmen.

UND WAS IST MIT DINOS?
Die letzten Dinosaurier sind vor mehr als 60 Millionen Jahren von der Erde verschwunden. Nach so langer Zeit können Forscher kein Erbgut mehr finden, mit dem sich ein Dino nachzüchten ließe. Diese Tiere werden weiterhin nur in Büchern, Filmen und Museen lebendig.

Ausgestorben vor etwa 100 Jahren: das Quagga

Ausgestorben vor 72 Millionen Jahren: der Pteranodon

Ausgestorben vor 66 Millionen Jahren: der Tyrannosaurus Rex

Ausgestorben vor 145 Millionen Jahren: der Brachiosaurus

So wäre das mit vielen ausgestorbenen Tieren, auch die Säbelzahnkatze, das Wollnashorn oder der Riesenhirsch hätten keinen Ort mehr, an dem sie leben könnten. »Diese Tiere sind ja nicht ohne Grund ausgestorben«, sagt Kahlke. Nach dem Ende der Eiszeit, vor etwa 12.000 Jahren, ist es auf der Erde wärmer und feuchter geworden. Dadurch hat sich die Umwelt verändert, andere Pflanzen wuchsen, und manche Tiere haben einfach nichts mehr zu fressen gefunden. »Das ist etwas ganz Natürliches«, sagt Kahlke, »und das kann man auch nicht rückgängig machen.«

Ein geklontes Mammutbaby müsste wohl in einem Zoo aufwachsen. Ohne Artgenossen, sogar ohne Eltern. Denn einen Mammutvater oder eine Mammutmutter gäbe es ja nicht. Die Forscher würden die Mammut-DNA in den Körper einer Elefantenkuh pflanzen. Die müsste dann zwei Jahre lang ein fremdes Kind in ihrem Bauch tragen, so lange sind Elefanten nämlich schwanger. Sollte man wirklich ein Mammut auf die Welt holen und in Gefangenschaft halten, nur damit wir Menschen es anschauen können? »Mammuts sind faszinierende Tiere«, sagt Kahlke, »aber ihre Zeit ist vorbei. Ich finde, man sollte sie ruhen lassen.«

Es gibt Tierarten, bei denen sich das Klonen lohnen könnte. Der Chinesische Flussdelfin etwa ist erst vor wenigen Jahren ausgestorben. Er verschwand nicht auf natürliche Weise, sondern weil Menschen ihn gejagt und seinen Lebensraum verschmutzt haben. Würden wir dafür sorgen, dass die Flüsse wieder sauber sind, könnten die Tiere immer noch darin leben.
»Aber bevor wir anfangen, Tiere zurückzuholen, sollten wir uns lieber um die heutige Natur kümmern«, findet Experte Kahlke. Der Sibirische Tiger oder der Indische Elefant seien ebenso faszinierende Tiere wie das Mammut oder die Säbelzahnkatze. »Und wenn wir die nicht besser schützen, sind sie auch bald ausgestorben.«

Von Magdalena Hamm

WAS HEISST KLONEN?
So nennt man es, wenn Forscher ein Tier »nachbauen«. Dafür brauchen sie sein Erbgut. Dieses wird dann in eine Zelle einer verwandten Tierart gepflanzt. Beim Mammut wäre das ein Elefant. Im Reagenzglas wird daraus ein Embryo gezüchtet, der dann im Bauch einer Elefantenkuh heranwachsen muss. Geklonte Tiere sind oft krank und leben kürzer als normale Tiere.

Bei Alligatoren zu Besuch

ALLIGATOR ODER KROKODIL?
Alligatoren und Krokodile sind verschiedene Tierarten, aber eng verwandt. Unterscheiden kann man sie an ihrem Maul: Ist es geschlossen, sieht man beim Alligator nur die Zähne des Oberkiefers. Beim Krokodil sind die Zähne des Ober- und Unterkiefers zu sehen. Von oben betrachtet, ist die Spitze des Alligatormauls eher rund, wie ein U. Bei Krokodilen läuft es spitz zu, wie ein V.

»Achtung, Alligatoren!« Ein gelbes Schild am Straßenrand warnt die Autofahrer. Sie sollen vorsichtig fahren, denn hier kann ihnen gleich ein Alligator vor die Stoßstange laufen. In den Sümpfen Floridas, im Südosten der USA, ist das jederzeit möglich. Everglades heißt das einzigartige Gebiet. Es ist riesig groß, mehr als eine Million Fußballfelder hätten auf der Fläche des Nationalparks Platz. Kleine Bäume, Gestrüpp und vor allem Gras wachsen in den flachen Gewässern der Sumpflandschaft. Weltweit sind die Everglades das einzige Gebiet, in dem sowohl Alligatoren als auch ihre Verwandten, die Krokodile, leben. Menschen aus aller Welt kommen hierher, um sich die wilden Raubtiere anzuschauen.

Auch Schlangen, Schildkröten, Seekühe, Eidechsen und Pelikane sind in den Everglades zu Hause. Und in der schwülen Luft schwirren mindestens zehn verschiedene Mückenarten. Aber die meisten Menschen kommen wegen der Alligatoren. Wer ihnen in die Augen blicken möchte, kann einfach einige Tage an der Straße warten, bis einer vorbeiläuft. Oder er wagt sich in die Sümpfe.

Alleine wäre das viel zu gefährlich. Touristen dürfen sich nur in Begleitung eines Reiseführers auf die Suche machen. Ron Rowsey, 36 Jahre alt, ist so ein Führer. Seit sieben Jahren fährt er Besucher mit seinem Boot durch die Everglades. Bevor die Tour startet, warnt er seine Gäste: »Nicht die Hand raushalten! Die Alligatoren könnten sie für einen Leckerbissen halten und zuschnappen.« Ron macht klar, dass dies ein Ausflug in die Wildnis ist. Dann wirft er den Motor an, und das Boot tuckert los.

Spätestens jetzt kribbelt es bei vielen Touristen ein bisschen im Bauch. Ob sie wirklich Alligatoren aus der Nähe sehen werden? Alle halten ihren Fotoapparat bereit, damit sie sofort losknipsen können.

Vor mehr als 20 Jahren waren Menschen nicht mit Kameras, sondern mit Gewehren hinter Alligatoren her. Sie jagten die Tiere, töteten sie und zogen ihnen die Haut ab. Daraus machten sie edle Handtaschen oder Stiefel. Das Fleisch der Tiere verkauften sie für viel Geld an Restaurants. Im Laufe der Jahre gab es deshalb immer weniger Alligatoren. Und auch ihr Lebensraum war bedroht, denn die Men-

Achtung, Alligatoren – ein Schild am Straßenrand warnt Autofahrer.

schen nutzten das Wasser der Sümpfe, um ihre Felder zu bewässern. Große Flächen trockneten aus. Auch andere Tiere und Pflanzen, die in den Everglades lebten, waren vom Aussterben bedroht.
Naturschützer sorgten deshalb dafür, dass ein Teil der Sümpfe unter Schutz gestellt wurde. Im Jahr 1947 wurde der Everglades-Nationalpark gegründet. Seitdem müssen die Sümpfe Wildnis bleiben, und die Menschen dürfen nur zu Besuch kommen, so wie bei der Alligatoren-Tour mit Ron.

Die Urlauber im Boot blicken angestrengt ins Grün. Döst da ein Tier zwischen den Blättern? Nein, es ist nur ein dicker Ast. »Denkt daran«, sagt Ron, »Alligatoren sind nur in Comics grün. Die echten sind schwarz.« Das Boot fährt eine Weile, dann zeigt jemand aufgeregt ins Dickicht: »Da!« Und tatsächlich: Auf einem Ast sonnt sich ein kleiner Alligator. Er ist kaum länger als der Unterarm eines Erwachsenen. »Der ist fast noch ein Baby und erst ein paar Monate alt«, sagt Ron.

Wenn Alligatorenbabys aus dem Ei schlüpfen, sind sie etwa so groß wie ein Finger. Sie wachsen ihr ganzes Leben lang, am schnellsten in den ersten vier Jahren. Drei bis fünf

Huckepack: Alligatorbabys gehen in den ersten Monaten nur mit ihren Eltern ins Wasser. Ein ausgewachsener Alligator wiegt etwa 500 Kilo und ist vier bis sechs Meter lang.

Zehn Wochen dauert es, bis Alligatoren aus dem Ei schlüpfen.

Meter werden sie lang. Der Kleine auf dem Ast lässt sich von den Menschen nicht aus der Ruhe bringen. Vielleicht ist er den Trubel gewohnt. An dieser Stelle der Sümpfe fährt Ron häufiger vorbei. Er hat das Tier schon öfter gesehen und ihm einen Namen gegeben: Godzilla.

Im Nationalpark Everglades fühlen sich die Alligatoren so wohl, dass sie sich wieder vermehren. Für einige Jahre durften sie auch nicht gejagt werden. Inzwischen leben in den Sümpfen wieder Tausende Alligatoren. Trotzdem ist ihr Zuhause noch gefährdet, denn die Menschen lassen jede Menge schmutziges Wasser aus Fabriken in die Sümpfe fließen, die an den Nationalpark angrenzen. Von dort verteilt es sich dann auf das ganze Gebiet. Viele Tier- und Pflanzenarten kämpfen daher ums Überleben, etwa Krokodile und Florida-Panther, eine Löwenart. Naturschützer setzen sich dafür ein, dass das schmutzige Wasser künftig in Kläranlagen statt in die Everglades fließt.
Seit einigen Jahren haben die Tiere noch einen neuen Feind: Pythons. Die Riesenschlangen stammen ursprünglich aus Asien. Vermutlich wurden sie von Menschen, die sie vorher als Haustier hielten, in den Sümpfen ausgesetzt. Die Schlangen haben sich in den Everglades stark vermehrt und fressen jede Menge kleinere Tiere wie Waschbären, Beutelratten und auch junge Alligatoren.

Ist der kleine Godzilla in Gefahr? Ron sagt, dass seine Mutter vermutlich ganz in der Nähe im Gestrüpp liegt. Und so ein ausgewachsener Alligator kann es durchaus mit einem Python aufnehmen. Godzilla wirkt jedenfalls ziemlich sorglos. Als die Urlauber ein Foto nach dem anderen von ihm machen, grinst der kleine Alligator sogar. Zumindest sieht er mit seinen Zähnen, die auch bei geschlossenem Maul herausragen, so aus.

Von Silke Fokken

MODE AUS KROKO?
Taschen, Gürtel, Schuhe. Wer solche Sachen aus Krokodilleder fertigen will, darf keine wild lebenden Tiere töten. Das Leder stammt von Tieren, die auf Farmen etra dafür gezüchtet werden. Oft ist es übrigens keine Krokodil-, sondern Alligatorhaut.

Wenn Zootiere umziehen

Die vier Springtamarine Artus, Adonis, Xito und Katilo.

Artus und Adonis quietschen wild, klettern immer wieder am Gitter vor dem Fenster hoch und kraxeln über ihre Brüder Xito und Katilo hinweg. Die sitzen schüchtern in der Ecke. Sogar den Appetit hat es ihnen verschlagen. Sie wollen nicht einmal die dicken Mehlwürmer essen, die in einem Napf auf dem Fenstersims liegen. Dabei ist das ihre Leibspeise.
Die vier Springtamarine sind wohl einfach schrecklich nervös. Kein Wunder, sie werden gleich verreisen: vom Karlsruher Zoo im Süden Deutschlands in den Norden Europas, nach Norwegen.

Die Affenbrüder machen mit bei einem Zoo-Austauschprogramm. Aber anders als bei einem Schüleraustausch kommen sie nicht wieder zurück. Ihr neues Zuhause wird der Lille Dyrehage sein, der »Kleine Tiergarten« in der norwegischen Stadt Sundebru. Er ist mehr als tausend Kilometer vom Karlsruher Zoo entfernt. Eine ganz schön weite Reise liegt vor den Tieren.

Warum müssen Artus, Adonis, Xito und Katilo überhaupt umziehen? Sie sollen Papa werden. Springtamarine sind eine gefährdete Tierart. Wild leben die Affen in den Regenwäldern von Brasilien und Peru. Weil dort aber immer

STATION 1: KARLSRUHE
Die vier Springtamarine Artus, Adonis, Xito und Katilo (linke Seite) sollen in den Tierpark in Sundebru in Norwegen umziehen. Mit Netzen werden die Tiere gefangen. Immer zwei kommen in eine Transportkiste.

mehr Bäume abgeholzt werden, gibt es für die Tiere kaum noch Platz zum Leben. Natürlich wäre es gut, man würde die Wälder schützen, damit die Affen weiterhin dort leben können. So würde man nicht nur Tierarten, sondern auch seltene Pflanzen und Landschaften erhalten.

Doch mit dem Regenwald lässt sich viel Geld verdienen: Große Unternehmen verkaufen zum Beispiel wertvolles Tropenholz oder bohren nach Erdöl. Leider gelang es bisher nicht, die Regenwälder ausreichend zu schützen. Tierparks sagen, dass sie versuchen, etwas für die bedrohten Arten zu tun. Die Springtamarine und viele andere seltene Tiere werden in Zoos gezüchtet. Sie sollen sich dort vermehren, damit die Arten nicht ganz aussterben.

Bei den Äffchen aus Karlsruhe hat es bisher ganz gut geklappt mit der Vermehrung. »Die Gruppe ist für unseren Zoo schon zu groß geworden«, erklärt Clemens Becker, der Karlsruher Zoodirektor. Und weil der norwegische Tierpark gerade ein neues Regenwaldhaus gebaut hat, ziehen die vier Affenbrüder um. »Dort gibt es viel Platz für die Affen«, sagt Becker. Und aus einem anderen Zoo sollen bald noch einige Springtamarin-Weibchen dazukommen – damit es auch klappt mit dem Affennachwuchs.

300 Zoos und Aquarien aus ganz Europa machen bei dem Zoo-Austauschprogramm mit. Bei jedem Tiertausch versuchen sie, Männchen und Weibchen aus verschiedenen Zoos zusammenzubringen. Damit wollen sie Inzucht vermeiden. So nennt man es, wenn sich Tiere miteinander paaren, die nah verwandt sind. Cousin und Cousine zum Beispiel. Bei Inzucht werden oft Babys

STATION 2: FLUGHAFEN FRANKFURT
In einem Transporter geht es 130 Kilometer über die Autobahn bis zum Frankfurter Flughafen. Dort gibt es eine »Animal Lounge«, einen Warteraum nur für Tiere. Zwei Stunden müssen die Äffchen dort ausharren, bis ihr Flieger startet.

geboren, die schwach oder krank sind. Um gesunde Tierkinder zu bekommen, müssen die Gruppen in den Zoos also immer gut durchmischt werden. Deshalb werden immer wieder Tiere quer durch die ganze Welt geschickt. Dieses Jahr ist zum Beispiel schon ein riesiges Walross von Hamburg nach Moskau in Russland umgezogen, voriges Jahr reisten zwei Orang-Utan-Weibchen von München in die ungarische Hauptstadt Budapest.

Artus und seine Brüder wissen natürlich nichts von abgeholzten Regenwäldern und Tierschutzprogrammen. Im Moment sind sie einfach völlig aus dem Häuschen. Erst wurden sie von den Tierpflegern aus ihrem großen Gehege geholt. Jetzt springen sie wild durch den Raum mit dem vergitterten Fenster und den Mehlwürmern, die sie nicht fressen wollen. Etwas Stroh liegt auf dem Boden, und zwischen den Wänden sind ein paar dicke Taue zum Klettern gespannt. Und es stehen schon zwei Holzkisten für den Transport bereit. In jede passen zwei Äffchen.

Als Tierpfleger Ralf Geier mit einem großen Kescher in den Raum kommt, drängen sich die vier Springtamarine erst ängstlich in die hinterste Ecke. Und dann wird es wild: Die Affen kreischen und rennen durcheinander. Einer klettert am Gitter hoch, der nächste am Heizungsrohr in der Ecke, der dritte versteckt sich hinter einer Kiste.

Am allerlautesten schreit Artus, als der Tierpfleger ihn endlich in seinem Netz hat. Ganz vorsichtig nimmt Ralf Geier das kleine Äffchen heraus – es passt leicht in die große Tierpflegerhand – und setzt es behutsam in eine der Holzkisten. Als endlich alle vier Tiere verstaut sind, beginnt die Reise.
Zuerst fahren die Affen in einem Transporter zum Flughafen in Frankfurt am Main. Von dort geht es mit dem Flugzeug in die Hauptstadt von Norwegen, nach Oslo. Dann sind es noch mal drei Stunden Autofahrt, bis die vier Affenmännchen endlich in ihrer neuen Heimat angekommen sind. Mehr als 22 Stunden, fast einen ganzen Tag, sind Artus, Adonis, Xito und Katilo unterwegs.
Das Regenwaldhaus im Tiergarten Sundebru gefällt ihnen auf Anhieb. »Sie waren gleich ganz neugierig, sind sofort auf die Bäume geklettert und haben sich alles angeguckt«, erzählt Nils Harald Reiersen, ihr neuer Tierpfleger.

Die Austausch-Affen können nicht nur in dem neuen großen Gehege herumspringen, sie sind auch wie eine Lebensversicherung für ihre gesamte Art. Denn solange sich die Springtamarine im Zoo vermehren, stirbt die Tierart nicht aus. Sollte sich der Regenwald in Südamerika also irgendwann doch noch erholen, könnte man die nachgezüchteten Äffchen dort auswildern.

Von Bernd Eberhart

STATION 3: FLUGHAFEN OSLO
Mit dem Flugzeug landen die Affenbrüder schließlich in Oslo, der Hauptstadt Norwegens. Jetzt müssen sie noch einmal drei Stunden Auto fahren, bis sie ihr Ziel erreichen.

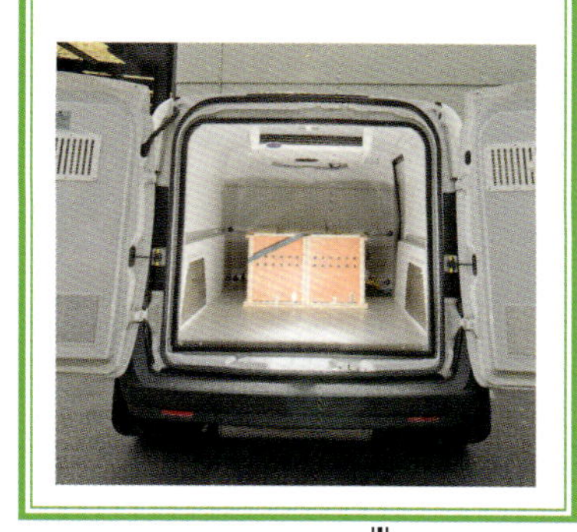

STATION 4: TIERGARTEN SUNDEBRU
Nach 22 Stunden sind die Äffchen in ihrem neuen Gehege angekommen. Im Regenwaldhaus haben sie viel mehr Platz als in Karlsruhe.

TIERE

Wildtiere erobern die Stadt

Derk Ehlert kurbelt das Fenster seines grauen Autos herunter, streckt die Nase in die Luft und schnuppert. »Wenn ein Wildschwein in der Nähe ist, dann kann ich es riechen«, sagt er. Die Tiere hätten einen sehr starken Geruch, »ein bisschen wie Maggi«, die braune Gewürzsoße, die oft in die Suppe kommt. Derk Ehlert arbeitet für die Stadt Berlin. Immer wenn dort irgendwo in den Straßen ein wildes Tier auftaucht, wird er gerufen. Das passiert ganz schön oft. Denn in unserer Hauptstadt gibt es mehr als 3000 Wildschweine und etwa 1600 Füchse. Dazu kommen 800 Waschbärfamilien, 25 Biber, unzählige Fledermäuse, Marder und Kaninchen und ein paar Dachse. All diese Tiere haben sich nicht etwa aus den umliegenden Wäldern nach Berlin verlaufen. »Die leben hier«, sagt Ehlert, »und das sehr gut. Berlin hat viele Parks, Spielplätze, Gärten. Die Tiere finden hier genug Futter und können ihre Jungen aufziehen.« Die meisten Menschen sind überrascht, wenn sie mitten in der Stadt ein wildes Tier sehen. Einige bekommen auch Angst und rufen die Polizei. Und die ruft dann Derk Ehlert an.

Derk Ehlert kümmert sich eher um die großen Tiere, die es in der Hauptstadt gibt ...

Diese Wildschweinmama lebt mit ihren Jungen in einer Berliner Wohnsiedlung. Wildschweine sind Allesfresser, in fast jeder Mülltonne finden sie etwas.

Wanderfalken brüten oft an Hochhäusern und jagen Tauben.

Wartet der auf den Bus? Nein, so sehr haben sich Füchse noch nicht ans Stadtleben angepasst. Dieser hier wohnt in der Nachbarschaft.

An diesem Tag im Frühsommer hat er die Nachricht erhalten, im Westen der Stadt habe ein Wildschwein Kinder auf dem Schulweg bedroht. Langsam fährt er mit seinem Auto durch die Siedlung. Er späht in die Gebüsche und schnuppert herum, doch er kann nichts entdecken. Es ist früher Abend und noch recht hell. »Die Tiere kommen normalerweise erst nach den Spätnachrichten aus ihren Verstecken.« Dann ist es dunkel, und auch die letzten Hunde-Gassigeher sind zurück in ihren Häusern. Wildschweine, die am Tag herauskommen, das sei selten, sagt Ehlert. Vielleicht wurde das Tier von Essensresten angelockt, überlegt er. Viele Menschen werfen ihren Müll in die Büsche, ohne darüber nachzudenken, dass er ein gefundenes Fressen für Wildtiere ist.

Waschbären fischen gern in Gartenteichen nach Futter.

In Berlin gibt es Hunderttausende Spatzen, manche leben in Bahnhöfen.

Die Stadtbewohner glauben, die wilden Tiere müssten zurück in den Wald gebracht werden. Das geschieht allerdings nie, weil es sinnlos ist. »Die würden einfach wiederkommen«, sagt Ehlert. »Wir müssen lernen, mit den Tieren zu leben.« In den meisten Fällen bestehe keine Gefahr, sagt er. »Wildschweine greifen nur an, wenn sie verletzt oder krank sind und sich bedroht fühlen.« Und erst wenn so etwas passiert, greift Ehlert ein: Dann ruft er einen Jäger, der das Tier erschießt. Gesunde Tiere aber lässt er in Ruhe. Für die Menschen, die in der Nähe wohnen, sei das manchmal schwer zu verstehen. »Aber wir sind eben nicht alleine in der Stadt. Man kann ja nicht alle Tiere erschießen«, sagt Ehlert.

Während die Menschen sich noch an die Tiere gewöhnen müssen, lassen sich die Wildtiere von den Städtern nicht stören. Derk Ehlert kennt eine Füchsin, die sich im Garten einer Kindertagesstätte eingenistet hat. Unter den Holzbohlen einer Terrasse hat sie sogar Junge bekommen. Dass direkt über ihrem Bau täglich 40 Kinder herumtoben, scheint ihr nichts auszumachen. Die Erzieherinnen und Eltern waren anfangs nicht begeistert, aber Ehlert konnte sie überzeugen, dass die Füchse ungefährlich sind. »Sie können zwar Krankheiten übertragen, aber ich kenne keinen einzigen Fall, in dem das passiert ist.« Der Fuchsbandwurm, ein Parasit, der auch Menschen befallen kann, sei in Berlin seit 15 Jahren nicht mehr vorgekommen. »Vielleicht liegt es am Futter«, sagt Ehlert. »Der Bandwurm wird normalerweise über Feldmäuse übertragen. Und die gibt es in der Stadt nicht.«

Stattdessen fressen die Großstadttiere schon mal Hunde- oder Katzenfutter. Im Berliner Tiergarten leben zum Beispiel zwei Füchse, die von den Parkbesuchern regelmäßig umsorgt werden. Sogar Namen haben die beiden: Natan und Humpeli. Ehlert findet das nicht so toll: »Wildtiere zu füttern ist verboten. Das Futter könnte ungesund sein, und wenn die Tiere zahm werden und zu nah an den Menschen rankommen, wird vielleicht doch mal jemand gebissen.«

Ehlert wird auch dann gerufen, wenn kranke oder verletzte Tiere gefunden werden. Die bringt er dann in eine Tierklinik. Und er muss helfen, wenn elternlose Tierkinder auftauchen. Das sei das Schlimmste an seinem Job, sagt er, denn wo soll er hin mit Wildtierbabys? Allein hätten die Kleinen kaum eine Chance zu überleben, im Tierheim oder im Zoo werden sie nicht angenommen. »Sie einschläfern zu lassen bringe ich nicht übers Herz, schließlich sind sie gesund.« Also hat Ehlert sich eine ungewöhnliche Lösung einfallen lassen: Er sucht den Tierkindern neue Eltern. Einmal hat er drei Fuchswelpen zu einer Großstadt-Füchsin gebracht, die schon drei eigene Junge hatte. »Sie hat sie, ohne zu zögern, angenommen und großgezogen«, erzählt Ehlert stolz.

Von Magdalena Hamm

Wie ähnlich sind sich Mensch und Tier?

Was würdest du sagen, wenn ich dich frage: Bist du ein Mensch oder ein Tier? Ein Mensch natürlich, oder? Schließlich läufst du auf zwei Beinen, kannst sprechen und gehst zur Schule. Du kannst Matheaufgaben lösen, Aufsätze schreiben und diesen Artikel lesen. Welches Tier kann das schon? Andererseits: Genau wie alle Tiere musst du essen, trinken, atmen, schlafen. Und wie viele von ihnen hast du zwei Augen, zwei Ohren, Nase und Mund, bestehst aus Knochen, Haaren, Haut und Blut. Tatsächlich gibt es zwischen uns Menschen und den Tieren mehr Gemeinsamkeiten als Unterschiede.

Wenn ich einen Biologen fragen würde, würde der deshalb auch sagen: »Ja, klar sind Menschen Tiere!« Genauer: Säugetiere. Denn genau wie Löwen, Bären, Elefanten oder Kängurus haben wir vier Gliedmaßen (bei uns in Arme und Beine aufgeteilt), unsere Körper sind ebenfalls mit Haaren bedeckt (wenn auch mit viel weniger), und das Wichtigste: Wir füttern unsere Babys mit Muttermilch. Das haben alle Säugetiere gemeinsam.

SPIELENDE KEAS
Wenn im Süden Neuseelands Schnee liegt, klettern Keas auf Hügel, schmeißen sich auf den Rücken und rutschen hinunter. Die grünlichen Papageien machen das einfach so, zum Spaß. Wissenschaftler glauben, dass eine gehörige Portion Grips nötig ist, um sich ein solches Spiel auszudenken.

Wie bei allen anderen Tieren besteht unser Körper aus winzigen Zellen. In jeder Zelle ist DNA gespeichert, also das Erbgut, das wie ein Bauplan bestimmt, wie wir aussehen und uns verhalten. Bei jeder Tierart ist die DNA ein bisschen anders, sie sorgt zum Beispiel dafür, dass Vögel einen Schnabel und Federn haben, Reptilien dagegen Schuppen und ein Maul.

Je enger zwei Tierarten miteinander verwandt sind, desto ähnlicher ist ihr Erbgut. Unsere nächsten Verwandten im Tierreich sind die Schimpansen. Wenn man sich deren DNA und die von uns Menschen als eine Kette aus hundert Buchstaben vorstellen würde, dann wären nur zwei Buchstaben unterschiedlich. Unser Erbgut ist also fast gleich!

Wir sind so nah mit den Schimpansen verwandt, dass uns Biologen sogar einer gemeinsamen Gruppe zuordnen: den Menschenaffen, zu denen auch noch Orang-Utans und Gorillas gehören. Trotzdem unterscheiden wir uns stark von den Affen: Nur wir kochen unser Essen, tragen Kleidung, malen Bilder oder spielen Instrumente. Nur wir bauen Kirchen, Flugzeuge oder Smartphones. Warum ist das so? Was macht uns zu Menschen?

Vielleicht liegt es an unserem Gehirn, immerhin ist es etwa dreimal so groß wie das eines Schimpansen. Sind wir einfach schlauer als andere Tiere?

Das kommt darauf an, was man unter schlau versteht. Lange Zeit dachten Wissenschaftler, dass nur Menschen über ein Problem nachdenken und Werkzeuge herstellen können, um es zu lösen. Doch vor etwa 50 Jahren entdeckte die Affenforscherin Jane Goodall, dass Schimpansen in Afrika Zweige von den Sträuchern brachen und damit Termiten aus Erdlöchern angelten. Sie hatten also ein Problem erkannt: »Die Löcher sind zu schmal für meine Finger.« Und sich eine Lösung überlegt: »Ein Stöckchen zu Hilfe nehmen.«

KRAKEN MIT CHARAKTER
Kraken sind ganz schön clever, sie können zum Beispiel Marmeladengläser aufschrauben. Und anscheinend haben sie auch eine Persönlichkeit. In Experimenten reagieren die Tiere ganz unterschiedlich: Manche sind schüchtern, andere neugierig und wieder andere aggressiv.

Heute wissen wir von einer ganzen Reihe von Tieren, die Werkzeuge benutzen: Seeotter knacken Muscheln mit Steinen auf. Delfine stülpen sich Schwämme über die Schnauze, um sich beim Durchwühlen des Meeresgrundes nicht zu verletzen. Und auch Vögel, die im Vergleich zu den meisten Säugetieren ein eher kleines Gehirn haben, sind erstaunlich clever. In Japan kann man Krähen dabei beobachten, wie sie Walnüsse auf die Straße werfen, um sie von vorbeifahrenden Autos knacken zu lassen. Die Tiere warten sogar die Grünphase der Ampel ab, um nicht überfahren zu werden, wenn sie sich ihre Leckerbissen holen.

An Grips scheint es den meisten Tieren nicht zu mangeln, wir Menschen sind nicht einfach klüger als sie. Wir sind anders klug. So sieht es der Wissenschaftler Michael Tomasello aus Leipzig. Er beschäftigt sich seit 30 Jahren mit der Frage, was uns Menschen einzigartig macht. Um Antworten zu finden, macht er mit seinen Mitarbeitern regelmäßig Experimente. Sie stellen Menschenaffen und Kleinkindern ähnliche Aufgaben und vergleichen die Ergebnisse. So haben sie herausgefunden, dass zweijährige Menschen und erwachsene Affen in einigen Dingen ungefähr gleich gut sind: erkennen, in welchem von zwei Bechern mehr Erdnüsse sind, zum Beispiel. Oder darin, mit einem Stock ein Spielzeug zu sich heranzuziehen.
Bei anderen Aufgaben waren die Menschenkinder den Affen aber weit überlegen. Und zwar immer dann, wenn sie mit einem Erwachsenen zusammenarbeiten mussten. Die Kinder sollten zum Beispiel ein Spielzeug im Raum finden. Der Erwachsene guckte in die richtige Richtung, um zu helfen. Die Kinder verstanden den Tipp und kamen ganz schnell zum Ziel. Die zweijährigen Menschen waren auch weitaus besser darin, sich etwas abzugucken. Wurde ihnen gezeigt, wie man einen Luftballon aus einer Plastikröhre herausbekommt (kräftig auf den Boden klopfen), genügte ein Blick, und die Kleinen fingen auch an zu klopfen.

Die Experimente zeigen, dass Kinder sich in andere Menschen hineinversetzen können und verstehen, was sie wollen. Wissenschaftler Tomasello schließt daraus, dass die Besonderheit des Menschen darin liegt, dass wir gemeinschaftlich denken und handeln können, dass wir »die Köpfe zusammenstecken«. Er nennt das »soziale Intelligenz«, man könnte auch die Klugheit der Gruppe sagen.
Auch Schimpansen leben in Gruppen, auch sie verständigen sich und gucken sich Sachen voneinander ab. Manchmal jagen sie auch gemeinsam. Aber letztlich denkt dabei jeder Affe nur an seinen eigenen Vorteil: Ich will Futter! Nicht: Wir wollen Futter. Genau dieses Wirgefühl mache den Unterschied, glaubt Tomasello.
Würde ein kleines Kind alleine auf einer einsamen Insel aufwachsen, dann würde es wahrscheinlich nicht viel mehr lernen als Fische fangen oder sich einen Unterschlupf bauen. Wahrscheinlich würde es nicht sprechen – mit wem denn auch? Es würde keine Buchstaben oder Zahlen kennen, wüsste nicht, wie man Feuer macht. Denn es gäbe niemanden, der ihm diese Dinge beibrächte. Und es ist nicht sehr wahrscheinlich, dass es sie selbst neu erfindet. Das einsame Menschenkind wäre also nicht viel schlauer als ein Schimpanse.

Dass du diesen Text lesen kannst, liegt daran, dass dir jemand das Lesen beigebracht hat. Und dass ich diesen Artikel schreiben konnte, liegt daran, dass irgendein kluger Mensch vor Tausenden Jahren sich die erste Schrift ausgedacht hat und sein Wissen seitdem immer weitergegeben und verbessert wurde.

Von Magdalena Hamm

SPRECHENDE BIENEN
Honigbienen reden nicht wie wir, trotzdem können sie ihren Artgenossen eine Menge mitteilen. Und zwar indem sie tanzen: mit verschiedenen Tanzschritten und Drehungen zeigen sie anderen Bienen genau an, wo es leckeren Nektar zu holen gibt und wie weit man dorthin fliegt.

REGISTER

BILDNACHWEISE

Illustration LEO-Figur: Jon Frickey

Umschlag: © Jon Frickey; © Picton Castle; © Jochen Schievink; © Michaela Freund-Widder; © Thomas Fricke; © Caroline Woodham; © Ronja von Wurmb-Seibel; © Indrayana Foundation; © Jochen Windecker; © Pim Leijen; © Sandra Gätke; © Frank Schinski/OSTKREUZ; © Sergey Kozmin; © Gert Albrecht

S. 8: © Claudia Lieb; © Sandra Klostermeyer; © Sunny studio/Shutterstock.com; © Sandra Gätke; © Jan Kruse; S. 9: © Frank Schinski/OSTKREUZ; © Silke Weinsheimer; © Jon Frickey; © Indrayana Foundation; S. 10-11: © Panptys/Shutterstock.com; S. 12, 14: © solar22/Shutterstock.com; S. 13: © wavebreakmedia/Shutterstock.com; S. 15-17: © Guido Bergmann; Silke Steins/Bundespressestelle; S. 18: © picture alliance/radio tele nord/patrick becher; S. 19: © picture alliance/dpa; S. 20: © picture alliance/dpa/Egon Steiner; picture alliance/dpa/Rainer Jensen; S. 21: © picture alliance/ASSOCIATED PRESS/Pearson; picture alliance/dpa/Christian Charisius; S. 23: © picture alliance/dpa/Uwe Anspach; S. 24: picture alliance/dpa/Uli Deck; S. 25: © Cornelius M. Braun; S. 26-29: © Claudia Boldt; S. 30-33: © Andreas Reeg; S. 34-36: © Claudia Lieb; S. 37-39: © Gert Albrecht; S. 40: © ktsdesign/Shutterstock.com; MIGUEL GARCIA SAAVEDRA/Shutterstock.com; S. 42: © Studio_G/Shutterstock.com; Zakharchenko Anna/Shutterstock.com; S. 43: © vasabii/shutterstock.com; LittleCuckoo/Shutterstock.com; S. 44-46: © Sandra Klostermeyer; S. 47: © Michael D Brown/Shutterstock.com; S. 49-51: © Jochen Schievink; S. 52-53: © Raquel Clausì; S. 54-55: © Scherbinka/Shutterstock.com; S. 56: © picture alliance/Actionplus; S. 57: © Marcos Mesa Sam Wordley/Shutterstock.com; Celso Pupo/Shutterstock.com; picture alliance/dpa/Revierfoto; S. 58: © Tomasz Bidermann/Shutterstock.com; S. 59: © picture alliance/ZB/Thomas Eisenhuth; Fingerhut/Shutterstock.com; Celso Pupo/Shutterstock.com; S. 60: © Eugenio Marongiu/Shutterstock.com; lzf/Shutterstock.com; S. 61: © August_0802/Shutterstock.com; S. 62: © Tetyana Snezhyk/Shutterstock.com; S. 63: © Leremy/Shutterstock.com; S. 64: © Syda Productions/Shutterstock.com; S. 66: © Liquorice Legs/Shutterstock.com; S. 67: © Tracy Whiteside/Shutterstock.com; S. 68: © Tracy Whiteside/Shutterstock.com; S. 69: © CroMary/Shutterstock.com; ISchmidt/Shutterstock.com; S. 70: © Constanze Wild; S. 71: © Aimee M Lee/Shutterstock.com; S. 73: © Frank Schinski/OSTKREUZ; S. 75: © Christoph Neumann; S. 77-79: © privat; S. 80-82: © Veit Mette; S. 83-91: © Frank Schinski/OSTKREUZ; S. 92: © otomek/fotolia.com; Bellona Ahillia/Shutterstock.com; S. 93: © Positive thinker/Shutterstock.com; S. 94: © Zagorodnaya/Shutterstock.com; S. 95: © PathDoc/Shutterstock.com; S. 96: © Zagorodnaya/Shutterstock.com; S. 98: © Firma V/Shutterstock.com; S. 99: © gorillaimages/Shutterstock.com; S. 100: © Ljupco Smokovski/Shutterstock.com; S. 101: © Sunny studio/Shutterstock.com; S. 102: © Halfpoint/Shutterstock.com; S. 103: © Sunny studio/Shutterstock.com; S. 104-105: © Suzanne Tucker/Shutterstock.com; S. 106: © Silke Weinsheimer; S. 109: © Twin Design/Shutterstock.com; S. 110: © Photographee.eu/Shutterstock.com; S. 111: © IAKOBCHUK VIACHESLAV/Shutterstock.com; S. 113: © mimagephotography/Shutterstock.com; S. 115: © Kamira/Shutterstock.com; S. 116: © pashabo/Shutterstock.com; S. 117: © Luis Molinero/Shutterstock.com; S. 118,120: © Ronja von Wurmb-Seibel; S. 121: © JStone/Shutterstock.com; S. 122: © picture alliance/dpa/Facundo Arrizabalaga; S. 123: © picture alliance/dpa/Yui Mok/Pa Wire; S. 124, 126: © Sergey Kozmin; S. 127-129: © Rico Grimm; S. 130-132: © mobik-swasiland; S. 133: Brian Gratwicke/Wikipedia.com; © Brian; S. 134: © Ruth Helmling; S. 135-137: © Sandra Gätke; S. 138-139: © Maksym Sokolov; S. 140-144: © Jan Kruse; S. 145: © picture alliance/dpa/Uwe Zucchi; S. 145-147: Katja Spitzer; S. 148: © Sergey Nivens/Shutterstock.com; S. 149, 150: © vvoe/Shutterstock.com; S. 150: © picture alliance/United Archives/IFTN; S. 151: © Popova Valeriya/Shutterstock.com; © picture alliance/dpa/epa efe J. Huesca; S. 152-154: © Carolynn Yoe/Shutterstock.com; S. 152: © picture alliance/kpa; S. 153: © Nina Pfeifer; S. 154: © landmarkmedia/Shutterstock.com; hurricanehank/Shutterstock.com; S. 155: © picture alliance/zb/Carsten Windhorst; Viktor Kunz/Shutterstock.com; S. 156: © picture alliance/dpa/Claudia Levetzow; S. 157: © wavebreakmedia/Shutterstock.com; S. 158: © Blend Images/Shutterstock.com; S. 159: © Gil C/Shutterstock.com; S. 161: © Sergey Nivens/Shutterstock.com; S. 162, 163: © Monkey Business Images/Shutterstock.com; S. 164: © tuulijumala/Shutterstock.com; ikuvshinov/Shutterstock.com; S. 165: © Jan Martin Will/Shutterstock.com; S. 166-169: Illustration Erde © Jon Frickey; S. 167: © The Ocean Cleanup; S. 169: © NikolasKlostermann/wikipedia.com; S. 170: © picture alliance/dpa/Si Wei; S. 170, 171: © goir/Shutterstock.com; S. 172-174: © Sandra Gätke; S. 175-176: © Max Nelles; S. 177-179: © Jan Kruse; S. 180-182: © Plan Japan; Androkniki Christodulou, Agentur Focus; S. 183-185: © Katrin Trautner; S. 186-187: © Kudryashka/Shutterstock.com; S. 188: © Melinda Fawver/Shutterstock.com; S. 189: © S. Bonaime/Shutterstock.com; S. 191: © Dora Zett/Shutterstock.com; S. 192: © Puhach Andrei/Shutterstock.com; S. 194-195: © Picton Castle; S. 196-199: © Ruth Helmling; Ralf Scheuermann; S. 200-202: © Indrayana Foundation; S. 203-205: Illustrationen © Jochen Windecker; S. 205: © (Dodo) Nicolas Primola/Shutterstock.com; S. 206: © Silken Photography/Shutterstock.com; S. 207: © Orhan Cam/Shutterstock.com; S. 208: © Mark Higgins/Shutterstock.com; Ohmega1982/Shutterstock.com; dioch/Shutterstock.com; S. 209-211: © Andy Ridder; S. 212: © privat; S. 212-214: © Florian Möllers; S. 214: © Vishnevskiy Vasily/Shutterstock.com; S. 215: © Marcl Schauer/Shutterstock.com; Eric Isselee/Shutterstock.com; S. 216: QiuJu Song/Shutterstock.com; S. 217: © Protasov AN/Shutterstock.com; S. 218-219: © Claudia Boldt; Katja Spitzer

ZEIT LEO erscheint jeden zweiten Monat am Kiosk oder im Abo. Mehr dazu steht hier: www.zeitleo.de

IMPRESSUM

© 2016 Zeitverlag
Gerd Bucerius GmbH & Co.KG
© Carlsen Verlag GmbH,
Hamburg 2016

Entwickelt auf der Basis von „ZEIT LEO"-Ausgaben 2011 – 2015

Herausgeber:
Katrin Hörnlein, Inge Kutter
Konzept und Redaktion:
Cordula Thörner
Projektkoordination:
Laura Klaßen, Zeitverlag
Gestaltung und Satz:
Notburga Reisener
Herstellung:
Constanze Hinz
Lithografie:
Margit Dittes Media, Hamburg
Druck und Bindung:
UAB Balto Print, Vilnius

ISBN 978-3-551-25196-1
Printed in Lithuania

www.carlsen.de
www.zeitleo.de